systhemia – Systemische Pädagogik

Herausgegeben von Rolf Arnold

Band 1

Der Eid des Sisyphos

Eine Einführung in die Systemische Pädagogik

Von

Rolf Arnold und

Beatrice Arnold-Haecky

Schneider Verlag Hohengehren GmbH

Umschlag: Gabriele Majer, Aichwald

Gedruckt auf umweltfreundlichem Papier (chlor- und säurefrei hergestellt).

Bibliografische Information der Deutschen Nationalbibliothek

Die Deutsche Nationalbibliothek verzeichnet diese Publikation in der Deutschen Nationalbibliografie; detaillierte bibliografische Daten sind im Internet über ›http://dnb.d-nb.de‹ abrufbar.

ISBN: 978-3-8340-0538-0

Schneider Verlag Hohengehren, Wilhelmstr. 13, D-73666 Baltmannsweiler

Printed in Germany – Druckerei Djurcic, Schorndorf

Inhaltsverzeichnis

Vorwort

„Und die Pädagogiker,
die unentwegt den Felsblock der pädagogischen Mittel
auf den Gipfel des Idealbergs wälzten,
erschienen lächerlich und unnütz:
sisyphische Überhebung, von boshaften Göttern
mit Mühsal und Erfolglosigkeit bestraft"
(Bernfeld 1967, S. 39).

Lehrer üben einen schwierigen Beruf aus. Sie sind professionell für die Begleitung und Förderung individueller Reifungs- und Entwicklungsprozesse zuständig, deren Bedingungen sie nicht zu beherrschen vermögen. Und selbst, wenn es ihnen erfolgreich gelingt, im Einzelfall diese Prozesse positiv zu gestalten und die erzielten Erfolge auch glaubwürdig auf das eigene pädagogische Handeln zurückführen zu können, so vermögen sie doch nicht wirklich an die „soziale Grenze der Erziehung" (Bernfeld 1967, S. 123) heranzureichen. Siegfried Bernfeld legt in seinem bekannten Buch „Sisyphos oder die Grenzen der Erziehung" schonungslos diese Unsicherheit des pädagogischen Bemühens offen,[1] dessen Wirkungen sämtlich nur ein relatives Gewicht im Zusammenklang innerer und äußerer Logiken zu erreichen vermögen, wobei Bernfeld desillusioniert feststellt: „Es will mir wenig plausibel erscheinen, dass der Wille der Erzieher die Schranken durchbrechen will, welche die sozialen Grenzen darstellen" (ebd., S. 128) – eine Bemerkung, die gerade angesichts der fortdauernden sozialen Selektivität des Bildungswesens, wie sie uns durch die internationalen Schulvergleichstests (vgl. Prenzel/Baumert 2008) drastisch vor Augen geführt wird, in nahezu skandalöser Weise nach wie vor zutreffend ist. Die Statistik markiert eine schier unüberwindbar erscheinende „soziale Grenze der Erziehung" und scheint auch heute noch – über 80 Jahre nach der Bernfeldschen Erziehungskritik – „wenig Hoffnung für den edlen, jungen Leser, der seinen Teil hinzu tun will, die Statistik auf den Kopf zu stellen, (zu bieten)" (Bernfeld 1967, S. 129). Doch gibt es nicht allein diese makrosoziale Begrenzung der pädagogischen Wirksamkeit, auch die unmittelbaren Lehr-Lernprozesse bleiben häufig Suchbewegungen „zwischen Vergewisserung und Ungewissheit" (Dewe 1999) – eine ebenfalls unüberwindbare Wirksamkeitsbegrenzung, wie uns nicht nur die neuere Hirnforschung zeigt.

Das vorliegende Buch versucht nicht, die von Bernfeld als erdrückend empfundene „soziale Grenze der Erziehung" durch irgendeine neuere und subtil wirkungsvollere reformpädagogische Strategie aufzuweichen. Die Autoren halten

[1] Die Bezugnahme auf Sisyphos sind in der Pädagogik verbreitet (vgl. Combe 1997; Zubke 1995), und auch die entstehende Systemische Pädagogik hat Sisyphos als Referenz längst für sich entdeckt (vgl. Balgo / Lindemann 2006).

vielmehr die Bernfeldsche Messlatte für zu hoch und auch falsch und gehen davon aus, dass Bernfelds Defaitismus seine Wurzeln in sich selbst trägt. Es ist die überdehnte Wirkungshoffnung, an welcher man den Erfolg des Lehrerhandelns misst und deshalb stets hinter den Erwartungen zurückbleiben muss. Dadurch kann man den Lehrerinnen und Lehrern – oder gar sich selbst - aber auch immer und immer wieder eine Erfolglosigkeit bescheinigen, mit der man vielleicht auch unbewusst den eigenen „subjektiven Motivationen der Abneigung gegen den Lehrerberuf" (Adorno 1980, S. 80) Ausdruck verleiht. Sei es, wie es will: Das vorliegende Buch stellt das Handeln von Lehrerinnen und Lehrern in einen anderen Wirkungshorizont, der sich aus einer systemischen Sicht der Dinge folgern lässt und die Verantwortung für das eigene Denken, Fühlen und Handeln der an der pädagogischen Interaktion beteiligten Akteure in den Vordergrund stellt. Damit können Lehrerinnen und Lehrer zwar nicht unmittelbar die Gesellschaft verändern oder Lernerfolge garantieren, sie können aber ihr eigenes Tun bewusster und wirksamer auf die Suchbewegungen, Selbstartikulationen und Veränderungsmöglichkeiten ihres Gegenübers einstellen. Ihr Gesellschaftsbezug ist dabei allenfalls ein vermittelter: Indem sie „Menschen stärken" (von Hentig) erweitern sie deren biographische Optionen, diese können dann gesellschaftlich verantwortlich und solidarisch handeln, müssen dies aber nicht. *Lehrerinnen und Lehrer sind für dieses Können, nicht für das Müssen verantwortlich, und selbst dieses Können, können sie nur ermöglichen, nicht erzwingen.*

Damit ist die Messlatte, aber auch der systemische Kern eines professionellen Lehrerhandelns grob markiert: Lehrerinnen und Lehrer können nur dort Wirkungen entfalten, wo ihr Tun im Anderen Resonanz zu erzielen vermag. Das vorliegende Buch lotet detailliert die Möglichkeiten aus, die sich den Lehrerinnen und Lehrern bieten, um ihre systemische Resonanzfähigkeit zu erhöhen. Grundlegend für diese Fähigkeiten ist eine spezifische Haltung sich selbst und seinen pädagogischen Aufgaben gegenüber, wie sie in dem Eid des Sisyphos verdichtet zum Ausdruck kommt. Eide zu schwören, ist ein Merkmal professionellen Handelns, wobei diese Eide innerlich geschworen werden: Man verpflichtet sich bewusst auf einen „Code of ethics". Bekannt geworden ist in der Pädagogik „Der Eid des Sokrates" von Hartmut von Hentig (Hentig 1993, S. 246ff). Damit hat Hartmut von Hentig die praktische Pädagogik auf den ersten Systemiker des Abendlandes eingeschworen, ohne diesen Aspekt vielleicht bewusst betonen zu wollen. Die Sokratische Selbstbildung steht für die innere Bewegung der „selbsteinschließenden Reflexion" (Varela u. a. 1992), durch die der Beobachter sich der letztlich banalen Standpunkthaftigkeit der Resultate seiner Beobachtungen bewusst wird und dadurch erst in die Lage kommt, den Kampf um die Wirklichkeit aufzugeben, andere Wirklichkeiten zu tolerieren und so neue Wirklichkeiten entstehen zu lassen. Sokrates versuchte jeden, mit dem er sich auf den Straßen und Plätzen Athens unterhielt, davon zu überzeugen, dass er nicht „für irgendetwas von dem Seinigen eher sorge bis er für sich selbst gesorgt habe, auf welche Weise er so gut und vernünftig wie möglich werde, noch auch für die Angelegenheit der Polis eher als für die Polis selbst", wie er in der Apologie berichtet (zit. n. Kniest 2003, S. 70). Diese Verpflichtung des Gegenübers auf sich selbst ist pädagogisch grundlegend, aber auch bedrohend für alle die, die Gewissheiten verordnen und zu vermitteln trachten. Sokrates musste diese Gefährlichkeit seiner Rede mit dem Leben bezahlen, ein Scheitern seiner Sicht war nicht vorgesehen. Zumindest am Ende seines Lebens wusste er, dass er es besser (als seine Ankläger) wusste, und mit diesem Wissen beendete er sein Leben letztlich selbst, wie Xenophon berichtet (vgl. ebd., S. 169). Was immer auch die Gründe für dieses konsequente oder gar rigorose Verhalten gewesen sein mochten, am Ende gab es für Sokrates selbst wohl nur noch eine Option für ein erfolgreiches Handeln.

Anders Sisyphos: Sein Leben ist nicht bloß die Wiederkehr des immer Selben, sondern auch ein Beleg für den „Mut zur Hartnäckigkeit, zum Einsatz, auch wenn kein Erfolg in Sicht ist" (Kast 2004, S. 87). Sisyphos geht mit der Erfolglosigkeit um, vor der Sokrates letztlich kapitulierte. Homer berichtet von der Begegnung des Odysseus mit Sisyphos bei seiner Reise durch die Unterwelt:

„Ja auch zu Sisyphos sah ich hinein,
der leidend sich plagte;
Schob er ja doch einen riesigen Block
mit beiden Händen.
Wahrlich, er stieß ihn hinauf bis zum Gipfel
und stemmte dagegen,
Brauchte Füße und Hände; doch war es soweit,
dass die Höhe
Endlich er hatte, da drängte die Überschwer
ihn abwärts.
Wieder dann rollte der schamlose Stein
in die Felder hinunter
Aber er fing wieder an sich zu plagen und stieß
dass der Körper
Triefte von Schweiß; um den Kopf aber kreiste
Von Staub eine Wolke" (zit. N. ebd., S. 14f).

Es ist diese Unbeirrbarkeit, welche auch Albert Camus an Sisyphos faszinierte. Für ihn repräsentiert Sisyphos einen Menschen, der klaglos lebt und versteht, „sich nur mit dem einzurichten, was ist, und nichts einzuschalten, was nicht gewiss ist. Man gibt ihm zur Antwort, nichts sei gewiss. Aber das immerhin ist eine Gewissheit" (Camus 1970, S. 48). Es ist diese Haltung, die auch für eine Systemische Pädagogik grundlegend ist: Lehrerinnen und Lehrer können die Erfolge ihres pädagogischen Tuns nicht gewährleisten, sind aber doch verantwortlich – so die paradoxale Struktur dieser Profession. Und aus dieser Verantwortung allein ist ein sinnvolles Handeln möglich. So können Lehrerinnen und Lehrer alleine die Bildungsstatistik nicht verändern und die „sozialen Grenzen der Erziehung" (S. Bernfeld) nicht überwinden, sie können aber stets neu entscheiden, ob sie die

– inneren und äußeren – Schranken, mit denen sie es in ihrem Schulalltag beständig zu tun haben, in ihren Wirkungen auf Reifung und Entwicklung der Subjekte verstärken oder durch neues Erleben in Frage stellen. Dieses neue Erleben bezieht seine Substanz aus gezielt wertschätzendem und Ressourcen stärkendem Verhalten, und es „lebt" von der bewussten Erwartungsenttäuschung und der gezielten Arbeit mit „funktionalen Äquivalenten" (Arnold 2007b, S. 144ff). Grundlage ist zudem die professionelle Verpflichtung, sich dem Gegenüber, für dessen Entwicklung man verantwortlich ist, nicht einfach mit den eigenen Deutungen und Emotionen zuzumuten, sondern ihm vielmehr stets ein neues Selbstwirksamkeitserleben zu ermöglichen und dadurch den optionalen Horizont seines Lebens bewusst zu erweitern. Ob diese Impulse vom Subjekt tatsächlich aufgegriffen und für die eigene Entwicklung genutzt werden, ist dessen Selbststeuerung überlassen, doch ohne das Arrangement solcher systemischen Angebote bleibt dem Subjekt noch nicht einmal die Option. Niemals würde Sisyphos herausfinden, ob nicht der Stein vielleicht eines Tages auf dem Gipfel bleibt oder der Gipfel mit der Zeit an Höhe verliert, wenn er ihn nicht beständig wieder hinaufrollen würde. Doch selbst wenn der Mythos Recht hat, und der Sinn im Bemühen und nicht im Erfolg der Aktion liegt, so ist uns Sisyphos doch immerhin ein Vorbild für das beständige Fortfahren in unseren Bemühungen – ohne Lamento und ohne Ja-Aber- oder Wenn-doch-nur-Illusionen.

Das vorliegende Buch ist ein Gemeinschaftswerk. Es beinhaltet Texte, die im Rahmen eines Weiterbildungsprojektes für Lehrerinnen und Lehrer berufsbildender Schulen im Saarland geschrieben wurden. Diese Texte entstanden im Blick auf die Praxis dieser Lehrerinnen und Lehrer, wurden mit ihnen diskutiert, mehrfach überarbeitet und schließlich im gemeinsamen Gespräch in die jetzt vorliegende Form gebracht. Eine eindeutige Zuordnung der Autorenschaft ist deshalb nur schwer möglich. So wurden das erste Kapitel gemeinsam – teilweise Satz für Satz abstimmend – geschrieben, während die Kapitel 7 und 8 auf Texten von Beatrice Arnold-Haecky und die restlichen Kapitel auf solchen von Rolf Arnold basieren.

Mit dem vorliegenden Buch wird zugleich eine neue Schriftenreihe „systhemia – Systemische Pädagogik" eröffnet. Ziel dieser Schriftenreihe ist es, die Tragfähigkeit des systemischen Paradigmas in den Bereichen Bildung, Führung und Organisationsentwicklung auszuloten und der Praxis nützliche Orientierungen zu stiften.

Kaiserslautern, Januar 2009

Rolf Arnold
Beatrice Arnold-Haecky

„Ich lebe nicht allein zusammen“ – Systemik als Haltung

„Der Widerstand des Sisyphos gegen die Unvernunft der Welt des Prometheus gleicht dem Auftrag der Pädagogik“ (Siebert 1992, S. 10).

Systemisches Denken und Handeln ist Ausdruck einer besonderen Haltung gegenüber sich selbst und der Welt. Diese Haltung setzt Wissen, Kompetenzen und die Bereitschaft zur Selbstreflexivität voraus. Alle drei Voraussetzungen sind eng miteinander verbunden, denn man muss etwas darüber wissen, wie Systeme entstehen und nach welchen inneren Mechanismen sie sich entwickeln, damit man sich von den linear-mechanistischen Vorstellungen, die unser Denken und Handeln im Alltag bestimmen, allmählich lösen und mit einem beobachtenden Blick auf die eigene Art, Dinge wahrzunehmen, schauen kann. Dabei mutet einem die neuere Systemtheorie einige Ernüchterungen zu, indem sie uns „eine wunderbare Lektion in Bescheidenheit“ (Jaeger 1998, S. 163) erteilt. Auf ihrer Basis kann eine Haltung wachsen, die uns ganzheitlicher, achtsamer, in unseren Stellungnahmen selbstkritischer und in unseren Aktionen „dosierter“ und damit auch systemisch nachhaltiger werden lässt. Diese Haltung ist der Kern jeglicher systemischen Professionalität bei der Initiierung und Begleitung von Veränderungsprozessen.

Folgende Übersicht stellt die u. E. grundlegenden Aspekte einer systemischen Handlungskompetenz dar, welche wir im Folgenden differenzierter darstellen werden.

<table>
<tr><td colspan="2">Haltung
• sokratische Fragehaltung
• pädagogische Gelassenheit
• Ressourcen- und Potenzialorientierung („Subjektorientierung“)
• Unwirksamkeitstoleranz
• Humor und Optimismus</td></tr>
<tr><td colspan="2">Selbstreflexivität
• sich selbst beobachten
• sein eigens Echo kennen
• die bevorzugten eigenen Denk- und Fühlprogramme kennen
• aus Fehlern und Scheitern lernen
• Feedback wertschätzen und nutzen</td></tr>
<tr><td>Wissen
• Wissen über die Beschaffenheit von Systemen
• Wissen darüber, wie wir erkennen, fühlen und wissen
• Wissen über die Unmöglichkeit von „gezielter“ Intervention
• Prozesswissen über die möglichen Formen der Irritation zur Verflüssigung von Starrem und zur Strukturierung von Flüssigem</td><td>Kompetenzen
• die Kompetenz, Vertrautes aufzugeben und die eigene Stimme des Bescheidwissens verstummen zu lassen
• die Kompetenz, mit Unsicherheit umzugehen und sich aufUnbekanntes einzulassen
• die Kompetenz, Lernende bei der Nutzung und Weiterentwicklung des eigenen Kompetenzportfolios zu begleiten und zu unterstützen
• die Kompetenz, die biographische Aufbruchs- und Gestaltungsbewegungen der Lernenden sowie deren Fähigkeiten zum Abschied („Loslassen“) zu stärken</td></tr>
</table>

Abb. 1: Elemente einer systemischen Handlungskompetenz

1. Systemisches Wissen (Konzepte)

Systemisches Denken wird bisweilen mit systematischem Denken verwechselt. Doch worin unterscheiden sich diese beiden Formen der Wahrnehmung von Wirklichkeit und des Umgangs mit unseren Denkmodellen, mit denen wir diese abzubilden versuchen? Wer systematisch an Dinge herangeht, ordnet diese den in unserer Denkweise vorbereiteten Ordnungskriterien unter. Das systemische Denken hingegen ist vielmehr ein Denken, welches sich darum bemüht, auf festgelegte Ordnungsraster zu verzichten und den offensichtlichen Eigentümlichkeiten unserer Wahrnehmung einerseits und den Entwicklungsmechanismen des Lebendigen andererseits Rechnung zu tragen. Dabei weiß sich das systemische Denken einem „mittleren Weg der Erkenntnis“ (Varela u. a. 1992) verpflichtet, wie er in der derzeit fortschrittlichsten systemischen Position des chilenischen Biologen Francisco Varela beschrieben wird. Dieser Weg geht davon aus, dass „(...) unsere Wahrnehmungswelt, die wir meist als selbstverständlich voraussetzen, durch komplexe, subtile Muster der sensumotorischen Aktivität konstituiert wird“ (ebd., S. 227). Damit hat das fortgeschrittene systemische Denken sowohl den objektivistischen Kurzschluss, die Welt zeige sich uns so, wie sie ist, als auch den naiven Subjektivismus, die Wirklichkeit sei eine alleinige Schöpfung des Subjektes, hinter sich gelassen.

Ausgehend von dieser systemischen „Sicht der wechselseitigen Entfaltung von Leben und Welt“ (ebd., S. 273) werden wir in dem vorliegenden Buch den Mechanismen nachspüren, mit deren Hilfe Pädagoginnen und Pädagogen ihre Unterrichts- und Erziehungswelt vor dem Hintergrund ihrer eigenen Welt, d. h. ihrer Erfahrungen und vertrauten Sichtweisen, erzeugen. Einleitend sollen hierfür zunächst einige wichtige systemische Erkenntnisse erklärt werden:

> Systeme organisieren sich im Austausch mit ihrer Umwelt und streben ein lebenserhaltendes Gleichgewicht an.

Systemen ist eine jeweils ganz spezifische Identität eigen. Diese ergibt sich einerseits aus den Funktionen, über deren Erfüllung das System (z. B. Schule) mit den es umgebenden Systemkontexten (z. B. Gesellschaft, Wirtschaft, Kultur) im Austausch steht, andererseits aus seinem internen Bestreben, den eigenen Fortbestand zu sichern. Systeme funktionieren zwar autopoietisch[1], sie leben aber nicht für sich allein. Erst durch die Unterscheidung von seiner Umwelt wird ein System geschaffen und es steht zu dieser in einer funktionalen Beziehung. Zwar operieren Systeme in erheblichem Umfang operational geschlossen, d. h. sie folgen in erster Linie eigenen Maßgaben statt externen Vorgaben, doch müssen sie

[1] Autopoiese bedeutet Selbstorganisation und beschreibt den Mechanismus, dass Systeme ihre innere Ordnung aus den Elementen hervorbringen, aus denen sie bestehen.

ihre relevante Umwelt (z.B. Arbeitsmarkt, Bildungspolitik) konstant im Blick behalten und sich an die Anforderungen anpassen, die sich aus dieser ergeben, wenn sie nicht Gefahr laufen wollen, den Systemzweck selbst und damit den eigenen Fortbestand aufs Spiel zu setzen. Erst die Interaktion mit der Umwelt ermöglicht demnach ein Überleben des Systems. Soziale Systeme sichern in erster Linie dadurch ihren Fortbestand, dass sie Kommunikation inszenieren und durch diese möglichst gemeinsame Lesarten, Beschreibungen, Absprachen – kurz: Sinn – schaffen. Solche Sinnschaffungen helfen ihnen, sich selbst sichtbar zu machen und auch gemeinsame Sprachregelungen (z.B. pädagogische Fachsprache, einheitliche Kernbegriffe) für die funktionale Verknüpfung mit ihrer relevanten Umwelt zu schaffen.

Durch geteilte Sinnbeschreibungen können Systeme die Überkomplexität für sich selbst und andere reduzieren und dadurch auch leichter mit den sie umgebenden Systemen (z.B. Schulaufsicht, Lehrplankommissionen) interagieren. Dieser Austausch ist vor allem deshalb wichtig, weil die Einschätzung der relevanten Umwelten von zentraler Bedeutung für die eigene Systemidentität ist. Nun ist aber Umwelt für jede systemische Einheit immer überkomplex, weil jedes System umgeben ist von vielen anderen in sich verschachtelten Systemen. Deshalb braucht jedes System eine „halbwegs verlässliche Abbildung derjenigen Umfeldgegebenheiten (...), die im Zusammenhang mit Überleben als relevant eingeschätzt werden“ (Meier-Gantenbein/Späth 2006, S. 286).

Das systemische Wissen ist eine Art Meta- bzw. Prozesswissen, ein Know-how-to-know, kein Know-how: Es beschreibt nicht die Wirklichkeit selbst, sondern die Mechanismen, in denen diese sich uns zu zeigen vermag. Wir können deshalb mit ihr festgelegt oder aber elegant umgehen, indem wir entweder liebgewonnene Erfahrungen um jeden Preis festhalten oder aber diese loslassen und uns irritieren lassen und irritieren. Die Lösung von vertrauten Gewissheiten fällt nicht leicht, und immer sind wir versucht an den bisherigen, obgleich nur mäßig erfolgreichen Konzepten festzuhalten, statt die Gegebenheiten von Schule, Bildung und Erziehung neu und auch ungewohnt zu denken. Der Systemiker Frederik Vester spricht von einer „Angst vor der Komplexität“, die auch die Schwierigkeiten auf dem Weg zu einer systemischen Pädagogik beschreiben kann, und stellt fest:

„Komplexe Vorgänge verlangen daher zu ihrem Verständnis ein Denken in Zusammenhängen, das sich an der Struktur organisierter Systeme und ihrer speziellen Dynamik orientiert. Das scheint vielen Menschen Schwierigkeiten zu bereiten – und dies nicht nur aus der üblichen Angst vor Veränderungen eingefahrener Denkmuster, sondern auch aus Angst vor der Komplexität selbst, der wir uns nicht gewachsen fühlen“ (Vester 1999, S. 16).

Identitäts- und Sinnarbeit wird immer wieder vor allem von Systemen in Angriff genommen, deren Umweltkontexte sich rapide wandeln oder die sich gerade selbst neu erschaffen. Die Frage, mit welcher aktuellen oder zukünftigen Wirklichkeit sich Systeme konfrontiert sehen und welche Funktionen sie in dieser wahrnehmen können und sollen, verweist auf eine grundlegende erkenntnistheoretische Einsicht, die in folgender Formulierung zum Ausdruck kommt:

> Die Wirklichkeit ist nicht die Realität, sondern das, was von dieser auf uns zu wirken vermag.

Die systemischen Konzepte beruhen auf erkenntnis- und wahrnehmungstheoretischem, neuerdings auch hirnphysiologischem Wissen um die Konstruktivität sowie Selbstbezüglichkeit dessen, was wir sehen: Wenn wir unsere Umwelt betrachten, blicken wir durch die Brille unserer Erfahrungen, die uns sehend, aber auch blind macht, denn jede Wahrnehmung ist perspektivisch und selektiv. Wir sehen nur, was wir entweder schon kennen und deshalb auch einordnen können, und was für uns in irgendeiner Weise von Bedeutung ist. Alles andere blenden wir aus. Und da jeder von uns durch seine eigene Brille der Erfahrungen schaut, sieht jeder die ihn umgegebende Wirklichkeit in einer jeweils spezifischen Weise. Eine objektive Wahrnehmung ist demnach eine Illusion, denn jeder Beobachter bzw. jedes beobachtende System greift jeweils auf einen mehr oder weniger vertrauten Satz von Bedeutungen zurück, mit deren Hilfe die eigenen Gewissheiten nach Möglichkeit beibehalten und fortgeschrieben werden können. Auf diese Weise kann das System fortbestehen, selbst wenn es sich – in Maßen – wandelt, denn das Neue bleibt so notwendig an das Bisherige angeschlossen (eine Einsicht, die sich auch und gerade bei den neueren Versuchen um Schul- und Unterrichtsentwicklung nachdrücklich bestätigt). Evolution und Wandel sind deshalb nur schrittweise und nie traditionsabschneidend möglich.

Menschen handeln, wie ihnen die Erfahrungen gewachsen sind, wobei es – wie wir aus der Säuglings- und Hirnforschung wissen – die frühesten und frühen Erfahrungen sind, die uns mit den Wahrnehmungs- und Schlussfolgerungstendenzen ausgestattet haben, über die wir spontan – ohne zeitraubend zu reflektieren – verfügen. Je druckvoller die Situation ist, der wir uns gegenüber sehen oder gegenüber zu sehen glauben, desto tiefer sind die Denk- und Fühlprogramme, die sich in unsere Reaktionen einmischen und desto entschiedener können unsere Reaktionen ausfallen. Diese Entschiedenheit ist es, die uns den Weg in die Selbstreflexion verstellt. Immer und immer wieder drohen wir in das Vertraute zurückzufallen und uns die Welt so zu konstruieren, wie wir sie bereits kennen.

Reaktives Handeln ist immer ein unterkomplexes Handeln. Es führt uns, wenn wir stets ähnlich oder gleich reagieren, in stets ähnliche oder gleiche Situationen. Dabei spielen unsere Erfahrungen und unsere Biographie eine grundlegende Rolle. Durch sie ist in uns ein System von Emotions- und Deutungsmustern entstanden, durch das wir auf die Welt blicken. Diese Welt begegnet uns deshalb nicht nur so und nicht anders, wir legen sie uns vielmehr zurecht.

Auch wenn also objektive Wahrnehmung und eine für alle Systemeinheiten gleichermaßen geltende Beschreibung der sie umgebenden Wirklichkeiten nicht möglich sind, so ist für ein systemisches Denken und Handeln die Einsicht grundlegend, dass es für Systeme – und damit auch für uns als erkennende Systeme – letztlich nicht wichtig ist, ob die Beschreibungen, zu denen uns die eigenen Sinnzuschreibungen führen, einer „objektiven“ Wirklichkeit entsprechen, „(...) da die Möglichkeiten eines Systems nie ausreichen werden, ein auch nur annähernd adäquates Bild des überkomplexen Umfeldes zu zeichnen“ (ebd., S. 286). Wichtig ist allein, ob und inwieweit diese Beschreibungen zu einer erfolgreichen Erfüllung der Systemaufgabe verhelfen. Dabei ist die folgende Erfahrung aus dem Umgang mit komplexen Systemen zu berücksichtigen:

Wirkungen in sozialen Systemen sind weder berechenbar noch vorhersehbar.

Dieser Blick auf Wirkungszusammenhänge ist ungewöhnlich. Grundlegend ist eine Offenheit der Beobachtung, der es nicht um Rechthaben geht, sondern um das Erzielen von Wirkung. Unterrichts- und Schulentwicklung müssen sich auf diese neue Art des Denkens, Planens und Gestaltens einlassen, wollen sie das Handeln in komplexen Zusammenhängen verstehen und unterstützen. Dafür müssen sie sich vom linear-kausalen Denken lösen, welches Ursache- und Wirkungsillusionen kultiviert, indem es bei jeder Wirkung bestimmbare Ursachen vermutet und bestimmte Effekte glaubt sicher bewirken zu können.

Diesem Ursache-Wirkungs-Denken verdankt der Mensch ohne Zweifel seinen gattungsgeschichtlichen Erfolg. Er hat gelernt, in unübersichtlichen und nicht überschaubaren Situationen Eindeutigkeit herzustellen, um rasch und entschlossen handeln zu können. Dabei greift er – besonders in Drucksituationen – auf die Denk- und Erfahrungsmuster zurück, über die er verfügt. Er sieht die Situation so, wie er sie sieht, d. h. so, wie er in ähnlichen Lagen gelernt hat zu denken, zu fühlen und zu handeln. Den Gedanken, dass er dabei seiner gewohnheitsmäßigen Weltsicht folgt und nicht den „objektiven“ Anforderungen der jeweiligen Situation Rechnung trägt, kann er sich nicht leisten, denn in solchen Situationen sind ein unmittelbares Verstehen und eine direkte Reaktion gefragt. Das Ursache-Wirkungs-Denken greift jedoch in sozialen Systemen, in denen das Verstehen der Absichten und Sinnzuschreibungen des Gegenübers eine grundlegende Voraussetzung für den gemeinsamen Handlungserfolg darstellen, zu kurz. Dies ist in Kommunikations-, Lehr-Lern- und Beratungs- sowie Führungssituationen der Fall. Versuchen wir nämlich, bestimmte Verhaltensweisen, die wir in solchen Situationen als störend empfinden, im Außen zu verändern, so ist es nicht möglich, gezielt und berechenbar zu intervenieren, da alle Systeme (auch kognitive und emotionale) einer eigenen Logik der Aufrechterhaltung ihres Gleichgewichts folgen.

Wer sozial erfolgreich kommunizieren, beraten oder unterrichten will, muss aber nicht nur das Gegenüber zu verstehen trachten, er muss sich zugleich bewusst sein, wie er sich selbst das Bild von diesem Gegenüber entwickelt und dieses dadurch auch festlegt. Systemische Professionalität basiert deshalb immer in einer grundlegenden Weise auf Fähigkeiten zu einem reflektierten Umgang mit sich selbst und anderen. Diese Fähigkeit gilt es zu entwickeln. In ihr kommt auch das eigentlich Pädagogische des professionellen Handelns von Lehrerinnen und Lehrern zum Ausdruck. Diese können das Gegenüber dabei beobachten, wie es sich – auch als schwieriger Schüler – so darstellt, wie es sich darstellen kann. Sie wissen um die möglichen biographischen und milieubezogenen Hintergründe, welche das als problematisch empfundene Verhalten des Gegenübers ausgelöst und eingeschliffen haben können. Und sie wissen um die Schuldlosigkeit dieses Gegenübers, kennen aber auch die eigenen Tendenzen, eindeutige Erklärungen zu suchen und Verantwortliche zu identifizieren. Beide Tendenzen können systemische Pädagogen oder Pädagoginnen balancieren, indem sie nicht nur das Gegenüber differenziert zu verstehen gelernt haben, sondern auch die eigenen vorschnellen Reaktionen und Festlegungen zurückhalten können.

Lineares Denken, welches davon ausgeht, dass es Ursachen und sich aus diesen zwangsläufig ergebende Auswirkungen gibt, führt deshalb nicht zum Ziel. Nicht selten gehen Interventionen vielmehr mit unerwünschten Nebeneffekten einher, welche die Verständigung weiter erschweren. Es gilt deshalb, der Komplexität menschlichen Handelns und Fühlens Rechnung zu tragen und sich beobachtend dem System anzunähern, indem man versucht, in stetem Austausch die Handlungs- und Reaktionsmuster des Gegenübers zu verstehen und daran anzukoppeln – gerade dann, wenn wir als Pädagogen in eine fördernde und hilfreiche Interaktion mit den uns anvertrauten Schülerinnen und Schülern treten wollen.

> Systemisches Handeln ist ein flexibler Umgang mit Strukturiertem und Unstrukturiertem. Bei Interventionen kann es deshalb nur darum gehen, dem Strukturlosen Struktur zu geben und feste Strukturen aufzuweichen.

Systemische Pädagogik weiß um die Bedeutung von Strukturen für den Prozess der Wahrnehmung der Umwelt und für den gestaltenden Umgang mit dieser. Zugleich löst sie sich von der naiven Vorstellung, dass Strukturierung die ausschließliche Aufgabe desjenigen sei, der für die Inszenierung und Begleitung von Lehr-Lernprozessen zuständig ist. Systemisches Denken geht vielmehr davon aus, dass die Erfahrung des Gegenübers bereits immer strukturierend wirkt und dass aus dieser Auseinandersetzung der eigenen Struktur mit dem Neuen, das ihm begegnet, eine neue Struktur entstehen kann. In dieser Emergenz einer neuen Strukturiertheit der bisherigen Erfahrung liegt das Wesen von Lernprozessen, die stets Veränderungsprozesse sind. Pädagogisches Handeln ist deshalb in seinen Möglichkeiten sehr eingeschränkt: Es kann die Prozesse der spontanen Ordnungsbildung unterstützen, indem es den Suchbewegungen der Lernenden Raum gibt und allzu feste curriculare Ablaufpläne und Ergebniserwartungen aufweicht, und es kann in Situationen, in denen das Subjekt (z. B. in Krisensituationen) mehr im Suchen als im Finden verstrickt ist, Erklärungsperspektiven und Vielfalt (vgl. Arnold/Goméz Tutor 2007) vorhalten – stets wissend, dass es sich bei diesem Vorhalten nicht um eine Erzeugung, sondern lediglich um eine Ermöglichung von Strukturbildungs- bzw. Lernprozessen handelt.

2. Systemische Kompetenzen

Erst wenn die skizzierten systemischen Erkenntnisse ihren sichtbar gelebten Ausdruck in ganz bestimmten pädagogischen Fähigkeiten finden, kann sich eine Lernkultur entwickeln, in welcher der Suchbewegung der Lernenden wirklich Raum gegeben wird und in der die Erfahrungen der Lernenden als konstitutive Ressourcen im Lernprozess zur Geltung kommen können. Systemische Kompetenz befähigt Pädagoginnen und Pädagogen zu einer solchen Veränderung der Lernkultur. Grundlage ist dabei die Kompetenz, Prozesse vom Anderen her zu gestalten. Es ist seine Art und Weise, sich Wissen und Fähigkeiten anzueignen, die zur Geltung kommen soll, und es sind seine Kompetenzen, die sich transformieren müssen, damit Veränderung im Sinne einer gestaltenden Anpassung an das Neue gelingen kann. Die traditionelle Rolle von Lehrenden muss deshalb im Rahmen einer systemischen Lernkultur neu entwickelt werden. Lehren ist nicht mehr Instruktion im Sinne einer Übermittlung von Inhalten und Strukturen, sondern wird als Initiierung und Begleitung von autonomen Veränderungsprozessen verstanden.

Damit das veränderte Rollenverständnis der Lehrenden sich entwickeln kann, müssen diese ihr Selbstverständnis verändern und ihre Zuständigkeiten und tatsächlichen Möglichkeiten als Lehrende neu denken. Auch eigene Bedürfnisse, aus denen heraus sie ihre vermeintlich führende, zumeist jedoch dominante Rolle im Lehr-Lernprozessen gestalten, sollten dafür selbstkritisch unter die Lupe genommen werden. Die Frage, die einen solchen Selbstreflexionsprozess einzuleiten vermag, lautet: „Was habe ich davon, wenn ich es bin, der Recht hat?“ Erst wenn der Lehrende sich selbst wieder als Suchenden und Nicht-Wissenden zu spüren lernt, kann er wirklich zu einem Begleiter für die Suchprozesse anderer Menschen werden. Die systemische Ausbildung von Lehrenden ist deshalb stets durch eine paradoxale Spannungslage geprägt: Zum einen müssen sie die Inhalte ihrer Fächer beherrschen, d. h. sie müssen zu Wissenden werden, zum anderen müssen sie die suchende Aneignung von Menschen begleiten können und deshalb selbst Suchende bleiben. Einem Lehrenden, der sein Selbstverständnis lediglich aus dem Bestimmungselement des Wissens ableitet, dem entgeht die wesentliche Dimension systemischer Professionalität, nämlich das Verstummenlassen der eigenen (inneren) Stimme des Bescheidwissens. Der Bibelsatz „Wenn ihr nicht werdet, wie die Kinder, …“ hat deshalb auch für die Professionalisierungsfrage einer systemischen Pädagogik eine orientierende Bedeutung. Hieraus folgt:

Kenntnisse über die konstitutive Rolle der eigenen Beobachtung werden erst dann zu einem lebendigen Wissen, wenn sie mit der Fähigkeit verbunden werden, Vertrautes aufzugeben und die eigene Stimme des Bescheidwissens verstummen zu lassen.

Wer sein Bescheidwissen entwickeln kann, um es dann in den Lehr-Lernprozessen auch verstummen zu lassen, der öffnet sich selbst, seine Wahrnehmung und seine eigene Bewegung wieder für das Überraschende und Ungesicherte des menschlichen In-der-Welt-Seins. Damit ist er auch auf der Seite der Lernenden, die sich im Lernprozess oft in überraschenden und ungesicherten Kontexten bewegen. Ein Inhalt, der vorgetragen oder in Form eines Textes oder einer Diskussion an die Lernenden herangetragen wird, stiftet noch keineswegs automatisch das damit verbundene Wissen oder die beabsichtigten Fähigkeiten. Die Lernenden müssen vielmehr eine eigene Beziehung zu diesem Inhalt herstellen, damit er ihnen zu eigen wird. Der Aufbau einer solchen Beziehung kann nur gelingen, wenn der Lerninhalt absichtsvoll auf bereits vorhandene Kenntnisse und Fähigkeiten Bezug nimmt. Am besten gelingt dies einem Unterricht, der an den Problemen und Fragestellungen der Lernenden – der eigentlichen Substanz ihres Lernprozesses – ansetzt. Ein nachhaltiges Lernen ist deshalb nicht eine Übernahme von kodifiziertem oder curricularisiertem Wissen, sondern stets eine Entwicklung von Strukturen, die das Neue in der Kognition und Emotion des Lernenden auf eine jeweils sehr spezifische Weise verankern und ausdrücken.

Da sich diese Aneignungsleistung stets nur zu den Bedingungen des Lernenden zu vollziehen vermag, kann sie auch nicht von außen hergestellt werden. Lehrende können lediglich Arrangements schaffen, in denen das Neue in vielfältigen Erfahrungsräumen bereitgestellt wird. Kern ist eine Didaktik der Vielfalt, deren kognitionstheoretische Begründung sich letztlich aus einer konnektivistischen Sicht von Lernen ergibt, wie sie die Gruppe um Francisco Varela empirisch und theoretisch grundgelegt hat. Ihr Credo ist, dass Lernen letztlich – entsprechend der bereits 1949 von Donald Hebb entdeckten Regel – darauf bezogen sei, die Verbindung zwischen Neuronen zu aktivieren. Varela u. a. schreiben:

„Werden zwei Neuronen meist gemeinsam aktiviert, stärkt sich ihre Verbindung, während sie sonst schwächer wird. Daher ist die interne Verknüpfung des Systems unauflösbar mit seiner Transformationsgeschichte verbunden und ist auf die Art der für das System zu lösenden Aufgabe bezogen“ (Varela u. a. 1992, S. 126).

Diese Transformationsgeschichte ist eine Lerngeschichte. Sie repräsentiert stets eine subjektiv-biographische Besonderheit und ist einem äußeren Beobachter verschlossen. Der Lehrende kann diese lediglich interessiert und im Wissen um die kognitive Beschaffenheit von Lernprozessen beobachten und didaktisch vielfältige Lernarrangements bereitstellen. Belehrung im Sinne einer gelingenden Intervention ist deshalb unmöglich, da die Lerngeschichte des Einzelnen, d. h. seine bisherigen neuronalen Verknüpfungen, den Lernprozess in stärkerem Maße bestimmen als das Handeln des Lehrenden. Es geht der systemischen Pädagogik deshalb darum, den Blick für das stets Überraschende und Ungesicherte in Lehr-Lern-Prozessen zu stärken und damit die Entwicklung einer Lernkultur zu unterstützen, in der die Subjekte auch tun dürfen, was sie stets tun: sich Neues im Rahmen ihrer eigenen neuronalen Vorstruktur aneignen. Deshalb gilt:

Nur wenn wir in der Lage sind, uns aktiv auf Überraschendes und Ungesichertes einzulassen, wird das Wissen um die Unmöglichkeit der in ihrer Auswirkung vorhersehbaren und planbaren Intervention für den schulischen Alltag nutzbar.

Eine weitere wesentliche Konsequenz aus der notwendig subjektorientierten Sicht von Lernen betrifft den Lernenden und seine Beziehung zum eigenen Lernen. Lernen ist nicht delegierbar, d. h. Lernprozesse können nicht stellvertretend erledigt werden. Der Einzelne ist Eigentümer seiner Lernprozesse. Aus diesem Grund kommt der Selbstverantwortung im Lernprozess eine zentrale Bedeutung zu. Obgleich Lernen nur in Selbstverantwortung möglich ist, gehen Bildungs- und Schulpolitik zumeist von einer Erzwingung des Lernfortschritts durch Kontrolle, Bewertung, Bestrafung usw. aus: Der gebildete Bürger soll erzeugt werden.

Hierin kommt ein mechanistisches Denken zum Ausdruck, welches nicht nur pädagogisch unzeitgemäß, sondern auch anthropologisch unbegründet ist. Denn im Lernen und in der Lernfähigkeit des Menschen ist dessen evolutionsgeschichtlicher Wettbewerbsvorteil zu sehen: Er ist zwar schwach und gefährdet, aber eben auch lern- und entwicklungsfähig wie keine Gattung sonst. Neuere Ansätze im Zusammenhang mit den Konzepten des Lebenslangen Lernens fokussieren deshalb wieder stärker auf diese immer schon vorhandene Lernfähigkeit des Menschen und versuchen, die Selbstverantwortung für die eigenen Lernprozesse („Lernverantwortung“) gezielt zu stärken. „Jeder ist für sein Lernen und für seine Kompetenzentwicklung selbst verantwortlich!“ – so lautet der Slogan dieser bildungspolitischen Maßgabe. Deshalb haben auch sogenannte Portfolio-Ansätze sowie neue Bildungsdienstleistungen wie die Bildungsberatung Hochkonjunktur. Gestärkt werden die Selbstlernkompetenzen sowie die Fähigkeiten, eigene Kompetenzstände selbstkritisch zu dokumentieren und eigene Bildungsziele zu definieren, während gleichzeitig eine Begleitstruktur entsteht, welche diese eigenen Lernbewegungen des Subjektes berät und begleitet. Bildung wandelt sich so von einer Angebotsorientierung zu einer Nachfrageorientierung. Nicht mehr einheitliche Vorgaben, sondern individuelle Nachfragen von Einzelnen, Betrieben, Kommunen etc. sind die Größen, die bestimmen, was Bildung bedeutet.

Für eine systemische Sicht von Bildung stehen die Selbstlernfähigkeit und die Lernverantwortung des Subjektes im Mittelpunkt ihrer didaktischen Konzepte sowie ihrer bildungspolitischen Empfehlungen. Es geht ihr dabei darum, die Fähigkeit der Subjekte zur Nutzung und Weiterentwicklung des eigenen Kompetenzportfolios systematisch zu stärken.

Auch die Konzepte von Erziehung und Bildung kommen ohne eine deutliche Vorstellung davon, wozu sie dienen und wohin sie führen, nicht aus. Um die Beantwortung dieser Fragen war die pädagogische Anthropologie schon seit jeher bemüht. Die aktuellen Debatten allerdings haben diese anthropologischen Klärungen weitgehend aus dem Blick verloren. Sie erwecken nicht selten den Anschein, als ginge es ihnen um das Bild eines allzeit vorwärts strebenden, umfassend flexiblen und seine Kompetenzkarriere nicht aus den Blick verlierenden Menschen. Dabei entsteht ein Zerrbild vom Menschsein, das ohne wirkliche Tiefe ist. Menschsein bedeutet Aufbruch und Abschied, Gestaltung und Loslassen. Eine wirklich tragfähige Pädagogik muss deshalb die mit diesen Bewegungen verbundenen Energien, Dynamiken und Kompetenzen ausloten und zu hilfreichen Konzepten verdichten. Deshalb kann als weiteres Element einer pädagogischen Handlungskompetenz definiert werden:

Systemische Pädagogik ist sich der Ganzheit des menschlichen Lebenslaufs bewusst. Sie stärkt nicht nur die biographische Aufbruchs- und Gestaltungskompetenzen des Einzelnen, sondern auch dessen Fähigkeiten zum Abschied („Loslassen“).

3. Selbstreflexivität

Lehrerinnen und Lehrer üben keinen nüchternen Beruf aus. Sie bringen ihre beruflichen Handlungen vielmehr mit ihrer eigenen Person dar – ein Sachverhalt, der den Lehrberuf auch manchem als einen „unmöglichen Beruf“ (Adorno) erscheinen lässt. Dies bedeutet, dass sich eine pädagogisch professionelle Kompetenz im Sinne einer systemischen Haltung nicht wie ein professioneller Mantel um die Schultern legen lässt; vielmehr muss sie auch ein tief durchspürter Ausdruck der eigenen Lebenspraxis sein. Nur wer in seiner Persönlichkeit die Fähigkeit entwickeln konnte, sich von eigenen Gewissheiten zu lösen und sich überraschender Komplexität zu stellen, der kann auch mit Menschen, für deren Entwicklung er professionell zuständig ist, fördernd umgehen. Diese Fähigkeit setzt eine selbstreflexive Haltung voraus, deren wesentliche Aspekte im Folgenden beschrieben werden:

> Professionelle Selbstreflexivität beginnt mit der Fähigkeit zur Selbstbeobachtung.

Wer systemisch denkt und handelt, ist in der Lage, sich selbst zu beobachten und behutsam mit dem umzugehen, was er wahrnimmt. Wahrnehmen ist stets ein „Für-wahr-Nehmen“, d. h. wir nehmen nur das wahr, was wir wahrzunehmen vermögen; alles andere bleibt uns verborgen. Dennoch halten wir unsere Wahrnehmung für Gewissheit und vergessen dabei, dass das, was wir nicht verstehen, die Gewissheit von Anderen sein kann. Was wir im Außen zu erkennen glauben, basiert stets auf Eigenem, das auf Wiedererkennen und Wiederholung im Prozess der Wahrnehmung drängt. Deshalb können wir die „objektiven“ Anforderungen oder das, was Interaktionspartner von uns wollen, immer nur missverstehen resp. nur im Kontext unserer eigenen inneren Logik verstehen. Um diesen Mechanismus zu wissen, ist allein schon ein wichtiger Schritt in Richtung Selbstreflexivität. Wer diesen Schritt gegangen ist, kann den Kampf um das Rechthaben aufgeben. Er weiß, dass Systeme andere Systeme nicht verstehen können (vgl. Luhmann 1997). Wenn wir jedoch darauf zu achten gelernt haben, welches Eigene uns im sogenannt Objektiven begegnet, können wir flexibler und raumgebender sowie weniger entschieden auftreten.

> Nur wer imstande ist, das eigene Echo im vermeintlich Fremden zu erkennen, kann sich von Vorwürfen und Schuldzuweisungen befreien und sich dem Gegenüber annähern.

Schuldzuweisungen und der Kampf um das Rechthaben können zurücktreten, wenn wir Reflexionsschleifen zwischen unsere Wahrnehmung und unsere emotional-kognitive Reaktion einzubauen vermögen und so imstande sind, das eigene Echo im vermeintlich Fremden zu erkennen. Dieses eigene Echo begegnet uns immer dann, wenn wir auf Handlungen und Begebenheiten im Außen so reagieren, wie wir stets auf solche oder uns ähnlich erscheinende Situationen reagiert haben. Der systemisch denkende und handelnde Pädagoge weiß aber, dass seine Reaktionen nur indirekt mit dem im Außen Stattfindenden zu tun haben.

Was uns im Außen begegnet, wirkt nur als Auslöser für Emotionen, die bereits in uns sind und auf Wiederholung drängen. So wirkt das Außen gleichsam als Wand, an der unser eigenes Rufen widerhallt und als Echo zu uns zurückfällt. Mit diesem selbstreflexiven Blick begegnet uns der „schwierige Schüler“ nicht einfach als Zumutung, sondern als Konstrukt und als Projektion eigener Erwartungen und Ängste: Das „schwierige“ Gegenüber sagt uns stets auch etwas über uns selbst, d. h. über die Bilder, mit denen wir uns die Welt zurechtlegen.

Nur, wenn wir die in uns gespeicherten Denk- und Fühlprogramme kennen, sind wir in der Lage, dem Gegenüber weitgehend unvoreingenommen zu begegnen.

Die Selbstreflexion hilft uns, die eigenen Reaktionen auf äußere Begebenheiten und Verhaltensweisen zu verstehen. Dadurch nimmt sie diesen bereits einiges von ihrem bedrängenden Gehalt. Wenn wir verstehen, wie wir gewöhnlich auf bestimmte Lagen reagieren und welches dabei unsere bevorzugten Grundmotive und Ängste sind, dann haben wir uns bereits ein Stück weit von dem Automatismus gelöst, mit dem unsere Denk- und Fühlprogramme bislang jeweils angesprungen sind.

Kommen Lehrer und Lehrerinnen durch einen reflexiven Umgang mit sich selbst dem projektiven Gehalt der eigenen Denk- und Fühlprogramme auf die Spur, verstehen sie mehr und mehr, dass ihnen nicht nur vom Außen etwas „angetan“ wird, sondern dass dieses vermeintlich Schlimme oder Ärgerliche in ihrem Innern auf einen „fruchtbaren Boden“ fällt. Wer diesen Zusammenhang versteht, begreift, dass man über die Wirklichkeit auch deshalb nicht streiten kann, weil diese in den jeweils beteiligten Personen ganz unterschiedliche Programme anspringen lässt, so dass auch diese stets in der für sie typischen Art reagieren, mit welcher sie sich letztlich „treu“ bleiben. Die Lösung des Ganzen liegt nur in einer Entdramatisierung des eigenen Erlebens und in einer Relativierung der eigenen Geschichten.

Fehler und Scheitern können uns zu neuen Formen des Denkens, Fühlens und Handelns führen.

Indem wir uns darauf konzentrieren, wie unsere Programme in uns selbst wirken, können wir aus eigenen Fehlern lernen und uns selbst und anderen Menschen freundlicher begegnen und diese auch in ihren unangenehmeren Seiten oder mit dem, womit sie uns schmerzen oder ärgern, wertschätzen oder zumindest tolerieren. Menschen, die in uns alte Denk- und Fühlprogramme auslösen und unseren Ärger, unsere Wut oder unsere ach so berechtigte Entrüstung ernten, geben uns die Gelegenheit, mit diesem eigenen Inneren in Berührung zu kommen: Immer und immer wieder führen uns Situationen des Scheiterns an den Punkt, an dem auch unsere eigene Entwicklung in Altem festhängt und unseren lebendigen Kontakt zum Hier und Jetzt unterbindet. Unser Gegenüber (z. B. ein als schwierig empfundener Schüler) führt uns so lange an die Stelle des „Scheiterns“, bis wir die an ihr anspringende Empfindlichkeit endlich dort geklärt haben, wo sie ihren Ursprung hat. Indem wir diese Klärung vollziehen, nutzen wir die eigentliche Lernchance, die uns die Erfolglosigkeit bietet. Wer aus solchen Erfahrungen lernt, ist imstande zu erkennen, wie und wann er alte, vertraute Gefühlslagen rekonstelliert und diese irrtümlich mit dem Augenblicklichen verbindet. Dies eröffnet ihm die Möglichkeit, sich auf das Gegenüber und das lebendige Potential der Situation wirklich zu beziehen und Situationen neu wahrzunehmen, damit Neues auch wirklich als Neues erkannt werden kann.

Feedback ist Nahrung für das persönliche Wachstum.

Individuelle Entwicklung ist Reifung in Interaktionskontexten. So gestaltet sich bereits das kindliche Ich im Dialog, d. h. seine anfängliche Offenheit entwickelt eine Strukturiertheit, indem es die Reaktionen seiner signifikanten Interaktionspartner verinnerlicht. Dieser Prozess der Ich-Entwicklung durch Verinnerlichung der Reaktionen der Umwelt („Interiorisierung“) kommt nicht mit dem Erwachsenwerden zum Erliegen, sondern setzt sich bis ins hohe Alter fort: Menschen schreiben ihre Identität in der aufmerksamen Auseinandersetzung mit ihrer jeweiligen Umwelt fort, und es sind immer wieder neue Reaktionen, mit denen sie sich auseinandersetzten und die sie in ihre Ich-Erzählung integrieren. Dieser beständig stattfindende Prozess der Ich-Entwicklung kann auch absichtsvoll gestaltet werden: Selbstreflektierte Menschen, die um diesen Mechanismus der Identitätsentwicklung wissen, können gezielt Feedback einholen oder aufmerksam auf das Feedback der anderen lauschen. Damit tragen Sie dem systemischen Sachverhalt Rechnung, dass unsere Wahrnehmung und die der anderen stets perspektivisch ist: Unterschiedliche Menschen sehen und erleben Unterschiedliches. Indem wir uns aber achtsam auf das beziehen, was da so an Wahrnehmungen, Bemerkungen und Eindrücken über uns und Reaktionen auf uns „in Umlauf“ ist, werden wir feststellen, dass unser Verhalten immer wieder zu einer ähnlichen Wahrnehmung im Gegenüber führt, und wir können uns darum bemühen, unser Verhalten zu reflektieren und uns – z. B. bei angstauslösender Wirkung auf Schülerinnen und Schüler – so zu verändern, dass wir auch als der hilfreiche Begleiter erlebt werden, der wir zu sein wünschen. Nur indem wir in dieser Art und Weise auf die Reaktionen und Feedbacks unserer Umwelt lauschen, wird es uns möglich, daraus Impulse für die eigene Entwicklung abzuleiten. Dies ist eine zentrale Dimension der professionellen pädagogischen Kompetenz.

4. Systemische Haltung

Die Aufgabe von Lehrerinnen und Lehrern liegt darin, ihre Schülerinnen und Schüler in ihrer Entwicklung und ihrem Lernen zu fördern und zu unterstützen. Dies gelingt ihnen jedoch nicht, wenn sie die Interaktion gemäß eigener verborgener Bedürfnisse rekonstellieren. Vielmehr sollten sie in der Lage sein, ohne Angst und mit innerer Kraft auf die Lesarten ihrer Schülerinnen und Schüler zu lauschen und immer wieder neue Versuche zu unternehmen, mit diesen in einen konstruktiven Dialog einzutreten, sie zu beraten und zu begleiten. Dem Fragen kommt dabei eine grundlegende Bedeutung zu. Es war Sokrates, der die Kunst des Fragens kultivierte und in seiner Pädagogik der Irritation praktizierte. Für ihn war es ganz im Sinne des systemisch-konstruktivistischen Paradigmas

„(...) nicht gut, die Menschen im Wahne ihres Wissens zu belassen; denn in ihm unterlaufen und blockieren sie, worin auch noch das Wissen und das Wissenwollen seinen Anfang und seinen Ort hat: im Fragen und Denken. In eben dieses Fragen und Denken die Menschen zurückzuholen, sie hierfür in der skeptischen Irritierung und Negierung ihres dogmatischen Wissens, Halbwissens oder starren Meinens, falls es der Prüfung nicht standhält, freizugeben, das könnte der Impetus für Sokrates´Handeln gewesen sein“ (Fischer 2004, S. 130).

Systemisches Fragen ist in diesem Sinne ein irritierendes Fragen. Es ist darauf bezogen, einer als schwierig empfundenen Verhaltensweise auf die Spur zu kommen. Anders als Sokrates fragen Systemiker jedoch nicht nur, wie das Gegenüber seine Denk-, Fühl- und Verhaltensweisen selbst versteht; systemisches Fragen ist auch darauf gerichtet, in Erfahrung zu bringen, wie dieses Gegenüber die Erwartungen und Beobachtungen seines Umfeldes einschätzt und beurteilt: „Was denkst du, Kurt, was es bei Claudia auslöst, wenn du sagst, dass dich der Unterricht langweilt, und wenn du deshalb anfängst, dich mit ihr über anderes zu unterhalten?“ Oder an einen anderen Schüler gewandt könnte eine systemische Frage lauten: „Was denkst du, Stephan, wie Hannelore sich fühlt, wenn Kurt sie während des Unterrichts in ein Gespräch verwickelt?“ Durch ein solches zirkuläres Fragen können „neue Informationen im System (entstehen)“ (von Schlippe/Schweitzer 2002, S. 141), und „bei allen Beteiligten werden so neue Sichtweisen und Denkprozesse angeregt“ (ebd.). Zugleich kann so ein Verständnis für die systemische Eingebundenheit des Verhaltens entstehen.

Ein sondierendes pädagogisches Handeln, das sich darum bemüht, den Maßgaben und Möglichkeiten des Lernenden Rechnung zu tragen, bedingt eine Gelassenheit desjenigen, der für die Initiierung und Begleitung solcher Suchprozesse zuständig ist. Pädagogische Gelassenheit ist die Fähigkeit, eigene Dominanz- oder Steuerungsansprüche zurückzunehmen und im Gegenüber das Vertrauen in die eigenen Kräfte zu stärken. Durch behutsame – teils (hinter)fragende, teils „störende“ – Impulse können Prozesse der Aneignung und der selbstverantwortlichen Lernprozessgestaltung entstehen. Dafür ist auf Seiten des Pädagogen eine innere Sicherheit nötig, die nicht davon abhängig ist, ob es ihm gelingt, eine eigene Linie in den Lernprozessen des Gegenübers zu realisieren braucht. Gleichwohl ist eine eigene Linie wichtig, nur ist diese paradoxerweise durch das Vorhaben definiert, stets der Linie des aneignenden Systems gerecht zu werden: Es geht um die Stärkung der Potentiale der Lernenden, nicht um die Durchsetzung von Vorgaben. Die Ressourcen der Lernenden, Suchenden und Sich-Entwickelnden sind dafür die eigentlichen Bezugspunkte für das pädagogische Handeln.

Pädagogisch Gelassene nehmen sich selbst in der eigenen Zuständigkeit ernst, aber nicht wichtig. Sie wissen um die Fallstricke der pädagogischen Grundparadoxien, andere zu selbstbestimmtem Handeln führen zu wollen, und schließen das eigene Scheitern nicht aus. Sie möchten keine Wirkungen erzielen, aber die Wirksamkeit der Aneignungen des Gegenübers optimieren. Auch wenn sie immer und immer wieder bei diesen Versuchen in eigene Ungeduld und Entschiedenheit abgleiten – mit den bekannten kontraproduktiven Effekten, denn mehr Steuerung angesichts der bisherigen Unwirksamkeit der Steuerungsversuche führt meist nur zu mehr Unwirksamkeit –, so begegnen pädagogisch Gelassene diesen Rückfällen in die eigene Steuerungsillusion doch mit Selbstkritik, aber auch mit augenzwinkernder Belustigung. Gerade dadurch, dass sie sich den Lernenden als reflektierende, immer auch mal wieder in ihren Bemühungen zurückfallende Menschen zeigen, verbreiten sie bei denen, für die sie sich zuständig fühlen, Leichtigkeit und Vertrauen. Beides sind wichtige Voraussetzungen, damit sich Lernende verändern können, denn unter Druck schließt sich die Lernbewegung in ihren bekannten Mustern ein und nur in einem vertrauensvollleichten sowie experimentellen Lernklima öffnen sich die Muster auch für ein tiefenwirksames Lernen.

Die in ihren wesentlichen Elementen skizzierte Haltung eines systemischen Pädagogen oder einer systemischen Pädagogin lässt sich in der Form eines „Code of Ethics“ beschreiben, der die grundlegenden systemisch-ethischen Elemente beschreibt, denen ein professionelles Handeln in pädagogischen Kontexten verpflichtet ist:

Der Eid des Sisyphos

Als Pädagoge bin ich in erster Linie der Entfaltung der inneren Kräfte und Möglichkeiten meiner Schülerinnen und Schüler verpflichtet. Meine Aufgabe ist es, ihre Kompetenzen so zu fördern und zu entwickeln, dass sie mit den Situationen, Fragen und Problemen, die das Leben für sie bereit hält, konstruktiv und erfolgreich umgehen können. Ich klage nicht über die „Schwierigkeiten", die sie mir dabei machen, sondern weiß, dass ich für die systemisch intelligente Lösung solcher Schwierigkeiten zuständig bin.

Deshalb verpflichte ich mich, mein pädagogisches Handeln gemäß folgender Einsichten zu gestalten:

- Ich habe erkannt, dass ich allein dafür verantwortlich bin, ob ich den schulischen Rahmen sinnvoll nutze oder in einer lähmenden Unwirksamkeit erstarre. Deshalb werde ich aufhören, über die Einengungen zu lamentieren, und ich werde versuchen, neue Wege zu gehen, auch wenn ich bisher Angst vor ihnen hatte oder sie für unmöglich hielt. Da ich weiß, dass im Außen nur sein darf, was im Inneren bereits existiert, werde ich mich verstärkt um die Überwindung dieser inneren Bilder, die mich und andere festlegen, kümmern und mich bemühen, meine didaktische und erzieherische Phantasie zu entfalten. *(Selbstveränderungs-Credo)*
- Ich höre auf, inhaltliche Vorgaben nur zu erledigen, sondern bemühe mich darum, meinen Schülerinnen und Schülern eine wirkliche Aneignung von Wissen, Fähigkeiten und Fertigkeiten zu ermöglichen. *(Ermöglichungsdidaktisches Credo)*
- Ich habe erkannt, dass ich als Lehrer/in nur erzieherisch wirksam sein kann, wenn ich mit den Schülerinnen und Schülern wirklich in Beziehung trete und die eigenen Bilder, mit denen ich sie identifiziere, auflöse und loslasse. Erziehung geschieht durch Beziehung und nur durch Beziehung. *(Erzieherisches Credo)*

Ich schwöre deshalb,

- die mir anvertrauten Menschen als Fremde zu respektieren und ihnen in dem Bewusstsein zu begegnen, dass meine Beobachtung von ihnen nur das zu erkennen vermag, was meine Beobachtung zu erkennen vermag,
- sie niemals zu kränken oder zu entmutigen, sondern einzig und allein (auch und gerade bei den von mir als „schwierig" empfundenen Kindern und Jugendlichen) nach Wegen zu suchen, auf denen sie ihre Selbstwirksamkeit erfahren und spüren können,
- die Verständigung mit den mir anvertrauten Menschen zu suchen und dafür zu sorgen, dass sie sich mit den gesellschaftlichen Erwartungen (von Lehrplan und Curriculum) auseinander setzen und ihr Eigenes gestalten können,
- den Schülerinnen und Schülern ein Vorbild für Fehlertoleranz, Menschlichkeit, wertschätzenden Umgang und Solidarität zu sein und ihnen durch meine gelebte Zuwendung zu zeigen, dass jeder Mensch über spezifische Potenziale verfügt, die es zu entdecken und zu entfalten gilt,
- mich in der Zusammenarbeit mit Kolleginnen und Kollegen um die Beschreitung neuer didaktischer und erzieherischer Wege zu bemühen und die professionelle Selbstreflexion im Team zu stärken, damit unsere Schule zu einem Ort der Kompetenzentwicklung und der menschlichen Reifung werden kann.

Übung: „Du sollst dir (k)ein Bildnis machen!“

Wählen Sie eine „schwierige“ Unterrichts- oder Erziehungssituation aus Ihrer Praxis aus und bearbeiten Sie diese mit Hilfe der folgenden Schritte. Im Mittelpunkt steht der Versuch einer neuen Achtsamkeit gegenüber den eigenen Wirklichkeitskonstruktionen, Überzeugungen und Deutungen. Nur indem Sie diese Achtsamkeit zulassen, wird frisches Denken möglich. Dazu sind vier Schritte wesentlich:

1. Schritt: Die Analyse der sachlichen Differenzen

Schwierige Situationen mit anderen Menschen – Kollegen, Eltern, Schülerinnen – treten immer dann auf, wenn mindestens zwei gegensätzliche Interessen, Meinungen oder Bedürfnisse aufeinander prallen. Nun sind aber Differenzen die natürlichste Sache der Welt: Jeder nimmt durch seinen Wahrnehmungsfilter in erster Linie jene Informationen auf, die er für die Gestaltung der täglichen Lebenssituation braucht. Gleichzeitig selektiert er auch so, dass er seine Einstellungen und Verhaltensweisen bestätigt findet, denn das vermittelt ihm Sicherheit. Auf diese Weise wird eine Sicht der Welt geschaffen, die aber immer eine subjektive Konstruktion der Wirklichkeit ist, denn welche Informationen wie verarbeitet werden, hängt von den persönlichen Erfahrungen, Interessen und Fähigkeiten des Einzelnen ab. Um dafür Verständnis zu entwickeln, gilt es, sich dieser Subjektivität der Wahrnehmung bewusst zu werden.

Leitfragen:

- Wie habe ich diese Situation wahrgenommen? Was genau ist aus meiner Sicht vorgefallen?
- Wie könnten die anderen Beteiligten die Situation erlebt haben?
- Was könnte ein unbeteiligter Dritter in dieser Situation beobachtet haben?

2. Schritt: Das Erkennen der eigenen Befindlichkeit

Jeder Mensch hat grundlegende Bedürfnisse: Wenn wir das, was wir brauchen, bekommen, fühlen wir uns gut, zufrieden und glücklich, und wenn nicht, eben schlecht, enttäuscht oder gar wütend. Doch oft wissen wir nicht einmal genau, was wir eigentlich wollen, und erst die Heftigkeit unserer Reaktionen zeigt uns, dass wir offenbar Bedürfnisse haben, die wir nicht erfüllt sehen. Deshalb müssen wir uns ganz konkret mit unseren – zum Teil verborgenen – Wünschen und Erwartungen auseinander setzen.

Leitfragen:

- Welches Bedürfnis habe ich in dieser Situation verletzt gesehen?
- Wie reagiere ich, wenn man mir die Erfüllung dieses Bedürfnisses verweigert?
- Welche Gefühle werden in mir ausgelöst (Wut, Enttäuschung, Angst etc.)?

3. Schritt: Das neue Aufsuchen vertrauter Kommunikationskontexte

Das Vertraute kann sich uns ganz anders darstellen, wenn wir in anderer Weise darauf blicken. Festgefahrene und erstarrte Kommunikationskontexte werden nur aufgebrochen, wenn wir unsere bisherige Sicht der Dinge auflösen und mit einem neuen Blick in vertraute Situationen zurückkehren. Dann werden diese neu für uns, auch wenn wir deren erste Wirklichkeit (z. B. Raum, Akteure) nicht verändert haben.

Leitfragen:

- Welche Aspekte meiner Situationswahrnehmung und -deutung sind möglicherweise dadurch festgelegt, dass ich ähnliche Situationen schon (mehrmals) erlebt habe und für mich zu einer klaren Definition und Bewertung solcher Kontexte gelangt bin?
- Übernehme ich für diese Festlegung wirklich die Verantwortung?
- Zeige ich Toleranz gegenüber anderen – mir „falsch“ erscheinenden – Erklärungen?

4. Schritt: Der Mut zu neuen Brillen

Nur wenn es gelingt, neue Wege zu gehen, können festgefahrene Schwierigkeiten in der Interaktion mit Kolleginnen, Eltern und Schülern gelöst werden. Dazu müssen wir lernen, alte Probleme aus neuen Blickwinkeln zu betrachten und uns von der Vergangenheit zu befreien. Aussagen wie „Das haben wir schon immer so gemacht!“ oder „In meinem Unterricht funktioniert das nicht!“ dienen vor allem einem Zweck: Alles soll so bleiben, wie es ist.

Leitfragen:

- Welche – auch kaum vorstellbaren – neuen Erklärungen könnte es für das Verhalten meines Gegenübers geben?
- Welche Bedürfnisse könnten hinter der Handlungsweise meines Gegenübers liegen?
- Wie würden sich diese Erklärungen auf meine Reaktion in der Situation auswirken?
- Was hindert mich daran, auch andere als die mir bekannten Erklärungen zuzulassen?

Leitsätze des systemischen Denkens und Handelns

„Wir sind, was wir denken.
Alles, was wir sind, entsteht aus unseren Gedanken.
Mit unseren Gedanken formen wir die Welt."
Siddhartha Gautama (563–483 v. Chr.)

Beispiel: „Kurt stört den Unterricht"

In einer siebten Hauptschulklasse kommt das Unterrichtsgeschehen immer wieder zum Erliegen, da Kurt jede Stunde zum Entgleisen bringt. In den ersten zehn Minuten folgt er zunächst dem Geschehen mit einer spöttischen Aufmerksamkeit, greift dann eine beliebige Bemerkung auf, wendet diese ins Obszöne oder beginnt einfach laut die Schülerinnen und Schülern seiner Umgebung in Unterhaltungen zu verwickeln. Ermahnungen oder Disziplinierungsversuche quittiert er mit einem triumphalen Grinsen. Wird er aus der Klasse verwiesen, so inszeniert er seinen Abgang im heroenhaften Gestus, was bei seinen Mitschülerinnen und Mitschülern immer mal wieder anerkennende Kommentare auslöst.

Kurt ist kein schlechter Schüler. Er macht den Stoff irgendwie mit Links, aber die konzentrierte Auseinandersetzung mit dem angebotenen Material, die Kooperation mit anderen oder die selbstverantwortliche Erarbeitung von Lösungen scheint ihn nicht wirklich zu interessieren. Vielmehr nutzt er jede Chance zur Konfrontation, um sich als Störer in den Mittelpunkt zu stellen und vorbereitete Abläufe zu torpedieren. Seine Klassenkameraden begegnen ihm mit einer Mischung aus Bewunderung und Distanz. Wirklich eingebunden ist Kurt nicht, Freunde hat er kaum.

In der letzten Geschichtsstunde, in der es um den Zweiten Weltkrieg und Nazideutschland ging, brach er alle Rekorde. Plötzlich erhob er sich, schlug die Hacken zusammen, grüßte mit dem Hitlergruß und rief „Deutschland muss judenfrei bleiben!". Der Lehrer erbleichte, schrie ihn an, was ihm einfalle, und schickte ihn zum Direktor. Dieser schloss ihn für einige Tage vom Unterricht aus und benachrichtigte die Eltern.

Für Lehrerinnen und Lehrer sind solche Situationen druckvoll. Sie müssen mit der Situation unmittelbar umgehen. Nachdenken, Analyse, Reflexion kommen erst in einem zweiten Schritt, nämlich dann, wenn die Denk- und Fühlprogramme sich bereits in die unmittelbare Reaktion eingemischt haben. Die Beteiligten sind dann aber bereits innerlich und äußerlich festgelegt. Es ist eine Typisierung entstanden, die den störenden Schüler als solchen festlegt, so dass die Aufmerksamkeit dazu neigt, in allem, was von ihm ausgeht, nur wiederum den Beginn einer erneuten Störung zu sehen. Und auch für den Schüler selbst hat sich wieder einmal etwas bestätigt, obgleich er selbst es ist, der sich dieses Bestätigungserleben immer und immer wieder als selektiver Beobachter „konstelliert"[1].

[1] Dieser Begriff stammt von der Zürcher Therapeutin Verena Kast, die damit beschreibt, dass Menschen nicht in Konstellationen geraten, sondern sich diese mit subtilsten Mechanismen (z. B. selektivem Wahrnehmen und selbsterfüllendem Fühlen) selbst schaffen, um sich in ihnen mit ihren eingefahrenen Denk- und Fühlmustern zurecht zu finden und sei es um den Preis der immer selben destruktiven Erfahrungen (vgl. Kast 1998).

Erster systemischer Leitsatz: Es gilt, die Bescheidenheitsposition einer reflexiven Beobachtung einzunehmen!

Das systemische Denken und Handeln beruht auf erkenntnistheoretischen Grundlagen, die weit in die Antike zurückreichen. So wusste schon Epiktet (1. Jahrhundert nach Chr.): „Nicht die Dinge selbst beunruhigen uns, sondern die Meinungen, die wir von den Dingen haben" (Epiktet 1992, Nr. 5). Auch die Physik gelangte beim Thema der Unschärferelation zur Einsicht, dass selbst die methodisch noch so kontrollierte Beobachtung ein aktiver Vorgang ist, dass also der Beobachter die Realität nicht nur abbildet, sondern durch seine Möglichkeiten des Erkennens konstruiert – ein Sachverhalt, den die neuere Hirnforschung eindrucksvoll bestätigt. Die Wahrnehmung wird uns vor dem Hintergrund der Forschungsergebnisse mehr und mehr als eine „selbstgenerierte Aktivität" (Singer 2002, S. 72) verstehbar.

Diese Einsichten stecken voll unangenehmer Gedanken, entziehen sie doch unserer Plausibilität den Boden der Gewissheit, auf den wir gerade in Drucksituationen nicht verzichten können. Es könnte alles auch ganz anders sein, und es wäre auch alles ganz anders, wenn wir in der Lage wären, die Faktoren, die das Verhalten des Gegenübers bestimmen, zu sehen und zu verstehen. Dies gelingt uns aber besonders dann nicht, wenn wir uns in einer Drucksituation befinden, in der alle unsere inneren Programme nach Eindeutigkeit und rascher Reaktion verlangen. Nur in handlungsentlasteten Situationen können wir es uns erlauben, nach der Lebenslage, den Motiven und Beweggründen unseres Gegenübers zu forschen. Eine solche Reflexion ermöglicht es, uns ein Stück weit von unserer eigenen Gewissheit zu lösen und die Dinge – zunächst einmal nur probehalber – anders zu sehen.

Ein wichtiger Effekt des systemischen Denkens ist die Herausbildung einer „epistemologischen Bescheidenheit" (Arnold/Siebert 2003, S. 17), d.h. einer Art von Selbstzweifel, der uns erkennen lässt, dass wir den „Kampf um die Realität" (Simon 1999, S. 53) vollständig einstellen sollten. Dies bedeutet, dass wir selbst in den Dingen, in denen wir uns ganz sicher zu sein glauben, innerlich nochmals in die Position des verwunderten Beobachters wechseln, der sich auch die Frage stellt, seit wann er selbst diese Deutung der bedrängenden Situation bei sich kennt. Weitere Fragen einer solchen reflexiven Wendung könnten sein: Woran erinnert mich diese Situation? Wann habe ich etwas Ähnliches zum ersten Mal erlebt? Wie habe ich mich dabei gefühlt? Was habe ich (mit welchem Erfolg) getan? Und: Sind andere Deutungen dieses Erlebens möglich?

In der Beispielsituation erzählte der Geschichtslehrer den Vorfall mit Kurt im Lehrerzimmer. Obwohl seine Reaktion bei den meisten Kollegen und Kolleginnen auf große Zustimmung stieß, meldete sich ein junger Lehrer mit der Bemerkung: „Irgendwie sind unsere bisherigen Versuche, Kurt in den Unterricht einzubinden, doch alle gescheitert. Wir sollten es vielleicht einmal mit etwas anderem versuchen." Mit dieser Äußerung erntete er zunächst nichts weiter als ein spöttisches Lächeln und bemitleidende Blicke, aus denen auch die Haltung des „Was-weißt-Du-denn-schon?" sprach. Doch der Kollege blieb hartnäckig. Er sagte: „Also ich erlebe Kurt auch als cool. Irgendwie schafft er es, uns alle in Atem zu halten. Und trotzdem wird er unseren Leistungsansprüchen vollkommen gerecht. Dies sollten wir einmal anerkennen, statt nur so abfällig über ihn zu reden. Wenn ich euch so höre, habe ich den Eindruck, ihr habt ihm bereits ein Label verpasst, aus dem er gar nicht mehr raus kann, ohne sein Gesicht zu verlieren. Ich habe es z. B. letzthin mal damit versucht, ihm bei einem Unterrichtsthema die Rolle eines „critical friend" zu geben, der alles, was zum Gegenstand an Kritischem zu sagen ist, sammelt und am Ende der Stunde als „Ja-aber-Liste" vorliest. Dies hat erstaunlich gut funktioniert. Zwar hat er auch immer wieder versucht, seine Mitschülerinnen und Mitschüler abzulenken, aber er ist bei seiner Aufgabe geblieben. Was erwarten wir denn? Soll er etwa sein Verhalten von jetzt auf nachher vollständig umstellen?"

Zweiter systemischer Leitsatz: Jedes Problem ist immer auch schon eine mögliche Lösung.

Das systemische Denken geht sehr vorsichtig mit Problemzuschreibungen um, da diese uns und die anderen festlegen und unser Denken beschränken. Zudem stehen sie auf einem wackeligen Fundament, denn sie basieren stets auf unterschiedlichen Konstruktionen der „Wirklichkeit".

Wer anderen ein Problem oder die Schuld an einem Problem zuschreibt, schaut nicht nur mit einem defizitären Blick auf sie, er befindet sich meist auch in einer Problemtrance, die seine ganze Wahrnehmung und die seiner Interaktionspartner auf das vermeintliche Problem fokussiert. So ist der störende Schüler plötzlich nur noch als störender Schüler im Gespräch, während seine anderen Seiten, über die er auch verfügt, mehr und mehr in den Hintergrund treten. Durch diese selektive Fokussierung konstruieren sich auch Lehrerinnen und Lehrer ihre schwierigen Schüler, wobei ihre gelernte Problemzuschreibungstechnik zwei für das systemische Denken wesentliche Fragen übersieht:

1. *Die Frage nach dem Problembesitz.* In unserem Beispiel scheint Kurt selbst kein Problem mit seinem Verhalten und dem Ärger der Lehrerinnen und Lehrer zu haben. Für ihn scheint seine Verhaltensweise vielmehr ein Weg zu sein, sich selbst darzustellen und immer wieder im Mittelpunkt zu stehen, ohne dadurch in eine leistungsmäßige oder gar strafrechtliche Gefährdung abzugleiten. Es spricht somit alles dafür, dass die Lehrer und Lehrerinnen das Problem haben, und deshalb besteht der Handlungsbedarf auch nur auf ihrer Seite, denn Probleme kann nur der zu lösen versuchen, der eine Situation als problematisch erlebt.

2. *Die Frage nach dem (heimlichen) Nutzen ungelöster Probleme:* Menschen behalten in der Regel diejenigen Verhaltensweisen bei, die ihnen einen Nutzen (im Sinne einer inneren Balance) stiften, und verändern lediglich die Verhaltensweisen, durch die sie selbst in leidvolle, schwierige oder aussichtslose innere und/oder äußere Lagen geraten (vgl. Arnold 2007b). Für den vorliegenden Fall ergibt sich daraus die unangenehme Frage, welchen heimlichen Nutzen sich die Lehrer und Lehrerinnen durch das Problem „Kurt" stiften.

Geht man davon aus, dass sich unsere tief eingespurten Denk- und Fühlprogramme besonders bei den Themen „Anerkennung", „Abhängigkeit", „Zuwendung" und „Unwirksamkeit" zu Wort melden, dann stellt sich die Frage, inwieweit im geschilderten Beispielfall solche Identitätsdimensionen bei den Lehrperson berührt werden. Die bequeme Problemzuschreibung „Der hat ein Problem!" ist nämlich nichts Anderes als eine Schuldzuschreibung. In ähnlicher Weise ließe sich natürlich auch auf der Schülerseite prüfen, ob und inwieweit diese Identitätsdimensionen dem als problematisch empfundenen Schülerverhalten zugrunde liegen. Zunächst sollte jedoch der Problemnutzen für diejenigen ausgelotet werden, die eine bestimmte Situation als Problem konstruieren:

Heimlicher Problemnutzen für... **Identitätsthemen**		**Lehrer und Lehrerinnen**	**den als störend erlebten Schüler**
Umgang mit Anerkennung	**Denk- und Fühlprogramme**	„Meine Autorität wird nicht anerkannt."	„Ich werde nicht gesehen."
	Nutzen	„Ich mache es richtig."	„Man sieht mich, wenn ich Radau mache."
Umgang mit Abhängigkeit	**Denk- und Fühlprogramme**	„Mein Unterricht ist abhängig von seinen Launen."	„Alle wollen etwas von mir."
	Nutzen	„Ich habe Macht."	„Andere müssen tun, was ich will."
Umgang mit Zuwendung	**Denk- und Fühlprogramme**	„Meine Bemühung wird von ihm nicht gesehen."	„Ich habe zu niemandem wirklichen Kontakt."
	Nutzen	„Er wendet sich nur ab, weil er ein Problem hat."	„Wenn ihr euch ärgert, wendet ihr euch mir zu."
Umgang mit Unwirksamkeit	**Denk- und Fühlprogramme**	„Er lässt mich scheitern."	„Ich habe keinen Einfluss."
	Nutzen	„Nicht ich, sondern er scheitert."	„Ich kann etwas bewirken."

Abb. 2: Nutzen-Check

Das systemische Denken entdramatisiert die „Probleme" und zeigt uns nüchtern, dass jeder nur seine eigenen Probleme bzw. Problemempfindungen (auf)lösen oder die als problematisch empfundene Situation für sich beenden kann. Unangenehm ist auch hier die selbstreflexive Perspektive, zu der uns die Fragen führen: Was nutzt uns das Problem (vgl. Baecker/Kluge 2003)? Was können wir ändern, um die von uns als problematisch empfundene Situation anders zu deuten oder Möglichkeiten zu finden, um alte Lösungsversuche nicht zu wiederholen und uns nicht in die bekannten Eskalationsfallen zu verstricken? Ließe sich die Situation auch in ihren Potenzialen beschreiben?

Der junge Lehrer in unserem Beispiel scheint mit seinem Hinweis einen neuen Weg zu weisen: Er definiert die Situation um, würdigt nicht nur die Potenziale, die in dem Verhalten von Kurt zum Ausdruck kommen, sondern versucht auch, mit diesen in einer anderen Weise umzugehen. Er nutzt die in dem gezeigten Verhalten zum Ausdruck kommende Abgrenzungstendenz, indem er Kurt die Funktion eines „Agent provocateur" einräumt.

Bei der Diskussion im Lehrerzimmer erhielt er Unterstützung von einer älteren Kollegin: „Das ist doch mal ein neuer Weg, den wir versuchen sollten. Zudem habe ich mittlerweile auch den Eindruck gewonnen, dass der Fall „Kurt" für uns alle immer wieder ein willkommener Anlass ist, um uns zu versichern, dass wir im Recht sind. Ich habe mich manchmal schon gefragt, was wir täten, wenn wir ihn nicht hätten." Obwohl auch diese Äußerung zunächst nur Kopfschütteln und entrüstete Bemerkungen im Kollegium auslöste, wurden einige dennoch nachdenklich und willigten schließlich in den Vorschlag der Kollegin ein, sich in dieser Disziplinfrage von einem Didaktik-Coach des pädagogischen Landesinstituts begleiten zu lassen.

Dritter systemischer Leitsatz: Die Welt ist nicht (nur) so, wie ich sie fühle!

Unser Denken und Handeln wird durch innere Bilder und Gefühle bestimmt. Bevor der Mensch abwägt und entscheidet, hat er sich bereits emotional festgelegt, wie uns die Ergebnisse der neueren Emotionsforschung eindrucksvoll zeigen. Die Emotionalität stellt sich uns somit als unser „erster Verstand" (vgl. Zimmer 1999) dar. Aus ihr entspringt die Dynamik des Systemischen. Unsere emotionale Gestimmtheit und unsere spontanen Gefühle bestimmen das, was wir aus einer Konstellation herauslesen bzw. was wir in sie hineinlesen, und sie bahnen unsere Reaktionen bereits an, bevor das nüchterne Denken eingesetzt hat.

Dieses Primat der Emotion war dereinst für die Gattung Mensch überlebenswichtig. Nur seiner emotionalen Intuition verdankt der Mensch seine Fähigkeit, frühzeitig Situationen spüren und Gefahren ausweichen zu können. In komplexen Interaktionssituationen verstellt uns das spontane Gefühl jedoch häufig den Zugang zu den eigentlichen Motiven und Absichten des Gegenübers. Die emotionale Kompetenz ist durch das Wissen um diese Wirkungsweisen unserer Wahrnehmung gekennzeichnet.

Wer emotionale Kompetenz besitzt, der kann zwar die inneren Bilder sowie Gefühle und Handlungstendenzen, die z. B. eine provozierende Verhaltensweise des Gegenübers in ihm auslöst, nicht abschalten, er kann aber in eine Reflexions-Schleife eintreten und ausloten, welche bekannten Gefühle diese Provokation in ihm auslöst (vgl. Arnold 2005). Diese Gefühle sind seine eigenen, mit denen er sich dem Gegenüber zumutet, wenn er unmittelbar emotional reagiert. Deshalb gilt für ein systemisch professionelles Handeln der Grundsatz: Folge niemals in emotional bedrängenden Situationen deinem spontanen Impuls, sondern „schmiede das Eisen, wenn es kalt ist“ (Omer/ von Schlippe 2005, S. 43).

Für Lehrerinnen und Lehrer sind solche systemischen Überlegungen oft fremd, „sind es doch die Schülerinnen und Schüler, die sich uns zumuten“ – so die verbreitete Empfindung. Es ist ein unangenehmer Gedanke, danach zu fragen, wie wir uns ihnen zumuten, indem wir unserem Spontanimpuls folgen. Aber genau mit solchen Überlegungen beginnt die systemische Professionalität.

Der Hitlergruß von Kurt war eine Provokation. Die Empörung im Lehrerzimmer war deshalb nahezu ungeteilt, und die entschlossene Reaktion des Lehrers fand – wie beschrieben – große Zustimmung.

Als der betroffene Geschichtslehrer abends seiner Frau den erlebten Vorfall schilderte, meinte diese: „Ach, das war doch nur ein dummer Jungenstreich. Meinst du nicht, dass ihr da aus einer Mücke einen Elefanten macht?“ Ihr Versuch, ihren Mann zu beruhigen, löste bei ihm aber eine derart heftige Gegenreaktion aus, dass sie es vorzog, vorerst nichts mehr dazu zu sagen. Erst nach einer Weile beruhigte er sich wiederund suchte erneut das Gespräch. Nachdem sie ihm lange zugehört und erkannt hatte, dass ihm die Sache wirklich nahe ging, versuchte sie ihm ihre Meinung zum Vorfall in einer etwas diplomatischeren Form nochmals zu erklären, denn es gefiel ihr nicht, wie entschieden und rechthaberisch er auftrat: „Ich kann verstehen, dass dich Kurts Verhalten ärgert. Aber könnte sein Benehmen nicht auch Gründe haben, die ihr auf den ersten Blick nicht seht? Ihr versucht doch schon lange, ihm mit Strenge und Disziplin zu begegnen, doch bisher ohne Erfolg. Seine Provokationen werden vielmehr immer auffälliger. Wäre es nicht sinnvoll, einmal einen anderen Weg einzuschlagen? Ich weiß noch, wie idealistisch du warst, als du nach dem Studium in den Lehrerberuf eingestiegen bist. Damals stand für dich noch ganz klar fest, dass es in der schulischen Erziehung nicht darum gehen darf, Dinge, die uns empören, zu unterbinden, sondern darum, die Kinder und Jugendlichen in ihrer Entwicklung zu begleiten. Und manchmal ist diese Entwicklung halt krisenhaft und dann werden euch Lehrern auch Beleidigungen und Provokationen zugemutet. Aber das gehört eben dazu wie das Amen in der Kirche. Kinder wollen euch mit ihrem Verhalten immer irgendetwas sagen. Die Frage ist nur, wie ihr deren Botschaft entschlüsseln könnt. Was könnte er dir denn sagen wollen? Und welche Antwort kannst du ihm darauf geben? Es wäre doch wichtig, dass es eine andere Antwort ist als die, die ihm sein bisheriges Leben bereits gegeben hat!“

Vierter systemischer Leitsatz: Lass dich von der Wirklichkeit überraschen und belehren!

Das systemische Denken geht davon aus, dass Ordnungen sich im komplexen Geschehen überwiegend selbst herausbilden und Situationen, Prozesse sowie Konstellationen letztlich nicht nachhaltig von außen geordnet werden können.

Zwar kann man eine Organisationsstruktur in Kraft setzen oder Unterricht in einer vorab geplanten Weise durchführen, doch bleibt stets die Frage ungeklärt, ob die an die Systeme herangetragenen Strukturen wirklich mit den Dynamiken synergetisch zusammenwirken können, welche die Systeme bereits vor aller Interventions- und Gestaltungsabsicht bestimmen. Interventionsabsichten, die dieser Gegebenheit keine Rechnung tragen, lösen oft einen sogenannten Systemwiderstand aus: Systeme folgen dann nur vordergründig den mit Macht an sie herangetragenen Absichten, sie unterlaufen diese jedoch, wo sie können, und kehren stets zu ihrer eigenen Logik zurück. Die Systemiker sprechen deshalb davon, dass Interventionen nicht möglich sind (vgl. Willke 1987).

Diese Feststellung ist nicht so zu verstehen, dass das Nichtstun das sei, worauf es ankommt. Gemeint ist vielmehr, dass Menschen, die mit komplexen Systemen erfolgsreich umgehen wollen, zunächst einmal auf die Dynamik dieser Systeme lauschen müssen. Sie müssen, wie Niklas Luhmann es ausdrückte, „(...) der Tatsache Rechnung tragen, dass Wirkungen nur durch Mitvollzug auf Seiten des die Wirkungen erleidenden Systems zustande kommen können. Und man muss berücksichtigen, dass die Systeme füreinander intransparent sind, sich also wechselseitig nicht steuern können“ (Luhmann 1988, S. 17).

Im konkreten Fall bedeutet dies, dass wir zunächst nicht wissen können, was in Kurt, dem als schwierig empfundenen Schüler, vorgeht, und wir müssen im Kontext einer systemischen Pädagogik alles tun, um die Dynamiken, aus denen heraus er denkt, fühlt und handelt, zu verstehen. Erst dann ist eine Aktion seitens der erziehungsverantwortlichen Lehrkräfte möglich, die den „Mitvollzug auf Seiten des die Wirkungen erleidenden Systems“ (ebd.) zu gewährleisten vermag, statt bloß wieder einen Systemwiderstand auszulösen, der dann erneut zu den vertrauten Eskalationsschleifen führt.

Wie kann man die Dynamiken eines prinzipiell intransparenten Gegenübersystems erkennen? Zu diesem Thema arbeitete der von der Schulleitung hinzugezogene Coach des pädagogischen Landesinstituts, indem er mit den beteiligten Lehrkräften ausführlich drei Fragen untersuchte:

1. *Welches sind die geteilten Deutungen und die bislang erfolglosen Reaktionen zum Fall Kurt?*
2. *Worum könnte es Kurt gehen, wenn man versucht, die Motive seines erfolgreichen Handelns zu würdigen?*
   Diese Formulierung löste zunächst Entrüstung und Ablehnung aus, weshalb man sich entschloss, die Frage folgendermaßen umzuformulieren und in Dreierteams in einem Brainstorming klären zu lassen: Welche für ihn selbst (d. h. seine innere Dynamik) konstruktiven Absichten verfolgt Kurt?
   Die Flip-Chart mit den Ergebnissen zur ersten Frage wurde in einem gemeinsamen Ritual verbrannt. Die Ergebnisse zur zweiten Frage wurden gesichtet, um dann die weitere Frage zu klären:
3. *Gibt es systemische Äquivalente (vgl. Arnold 2007b), die wir Kurt zur Wahrung seiner inneren Motive zugänglich machen könnten?*

Fünfter systemischer Leitsatz: „Handle stets so, dass Du die Anzahl der Möglichkeiten vergrößerst!“ (von Foerster 1993, S. 51)

Diese Art, absichtsvoll und durch geeignete Verfahren die Anzahl der eigenen Lesarten zu einer gegebenen Situation zu vermehren, stellt eine wichtige Verfahrensweise der systemischen Pädagogik dar. Damit trägt diese einem fünften systemischen Leitsatz Rechnung, den der Konstruktivist Heinz von Foerster in die Formulierung eines Gebotes kleidet. Professionelle Intervention wandelt sich durch die Beachtung dieses Gebotes von einer spontanen Reaktion, mit der man sich dem Gegenüber nur mit seiner eigenen Dynamik zumutet, zu einem besonnenen Reagieren, das darum weiß, dass sich Wirkungen in einem System nur zu dessen eigenen Bedingungen erzielen lassen, wodurch sich diese Bedingungen aber sehr wohl nachhaltig wandeln können. Es ist ein indirektes Intervenieren, welches das systemische Handeln kennzeichnet, und es ist eine Form des Intervenierens, die sich nicht mit den Grundsätzen der Gewissheit und des Bescheidwissens vereinbaren lässt.

Der Systemiker weiß, „dass er nicht weiß“, wie es Sokrates bereits ausdrückte, und er kann gerade auf der Basis dieses Nichtwissens achtsam sein Gegenüber beobachten und dessen Motive zu verstehen versuchen. Dieses achtsame Beobachten ist jedoch nicht mit einem neutralen Blick auf das Geschehen zu verwechseln. Es registriert zugleich bewusst, wie sich die eigenen Erfahrungsmuster („the Voice of Judgement“) beständig in die Wahrnehmung einmischen und in uns die vertrauten Sichtweisen generieren. Diese Einmischung erschließt sich nur einem reflexiven Blick, d. h. einer stets gleichzeitig ablaufenden Beobachtung des eigenen „Thought Stream“, wie Senge u. a. dies nennen (Senge u. a. 2003, S. 37).

Das Leitmotto für diese selbstreflexiv-achtsame Form der Beobachtung lautet: „Pay attention to our own reactions“ (ebd., S. 48), und indem professionelle Pädagogen und Pädagoginnen lernen, in dieser Weise durch sich selbst auf das Gegenüber zu lauschen, kann eine zentrale systemische Kompetenz heranreifen: „You can become less reactive and agitated“ (ebd., S.50). Und auf diesem Wege können sich zugleich die inneren Möglichkeiten erweitern, wodurch das Verhalten der Beteiligten weniger rigide an die Festlegungen durch ihr eigenes Bescheidwissen gebunden bleibt. Senge u. a. plädieren für „Presencing“, womit sie eine Haltung des „Retreat and Reflect“ umschreiben, welche den einzelnen mehr und mehr in die Lage versetzt, ein „Realizing“ zu gestalten, das dem Grundsatz „Act swiftly, with a natural flow!“ (ebd., S. 88) folgt.

Dieser Grundsatz entspringt einer systemisch-achtsamen Haltung, die zu anderen Interventionsformen führt als denen, die man üblicherweise von einem entschlossenen pädagogischen Handeln erwartet. Die Entschlossenheit des systemischen Handelns entspringt vielmehr einem tiefen Wissen um die Un(ge)sicherheit und die festlegende Wirkung des Vertrauten, und es ist diese ungesicherte Wahrnehmung, die uns offen werden lässt für das, was das Gegenüber bewegt.

Indem wir uns so von den eigenen Gewissheiten lösen, können wir auch über unseren Schatten springen und uns dem verstehend zuwenden, was uns am meisten aufregt, kränkt oder verletzt. Der Schatten, über den wir springen müssen, ist ein ganz besonders nachdrücklicher Kern unserer Gewissheit. Und oft verfolgen wir genau in dem, von dem wir uns entschieden abgrenzen (z. B. einem störenden Schüler), etwas, was tief im Inneren unser eigenes Anliegen ist. „Die Angst des Lehrers vor seinem Schüler" (Brück 1978) ist die alte Angst des Schülers vor seinem Lehrer, und der Schatten, über den wir springen müssen, wenn wir uns von unserer „Voice of Judgement" lösen, ist ein „Schatten in uns" (Kast), der uns all die Möglichkeiten verdunkelt, die sich einem besonnenen Handeln als Option bieten (könnten).

Vom Mut, eine Probe zu wagen

Ein König stellte für einen wichtigen Posten den Hofstaat auf die Probe. Kräftige und weise Männer umstanden ihn in großer Menge. „Ihr weisen Männer", sprach der König, „ich habe ein Problem und möchte sehen, wer von euch in der Lage ist, dieses Problem zu lösen." Er führte die Anwesenden zu einem riesengroßen Türschloss, so groß, wie es keiner je gesehen hatte. Der König erklärte: „Hier seht ihr das größte und schwerste Schloss, das es in meinem Reich je gab. Wer von euch ist in der Lage, das Schloss zu öffnen?"

Ein Teil der Höflinge schüttelte nur verneinend den Kopf. Einige, die zu den Weisen zählten, schauten sich das Schloss näher an, gaben aber zu, sie könnten es nicht schaffen. Als die Weisen dies gesagt hatten, war sich auch der Rest des Hofstaates einig, dieses Problem sei zu schwer, als dass sie es lösen könnten. Nur ein Weiser ging an das Schloss heran. Er untersuchte es mit Blicken und Fingern, versuchte es auf verschiedenste Weisen zu bewegen und zog schließlich mit einem Ruck daran. Und siehe, das Schloss öffnete sich. Das Schloss war nur angelehnt gewesen, nicht ganz zugeschnappt, und es bedurfte nichts weiter als des Mutes und der Bereitschaft, dies zu begreifen und beherzt zu handeln. Der König sprach: „Du wirst die Stelle am Hof erhalten, denn du verlässt dich nicht nur auf das, was du siehst oder was du hörst, sondern setzt selber deine eigenen Kräfte ein und wagst die Probe." (Peseschkian, zit. nach: Das OE-Forum. 2001, S. 46).

Übung: „Perspektivenwechsel“

Erinnern Sie sich an einen Fall aus Ihrer Praxis, bei dem Sie mit Ihrer Weisheit am Ende waren oder bei dem alle Ihre Bemühungen letztlich immer wieder in derselben Wirkungslosigkeit endeten. Dabei kann es sich um einen Fall aus Ihrer Unterrichtspraxis, eine Kommunikationsstörung im Kollegenkreis oder mit Vorgesetzten handeln. Wichtig ist, dass Sie möglichst genau eine beispielhafte Situation schildern. Wer waren die Akteure? Worum ging es? Wie haben Sie das Problem bezeichnet? Wieso glaubten Sie sich im Recht und den anderen im Unrecht? Durchlaufen Sie dann die Dreischritt-Analyse! Schreiben Sie zu jedem der aufgeführten Spiegelstriche das auf, was Ihnen spontan in den Sinn kommt!
Sollte es sich um einen aktuellen Fall handeln, versuchen Sie, den dritten Schritt in Ihrer Praxis umzusetzen!

1. Schritt: Meine vertrauten Perspektiven	**2. Schritt: Mögliche andere Perspektiven**
• meine Definition des Problems • meine Erklärung der Motive des Gegenübers • meine Ziele und Veränderungsversuche • die Gründe für ihr Scheitern • meine Vorfahren dieses Problems (frühere ähnliche Probleme) • mein „Mich-im-Recht-Fühlen“ bei solchen Problemen	• Wie könnten andere dieses Problem anders definieren? • Welches könnten die ehrenwerten Absichten des Gegenübers sein? • Was könnte man auch versuchen („die ganz anderen Wege“)? • Über welchen Schatten muss ich beim Begehen eines ganz anderen Weges springen?

3. Schritt: „Der Mut, eine Probe zu wagen“

- Welche Unterstützung brauche ich, um mich dem Problem einmal auf ganz anderem Wege zu nähern?
- Wie könnte ich mir diese Unterstützung beschaffen?
- Woran würde ich erkennen, dass der ganz andere Weg mich zum Ziele führt?
- Mit welchen Überraschungen muss ich rechnen?

Die Systemiken der LehrerInnen-Rolle

„Sisyphos ist daher der Berufsheilige der Pädagogen. In der öffentlichen Schule kann Sisyphos aber nur tätig sein, weil unsere Erfahrung über diese Einrichtung bestätigt, dass es letztlich die Beteiligten selbst sind, Pädagogen und Lernende, die dieser Institution ihre Gestalt geben“ (Tenorth 1994, S. 445).

Das Ansehen der Lehrerbildung und entsprechend der Lehrerinnen und Lehrer in Deutschland ist angeschlagen. Dies liegt nicht nur an den pauschalierenden Verurteilungen von Politik und Stammtisch, man schreibt den Lehrerinnen und Lehrern vielmehr einiges zu: das schlechte Abschneiden Deutschlands in den internationalen Schulvergleichstests ebenso wie „das Bild der Jugend“, welche sich nicht so wie früher präsentiert[1]. Es wäre alles anders, so die verbreitete Vorstellung, wenn ... – ja wenn was? Die Hoffnung, die in solchen Erwartungen zum Ausdruck kommt, ist die einer durchschlagenderen Wirksamkeit des Lehrerhandelns, wenn Lehrerinnen und Lehrer nur über ein besseres Know-how verfügen würden. Erwartet wird von den Lehrern letztlich ein technologisches Wissen, das helfen soll, die Umstände zu wandeln, ohne dass diese Umstände wirklich in ihrer innerlichen und äußerlichen Systemik und der aus dieser sich ergebenden Komplexität adäquat verstanden werden.

Systemisches Handeln ist ein Handeln im Bewusstsein unserer nur eingeschränkten Möglichkeiten, die Welt nach unseren Erwartungen zu gestalten.

An die Stelle von Amtsautorität und starren Konzepten müssen deshalb persönliche Beziehung und situationsangemessenes Reagieren treten. Nur so kann dem Überraschenden in Unterricht und Schulalltag Rechnung getragen werden. Eine distanzierte Betrachtung wird der Komplexität der Prozesse kaum gerecht. Ein systemisch erfolgreiches Handeln ist deshalb ein achtsames sowie ein situativ angepasstes Handeln, welches in der Lage ist, die wirksamen Systemiken zu erkennen und mit diesen produktiv-gestaltend und Synergien nutzend umzugehen.

Als Systemik bezeichnet man das komplexe Wechselspiel der Energien, die sich vom Außen und vom Innen täglich in unser Handeln einmischen. Der vor allem aus der Gruppendynamik bekannte Begriff der Dynamik bezeichnet Ähnliches, bezieht sich aber enger auf die Bereiche der latenten Energien (z. B. Projektionen, vorauseilende Verdächtigungen) und der Bildenergien (Deutungsmuster). Diese Energien sind – wie wir bereits gesehen haben – Ausdruck der Bemühungen der Akteure, sich in neuen Situationen dadurch besser zurechtzufinden, dass sie an Vertrautes anknüpfen und sich die jeweilige Situation so deuten, wie sie diese bereits kennen. Hieraus entsteht eine Gruppendynamik mit jeweils sehr spezifischen Ausformungen und Verhakungen, bei deren Wirken die Beteiligten oft deutlich spüren, dass es eigentlich primär um etwas ganz anderes zu gehen scheint als das, was als das Thema der Debatten dargestellt wird.

---

[1] Entsprechende Klagen („Die Jugendlichen sind nicht mehr so, wie sie früher waren.“) sind bereits aus dem Altertum überliefert.

Beispiel: Direktorenstelle

In einer Grundschule wird eine Direktorenstelle mit einem externen Kandidaten besetzt. Er ist einer von drei Männern in einem überwiegend von Frauen dominierten Kollegium. Die beiden anderen männlichen Kollegen sowie eine Kollegin, die sich auch auf diese Position beworben hatten – einer hatte die Schulleitung fast über ein Jahr kommissarisch wahrgenommen und war fest von seiner eigenen Ernennung ausgegangen – begegnen dem neuen Schulleiter mit gemischten Gefühlen und einer für alle deutlich spürbaren Distanz. Immer wieder kommt es vor, dass sie den neuen Schulleiter in Besprechungen „auflaufen" lassen, und es ist auch schon verschiedentlich der Satz gefallen: „Das müssten Sie eigentlich wissen, wenn Sie diese Schule leiten wollen." Die Stimmung im Kollegium verschlechtert sich im Verlauf der Monate zusehends. Es bilden sich zwei Fraktionen heraus, die wechselseitig schlecht übereinander reden und sich gegenseitig die Kompetenz streitig machen, die Schule nach rein sachlichen Schulentwicklungsgesichtspunkten voran zu bringen (vgl. Arnold 2003).

Was geschieht hier? Das System wird durch Energien beherrscht, die keine Synergien sind. Es sind insbesondere gruppendynamische, d.h. latente Energien und Bildenergien, die sich bestimmend und prägend in das Handeln der Akteure einschleichen. Es ist die vom Erleben des eigenen Übergangenwerdens ausgehende Energie, welche darauf hinwirkt, „den Neuen" schlecht aussehen zu lassen. Dies kann den eigenen Selbstwert („Ich hätte es besser gekonnt!") vor sich selbst und anderen wieder aufpolieren. Zugleich unterstützen diese Energien das Ich der Unterlegenen, lässt es sich doch so leichter an den eigenen Bildern und Erfahrungen festhalten, die aufzugeben eine weitere Ichschwächung mit sich bringen würde. Dies alles konstituiert eine Systemik, gegen die der neue Schulleiter mit seinen innovativen Vorstellungen und Konzepten nur schwer ankommt, zumal sich bei ihm ganz eigene Energien zu Wort melden, die in entschiedenen und bisweilen trotzigen Reaktionen ihren Ausdruck finden. Die so entstehenden Systemiken wirken lähmend gegeneinander, und von Synergie kann keine Rede sein. Es ist vielmehr ein Systemwiderstand, der sich so aufbaut und Innovationen bereits im Keim verhindert. Systemwiderstände stehen meist auch mit solchen destruktiven energetischen Konstellationen in Zusammenhang.

Energien	Dimensionen	Erläuterungen
eher vom Außen unser Handeln bestimmende Energien	A: manifeste Energien	(Rollen-)Erwartungen, Interessen, Reglements
	B: latente Energien	Projektionen, Verdächtigungen, Rekonstellierungen
eher vom Innen unser Handeln bestimmende Energien	C: Bildenergien (Deutungsmuster)	Typisierungen, Routinen, „naive Verhaltenstheorien"
	D: Gefühlsenergien (Emotionsmuster)	subjektive Gefühlslichter und Gewissheiten

Abb. 3: Welche energetischen Dimensionen kennzeichnen die Systemiken der LehrerInnen-Rolle?

Im Falle der uns eher von außen bestimmenden Energien kann man zwischen manifesten und latenten Energien unterscheiden. Manifeste Energien erreichen uns in der Form von Erwartungen, Interessen und Reglements. Sie bezeichnen das, was uns an offiziellen Zuschreibungen im System begegnet und häufig als Position oder Amt beschrieben ist. Von einer Position geht für alle Beteiligten eine Energie aus, zu der man sich mehr oder weniger deutlich positionieren muss. So kann eine Schulleitung erwarten, dass ihre Vorstellungen aufgegriffen und ihre Anweisungen – wenn es zu solchen kommt – befolgt werden. Latente Energien sind demgegenüber solche, die von einem Außen (z. B. Konfliktsituation) in uns aktiviert werden und dazu führen, dass wir das Aktuelle im Lichte früherer, ähnlicher Erfahrungen sehen und deshalb bisweilen auch überwertig reagieren.

1. Das Anforderungs-Soziogramm: eher vom Außen unser Handeln bestimmende Energien

Lehrer und Lehrerinnen können nicht völlig selbständig über ihre Tätigkeit entscheiden. Sie erfüllen Interessen und Erwartungen der Gesellschaft, von Gruppen und von Einzelpersonen. Es dient unmittelbar der eigen Rollenklärung, wenn Lehrerinnen und Lehrer sich dieses Geflechts von Interessen und Erwartungen, welches ihre Handlungsmöglichkeiten bestimmt, stärker bewusst werden. Für eine solche nüchterne Analyse kann man sich folgender Schlüsselfragen bedienen:

- Welche Erwartungen und Interessen bestimmen und prägen mein Handeln?
- Welche Gruppen und welche Einzelpersonen haben Interesse an meiner Arbeit?
- Wer beeinflusst mich als Lehrer bzw. Lehrerin?
- Wer wird durch den Lehrer bzw. die Lehrerin beeinflusst?
- Wovon hängt der Einfluss des Lehrers oder der Lehrerin ab?

Lehrerinnen und Lehrer müssen einerseits jene Person oder Institution zufrieden stellen, die sie angestellt hat, andererseits aber auch den Erwartungen der Schülerinnen und Schüler (und deren Eltern) Rechnung tragen. Dies muss nicht notwendigerweise zu Konflikten führen und in den meisten Fällen gibt es auch wenige explizite Rollen-Konflikte. Gleichwohl ist die Erwartungsstruktur, in welche die Lehrtätigkeit an Schulen eingebunden ist, grundsätzlich konfliktiv: So fordert z. B. die Gesellschaft ein hohes Leistungsniveau im schulischen Lernen mit deutlichen Beurteilungen und Selektionen, während die Subjekte des Lernens eine umfassende Förderung und Begleitung erwarten, die ihrer Entwicklung zunächst deutlich mehr Gewicht einräumt als ihrer Leistungsbewertung.

Die Tätigkeit von Lehrerinnen und Lehrern ist wie kaum eine andere Tätigkeit durch eine nur relative Autonomie gekennzeichnet. Dies hängt damit zusammen, dass alle Gesellschaftsmitglieder es irgendwie mit Erziehung zu tun haben und sich deshalb auch wie selbstverständlich zu Erziehungs- und Unterrichtsfragen äußern. Erziehung ist eine öffentliche, keine professionell monopolisierbare Funktion der Gesellschaft. Lehrerinnen und Lehrern müssen deshalb mit unterschiedlichen Erwartungen umgehen lernen, sie können sie nicht einfach als nicht expertenschaftlich begründet übergehen – auch wenn sie dadurch glauben, professionelle Autonomie und größere Unabhängigkeit gewinnen zu können. Einmischung und Mitsprache sind kennzeichnende Merkmale der unter öffentlicher Verantwortung gestalteten Schul- und Unterrichtsentwicklung. Die spezifische Professionalität von Lehrerinnen und Lehrern liegt deshalb stets in einem Ausgleichshandeln, d.h. im Dialog und in der Anschlussfähigkeit ihrer Handlungen. Dies bringt eine strukturelle Rollenunsicherheit mit sich, die balanciert werden muss und nicht einseitig in Richtung Subalternität oder in Richtung Beliebigkeit aufgelöst werden kann.

Lehrerarbeit ist jedoch zudem durch weitere Personen und Institutionen beeinflusst. So üben auch Lehrerinnenund Lehrer, welche die Arbeit ihres Kollegen oder ihrer Kollegin kritisch beobachten, mit ihm oder ihr kooperieren oder eben nicht kooperieren, einen gewissen Einfluss aus. Von neueren Schulentwicklungskonzepten wird diese Einflussebene als die wichtigste für das Gelingen oder Misslingen von Schulentwicklung angesehen, weshalb Schulleiterinnen und Schulleiter sich in erster Linie um die Förderung der Kollegialität in ihrer Schule zu kümmern hätten – eine schwierige Aufgabe, die nur wahrnehmen kann, wer Einblick in die Wirkungsmechanismen eines sozialen Systems hat.

Einfluss auf eine Lehrkraft haben auch die gesetzlichen Vorschriften ihres Landes. Es gibt keine überall gültigen Regeln dafür, wer hier im Einzelnen diesen Einfluss wie geltend macht. Dies ist von Fall zu Fall, von Institution zu Institution, von Gesellschaft zu Gesellschaft sehr unterschiedlich. Wichtig ist, mit diesen einflussreichen Kräften in der eigenen Arbeit bewusst umzugehen. Lehrkräfte müssen versuchen, diese Einflüsse und die dahinter liegenden Motive zu erkennen. Über ihre eigenen Verbände und andere Interessenverbände können sie versuchen, auf die einschlägigen Gesetzgebungen Einfluss zu nehmen, was in einigen Ländern der Welt, in denen die Lehrergewerkschaften zu den stärksten bildungspolitischen Interessenverbänden zählen, auch wirksam gelingt. Das Handeln von Lehrerinnen und Lehrern ist somit immer auch ein bildungspolitisches Handeln.

Die vielfältigen Einflüsse auf die Lehrerinnen und Lehrer kann man in einem „Anforderungs-Soziogramm" darstellen. Der Lehrer steht dann in der Mitte; je nach Stärke des Einflusses stehen die Einflussfaktoren näher oder weiter entfernt von ihm (nach Arnold/Geißler o.J., S. 41ff):

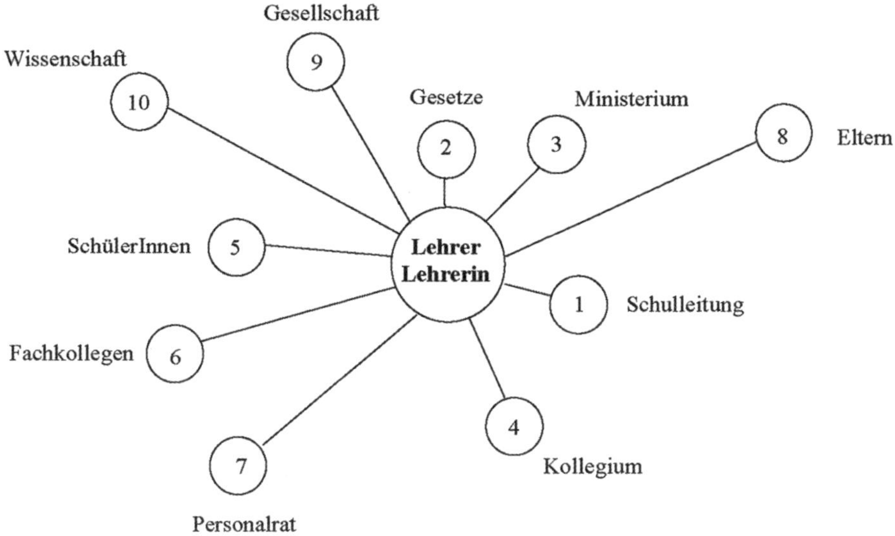

Abb. 4: Anforderungs-Soziogramm

Übung: Anforderungs-Soziogramm

Erstellen Sie zwei Soziogramme, in denen Sie darstellen, wer oder was Sie wie in Ihrem täglichen Handeln unmittelbar beeinflusst:

- ein Soziogramm für die Situation während Ihrer eigenen Ausbildung (Hochschule, Studienseminar)
- ein Soziogramm für die Situation an Ihrem heutigen Arbeitsplatz

Gehen Sie folgendermaßen vor: Benennen Sie die einzelnen Einflussfaktoren (Personen, Institutionen) und ordnen Sie diese so an, dass die Entfernung vom Mittelpunkt die Stärke des Einflusses ausdrückt (je weiter weg vom Mittelpunkt umso weniger Einfluss). Vergleichen Sie Ihre beiden Soziogramme: Welche Einflussfaktoren sind weggefallen oder haben eine andere Bedeutung bekommen?

Der Lehrer wird aber nicht nur beeinflusst, er beeinflusst auch selbst verschiedene Personen und Institutionen. Das Einfluss-Soziogramm eines Lehrers oder einer Lehrerin ist dabei zumeist durch eine andere Struktur geprägt als sein Anforderungssoziogramm. Während im ersten z. B. die Schulleitung die Instanz ist, die am deutlichsten ihre Erwartungen im Schulentwicklungsprozess zu artikulieren vermag, ist das eigene Lehrerhandeln am unmittelbarsten auf die Schülerinnen und Schüler bezogen. Dies bedeutet, dass die Gruppe, der man sich am meisten zuwendet, nicht identisch ist mit derjenigen, die am deutlichsten ihre Erwartungen artikuliert – ein Sachverhalt, aus dem sich eine gewisse Inkonsistenz im eigenen Rollenbild ergeben kann, je nach dem, ob man sich selbst in seinem Handeln eher durch die Anforderungen oder durch die eigenen Einflussmöglichkeiten leiten lässt. Auch hier haben Lehrerinnen und Lehrer – wie im Übrigen auch andere Berufe – eine spezifische Balance zu erbringen, wobei viel dafür spricht, dass eine systemische Schulentwicklung in stärkerem Masse von einer Einflussorientierung des Lehrerhandelns profitiert: Lehrerinnen und Lehrer müssen in erster Linie eine Vorstellung davon haben, bei welchen Akteuren sie welche Wirkungen selbst erzielen wollen (Motto: „An unseren Wirkungen sollt ihr uns erkennen!"). Und erst vor diesem Hintergrund ist es wichtig, sich die Dichte und Intensität der Erwartungen, unter denen ihr Handeln tatsächlich erfolgt, genauer anzusehen.

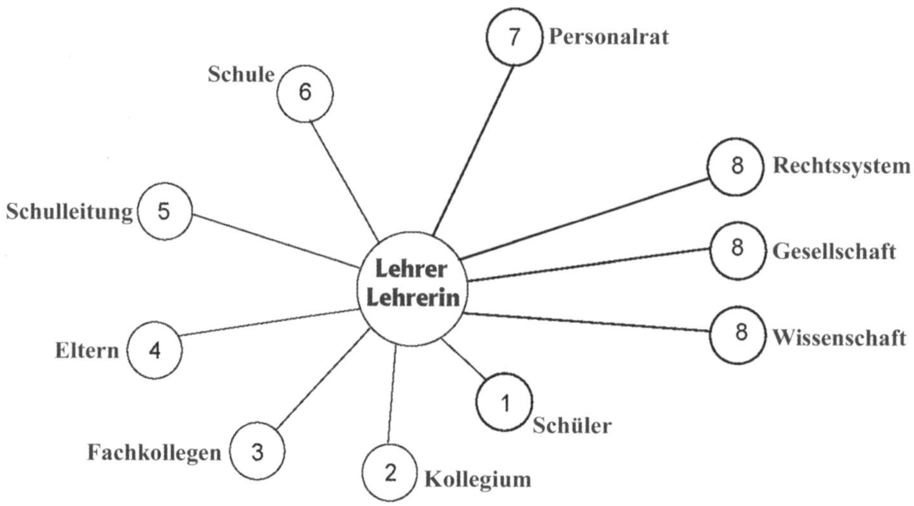

Abb. 5: Einfluss-Soziogramm

Den unmittelbarsten Einfluss hat der Lehrer oder die Lehrerin auf die Schüler oder Schülerinnen, mit denen er sich jeden Tag intensiv beschäftigt. Feststellbar ist auch noch der Einfluss auf die Kollegen, die Eltern sowie die Schulleitung und damit die Schule. Auf die anderen Faktoren haben Lehrkräfte relativ wenig Einfluss. Ihr eher geringer Einfluss auf andere Personen und Institutionen und ihre Bedeutung in der Gesellschaft sind nicht unveränderlich. Hier hängen die Einflussmöglichkeiten auch letztlich davon ab,

- wie ernst der Lehrer oder die Lehrerin selbst ihre Aufgabe nimmt (Selbstverständnis),

- inwieweit ihre Tätigkeit in der Gesellschaft Akzeptanz genießt, eine Tradition hat und als expertenschaftliche Funktion anerkannt ist (Professionalisierung) sowie
- welchen Status die Lehrfunktion in einer Gesellschaft hat.

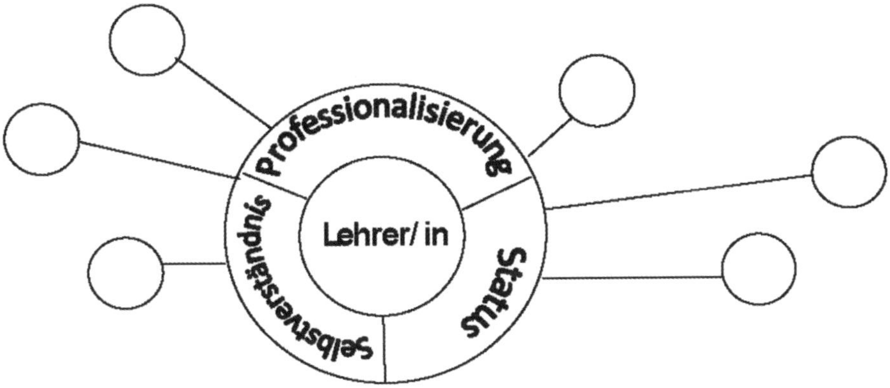

Abb. 6: Bedeutungsdimension des Lehrerberufs

Die Bedeutung des Lehrers bzw. der Lehrerin kann demnach erhöht werden, wenn

- Lehrerinnen und Lehrer den Wert ihrer Erziehungs- und Unterrichtsarbeit selber hoch einschätzen (Selbstverständnis),
- der Beruf des Lehrer und der Lehrerin gesellschaftlich anerkannt ist (Status/ Akzeptanz),
- die Lehrtätigkeit als eigenes Berufsbild entwickelt ist (Professionalisierung).

Übung: „Selbstverständnis, Status, Professionalisierung"

Versuchen Sie die drei Aspekte Selbstverständnis, Status/Akzeptanz sowie Professionalisierung mit jeweils zwei Beschreibungen für ihren eigenen Fall zu versehen: eine, die beschreibt, wie Sie den Ist-Stand einschätzen, und eine andere, die eine Aufgabe beschreibt, die ansteht, um in dem jeweiligen Aspekt weiterzukommen.

2. Pädagogische Skulpturen: die eher vom Innen unser Handeln bestimmenden Energien

Die Handlungskompetenzen von Lehrerinnen und Lehrern sind durch das eigene Bildungs- und Erziehungserleben in entscheidender Weise vorgeprägt. Niemand kann aus dieser biographisch erworbenen Haut wirklich vollständig heraus schlüpfen, er kann aber erkennen, um welche Prägungen es sich dabei handelt, und im Wissen darum sein Eigenes, sein Spontanhandeln in Unterrichts- und Erziehungssituationen reflektieren und vielleicht sogar korrigieren. Voraussetzung dafür ist allerdings, dass diese vom Innen das pädagogische Handeln bestimmenden Energien ins Bewusstsein gehoben werden können, zumal „noch kein Lehrer durch eine Vorlesung allein dazu befähigt worden ist, gelassener in bestimmten Situationen zu reagieren" (Arnold 2005, S. 207). Wenn gelasseneres Handeln gelingt,

„(...) werden überwertige Rigidität und Entschiedenheit, die ja unsystemisch (sind), neu entschlüsselbar. Man muss nicht länger (...) über die Berechtigung oder Nichtberechtigung eines bestimmten Zugriffs 'streiten', sondern lernt vielmehr, die eigene Aufmerksamkeit nach innen zu richten. Indem man die rekonstellierende Kraft des Eigenen bzw. Inneren erkennt, entwickelt sich auch peu à peu die Fähigkeit, sich demgegenüber in eine Beobachterposition zu begeben und aus der Rekonstellierung auszusteigen. Dies ist der Beginn einer eigentlichen – systemischen – Professionalität" (ebd.).

Was bedeutet Rekonstellierung in diesem Zusammenhang? Dieser Begriff beschreibt, mit welcher inneren Hartnäckigkeit wir in unserem Handeln an dem festhalten, was wir kennen und was uns an Vergleichbarem bereits früh begegnet ist (Kast 1997; 1998; 2000). Wir stellen somit neue Situationen mit her, indem wir so, wie wir gelernt haben zu reagieren, wieder reagieren und dadurch der Situation eine spezifische Färbung geben, die sie als solche häufig gar nicht aufweist. Und indem wir so auf die Situation blicken, wie wir auf sie blicken, sehen wir auch nicht die Veränderungspotenziale, die sich mit einer anderen Sicht der Dinge plötzlich auftun könnten. Innovationen der Erziehungs- und Unterrichtspraxis setzen somit immer einen inneren Doppelschritt voraus:

- die Klärung der Frage, was einen selbst erzieherisch geprägt und bewegt hat, und
- der Versuch, die Fortwirkung dieser frühen Gewissheiten im Hier und Heute durch das Durchlaufen von Reflexions-Schleifen aufzuspüren.

Wir können im Rahmen der Lehrerbildung an der TU Kaiserslautern bereits auf mehrere Seminare zurückblicken, zu denen wir uns mit etwa 20 Studierenden außerhalb der Universität für ein Wochenende treffen, um – wie wir es manchmal nennen – die eigentlichen Beweggründe und Handlungsmotive, welche das pädagogische Handeln prägen, in den Blick zu nehmen. Bei diesem Versuch handelt es sich nicht um ein wissenschaftliches Seminar im eigentlichen Sinne. Zwar leiten wir als Lehrende unseren Ansatz einer reflexiven Professionalität aus neueren system- und emotionstheoretischen Einsichten her, doch geht es bei diesen Seminaren nicht in erster Linie um die Aneignung von theoretischem Erklärungswissen. Ziel ist es dabei vielmehr, zukünftigen Lehrerinnen und Lehrer zumindest in Ansätzen die Wirksamkeit der jeweils sehr eigenen „Scheinwerfer" bewusst werden zu lassen, mit denen sie die pädagogischen Interaktions-, Konflikt- und Handlungssituationen, welche ihnen in ihrem späteren Berufshandeln begegnen, ausleuchten. Diese Bewusstwerdung der eigenen Bauchpädagogik stellt den ersten wichtigen Schritt einer reflexiven pädagogischen Professionalisierung dar. Und erst auf der Basis einer solchen Bewusstwerdung kann man sich dann der Veränderungsebene zuwenden.

Zunächst reagieren Studierende, wie wir aus Vorversuchen mit ähnlichen Seminaren wissen, überrascht und auch abwehrend gegen solche Annäherungen an das Eigene. Nur widerwillig lassen sich einige auf die Erörterung solcher Fragen ein. Einige verweigern sich auch richtiggehend einem solchen „Seelenstriptease", wie es ein Student einmal nannte. Doch es geht nicht um eine psychologische Reflexion, sondern um die Auslotung der inneren Systemiken, die nahezu unvermeidbar „anspringen" und sich in unser Handeln einmischen, wenn wir unter Druck geraten. Es geht demnach nicht um die intimsten Mechanismen des eigenen Selbst, sondern um die inneren Bezüge zum Erleben von Bildung und Erziehung. Um sich diesen anzunähern, lassen sich unterschiedliche systemische Methoden nutzen. Eine ist die der Problemaufstellung. Hierbei stellt ein Teilnehmer, der seine eigene Bauchpädagogik genauer kennen lernen möchte, verschiedene Personen als Repräsentanten seiner inneren Stimmen auf und erhält durch die Feedbacks der Repräsentanten neue Impulse.

Das Wesen der Skulpturarbeit besteht darin, dass man mit ihrer Hilfe Inneres im Außen sichtbar und damit auch ein Stück weit greifbar werden lassen kann. Dabei entsteht ein Bild im Raum, welches – und dies ist ganz wichtig – keine wundersame Enthüllung der so und nicht anders aus dem Verborgenen heraus wirkenden Kräfte ist, sondern lediglich eine weitere Erklärungsperspektive darstellt. Wie wir aus der Forschung wissen, verändern solche Verbildlichungen die eigenen Vorstellungen, die jemand bisher von seinem Handeln und den zugrunde liegenden Motiven hatte.

Hierbei wird ein Mechanismus genutzt, den die Systemiker als „das wissende Feld" bezeichnen. Einfach gesprochen geht es um den Sachverhalt, dass Menschen, die als Repräsentanten in eine bestimmte Position in einem System bzw. zu einem Geschehen gebracht worden sind, ihre Lage emotional und körperlich ähnlich spüren. Aus diesem Grunde sind auch wildfremde Menschen in der Lage, spontan Gefühle und Beobachtungen zu einer Situation zu artikulieren, die nicht ihre ist. Diese Gefühle und Beobachtungen wiederum kann der aufstellende Teilnehmer sich aufmerksam anhören und als Impulse für eine neue Deutung seiner inneren Systemik nutzten. So kann durch die Gefühlsäußerungen, Beschreibungen und Kommentare Fremder, die in dem eigenen Bild vorübergehend eine systemische Kraft ausdrücken, der Anstoß für eine Veränderung erfolgen. Dann öffnet sich gewissermaßen die innere Perspektive für eine – oft nur leichte – Veränderung der Wahrnehmung. Und diese Wahrnehmungsveränderung kann schließlich eine Veränderung des eigenen Verhaltens möglich werden lassen.

Pädagogische Skulpturarbeit kann helfen, innere Systemiken ins Bewusstsein zu heben und Veränderungsmöglichkeiten aufzuweisen. Dadurch wird Innovation möglich, denn

> im Außen (z. B. in der schulischen Lernkultur) kann nur sein, was bereits im Inneren ist.

Übung: „Mein persönlicher Scheinwerfer“

Beantworten Sie für sich folgende Fragen:

- *Welcher frühen Erwartung/Erfahrung „verdanke“ ich meinen Scheinwerfer, mit dem ich auf meine Schüler und Schülerinnen blicke?*
- *Was war seine ursprüngliche Funktion?*
- *Wieso benutze ich ihn noch heute?*
- *Kann man pädagogische Situationen auch anders ausleuchten, um auf sie in einer anderen Weise reagieren zu können?*
- *Welche „Ausleuchtung“ ist angemessen und eröffnet für die Situation Potenziale einer konstruktiven Lösung?*

Systemische Konsequenzen – Leadership, Schulentwicklung, Beratung und didaktisches Handeln

„Behandle die Menschen so, als wären sie, was sie sein sollten, und du hilfst ihnen zu werden, was sie sein können."

Johann Wolfgang von Goethe (1749–1832)

Das systemische Denken und Handeln ist Ausdruck eines weicheren – eines erkennenden, aber auch agierenden und intervenierenden – Umgangs mit der Wirklichkeit. Entscheidend ist das selbsteinschließende Moment, wie es uns der verstorbene Neurobiologe Francisco Varela (Varela u.a. 1992) lehrt: Die Gewissheit beim Erkennen eines Gegenstandes, beim Verstehen eines Zusammenhanges oder beim Umgang mit einer Problemlage entspringt nicht diesem „Objekt", sondern dem Bild, welches in uns entsteht, wenn wir ihm begegnen. Das Gewissheitserleben einer Person ist somit ein guter Gradmesser dafür, inwieweit diese einem systemischen oder einem mechanistischen Denken verbunden ist. Der Systemiker weiß, dass er nur das zu erkennen vermag, was er bereits kennt; das Neue ist ihm fremd, er kann es nur durch die alte Brille sehen – und verfälschen. Nicht so der Mechanist: Er ist sich sicher, seine Bilder sind ihm gewiss, und er streitet mit anderen über die „Wirklichkeit".

Bei den bekannten Steuerungskonzepten der Führung, Organisationsentwicklung und Didaktik, die wir im Studium und in der Ausbildung gelernt haben, handelt es sich zumeist um mechanistische Konzepte, welche dem Verantwortlichen mehr oder weniger klare Hinweise darauf geben, was er tun kann oder besser lassen sollte. Solche Konzepte sind populär; sie vermitteln eine vermeintliche Sicherheit im Handeln. Sie sind aber auch unterkomplex, d. h. sie treffen in vielen Fällen nicht den konkreten Fall und nehmen auf die tatsächlichen Fragen und Probleme derer, die sich durch sie führen lassen sollen, kaum Bezug. Anders die systemischen Konzepte von Leadership, Schulentwicklung, Beratung und didaktischem Handeln: Ihnen ist eine größere Offenheit und Prozessorientierung eigen. Zudem erfordern sie von den Prozessverantwortlichen ein sehr viel höheres Maß an fachlicher und persönlicher Kompetenz. Sie geben keine Regeln oder gar Rezepte vor, sondern markieren Aspekte der Reflexion, die dem Akteur in jeder Situation aufs Neue helfen, das eigene Denken, Fühlen und Handeln kritisch zu durchleuchten und mit anderen möglichen Perspektiven zu vergleichen.

Wer sich an den Prozessen orientiert und aus diesen heraus steuert, der muss nicht nur fachlich Bescheid wissen, er muss seine fachlichen Inputs vielmehr dann ins Spiel bringen, wenn der Prozess diese benötigt. Er führt deshalb nicht, sondern unterstützt den Prozess, und er lehrt nicht, sondern berät das Lernen anderer. Dieser offenere und prozessorientierte Zugang zur Begleitung und Steuerung von Systemen ist durch einige spezifische Merkmale gekennzeichnet, die im Folgenden anhand eines Beispiels konkret beleuchtet werden sollen.

Beispiel: „Wir entwickeln eine didaktische Leitkonzeption für unsere Schule."

In einem Gymnasium entschied man sich dafür, der eigenen Schulentwicklung eine Leitkonzeption zugrunde zu legen. Dafür einigte man sich auf das Motto „Anderes Lernen". Die Vorstellungen, welche die Kolleginnen und Kollegen mit diesem Motto verbanden, waren sehr unterschiedlich. In einem jedoch war man sich einig: Man wollte erreichen, dass die Schülerinnen und Schüler eine aktivere Rolle im Unterrichtsgeschehen einnehmen und auch mehr und mehr die eigenen methodischen sowie die Selbstlernkompetenzen zu entwickeln lernten. Deshalb bemühte man sich zunächst darum, im Rahmen einer schulinternen Fortbildung den aktuellen Stand der didaktischen und lernpsychologischen Entwicklungen noch genauer kennen zu lernen und die eigene Methodenpraxis im Unterricht zu reflektieren. Gleichzeitig befragte man die Schülerinnen und Schüler dazu, wie sie den Unterricht an ihrer Schule erlebten und wie sie es sich selbst erklärten, dass sie sich häufig innerlich vom Unterrichtsgeschehen abmeldeten.

Dieser Prozess löste auch Ängste und Widerstände bei den Lehrkräften aus, welche fürchteten, nun werde ihre Unterrichtspraxis kritisch durchleuchtet. In dieser Phase wuchs der Schulleitung eine wichtige vertrauensbildende Funktion zu. Sie verstand es, die Verantwortung für die Entwicklung eines didaktischen Leitkonzeptes („Anderes Lernen") bei den Lehrern selbst zu belassen und ihnen auch die Möglichkeit zu geben, sich dann Beratung und Unterstützung von außen (z.B. vom Pädagogischen Landesinstitut, aber auch von Teamentwicklern und didaktischen Beratern) zu „besorgen", wenn sie es für notwendig hielten. Die Schulleitung selbst beschränkte sich darauf, den Prozess nur formal zu steuern, indem sie eine Steuerungsgruppe konstituierte und darauf achtete, dass diese regelmäßig berichtete und ihre Ergebnisse allen Lehrkräften zur Diskussion stellte. Zudem stellte die Schulleitung sicher, dass das gesamte Vorhaben sich in einem für alle transparenten Zeitrahmen vollzog. Bedenken und Gegenargumenten wurde ausreichend Raum gegeben, und man war stets darum bemüht, die „Bedenkenträger" mit ihren Erfahrungen in die behutsame Ausgestaltung des Konzeptes einzubinden und das bislang Bewährte nicht einfach über Bord zu werfen.

Nach sechs Monaten hatte die Gruppe ein Konzept entwickelt, das mehrere Elemente in sich vereinigte: Neben einem systematischen Methodentraining für die Schülerinnen und Schüler wurden Fachgruppen konstituiert, in denen in kollegialer Kooperation Selbstlernmaterialien für die einzelnen Unterrichtsfächer entwickelt wurden, die allen zugänglich waren und die von allen genutzt werden konnten. Gleichzeitig wurde der kontinuierliche Erfahrungsaustausch fest vereinbart, und in vierteljährlichem Turnus fand ein schulinterner Methodenworkshop statt. Mittlerweile ist das Gymnasium in der Region für seine innovativen Lern- und Kooperationsformen im Unterricht bekannt; Eltern schicken ihre Kinder gezielt auf diese „alternative Schule", wie sie sagen, und Unternehmen der Region schätzen die mittleren Abgänger dieser Schule wegen ihrer ausgeprägten Selbstständigkeit.

Systemische Leitsätze	**Leadership/ Schulentwicklung**	**Beratung/ Didaktisches Handeln**
Erster systemischer Leitsatz: *Es gilt, die Bescheidenheitsposition einer reflexiven Beobachtung einzunehmen.*	Stellvertretende Führung Motto: „Ich erforsche die Sichtweisen anderer und vertraue in deren Selbstführungsfähigkeit!“	Lernarrangement und -begleitung Motto: „Ich schaffe und gestalte die Voraussetzungen für Erfahrung und Aneignung!“
Zweiter systemischer Leitsatz: *Jedes Problem ist immer auch schon eine mögliche Lösung.*	Reframing Motto: „Ich blicke verständnisvoll auf ‘Probleme’, die mir unverständlich sind!“	Annehmende Beratung Motto: „Ich respektiere die Ernsthaftigkeit und Problemlösungsfähigkeit des Gegenübers!“
Dritter systemischer Leitsatz: *Die Welt ist nicht (nur) so, wie ich sie fühle.*	Selbsteinschließende Reflexion Motto: „Ich hinterfrage meine Wahrnehmungen und Beurteilungen!“	Emotionale Selbstreflexivität Motto: „Ich kenne meine Gefühlsmuster und weiß, zu welchen Beurteilungen mich diese verführen!“
Vierter systemischer Leitsatz: *Lass dich von der Wirklichkeit überraschen und belehren!*	Ambiguitätstoleranz Motto: „Ich halte Widersprüchlichkeiten (z. B. unterschiedliche Wahrnehmungen) aus!“	Pädagogik des Zulassens Motto: „Ich vertraue in die Produktivität von Prozessen und in die Handlungskompetenz anderer!“
Fünfter systemische Leitsatz: *„Handle stets so, dass Du die Anzahl der Möglichkeiten vergrößerst!“ (v. Foerster)*	Supervisions-Eingebundenheit Motto: „Ich lasse mich selbst von außen anschauen und suche aktiv das Feedback!“	Situative Unterrichtsplanung Motto: „Ich kann Lernprozesse aus der Situation heraus passend und fördernd gestalten!“

Abb. 7: Systemische Konsequenzen für Leadership und Schulentwicklung einerseits sowie Beratung und Didaktisches Handeln andererseits

Aus Gründen der Übersichtlichkeit wurden die Aspekte Leadership und Schulentwicklung einerseits sowie Beratung und Didaktisches Handeln andererseits in Abbildung 7 zusammengefasst. Dies ist auch aus inhaltlichen Gründen gerechtfertigt: So „lebt“ die Schulentwicklung in starkem Maße von dem spürbaren Einsatz anderer Führungs- und Steuerungstechniken, und das Didaktische

Handeln wandelt sich mehr und mehr zu einer Beratung der angeleiteten Selbstlernprozesse der Lerner. Lernberatung ist das Pendant zum Lebenslangen Lernen in der Form eines selbstgesteuerten Sich-Bewegens durch die formellen und informellen Lerngelegenheiten der Wissensgesellschaft (vgl. Dohmen 1997). Lehren wird dabei mehr und mehr zur Lernbegleitung, und Lehrer und Lehrerinnen werden zu Lernberatern und Lernberaterinnen.

1. Leadership und Schulentwicklung

Die neueren organisations- und managementtheoretischen Ansätze sind an der Schulpraxis selbst bislang noch weitgehend vorübergegangen. Über diese ernüchternde Feststellung kann auch nicht die Tatsache hinwegtäuschen, dass wir spätestens seit Ende der 80er / Anfang der 90er Jahre eine Schulentwicklungsdebatte haben, die allerdings – was das Schulleitungshandeln vor Ort anbelangt – erst in punktuellen Ansätzen ihren Niederschlag gefunden hat. Ein wesentlicher „Hinderungsgrund" sind in diesem Zusammenhang auch die mentalen Modelle der Verantwortlichen selbst. Diese haben ihr Rollenverständnis in aller Regel aus ihrem Lehrer- bzw. Lehrerinnenselbstbild entwickelt und weniger aus einer organisationsbezogenen Handlungskompetenz heraus. Diese erziehungs- und unterrichtsbezogene Berufsidentität strukturiert deshalb auch ihre subjektive Theorie der Schulleitung. Das wiederum bedeutet – wie in den Ergebnissen der Studie von Jochen Wissinger zum Selbstverständnis von Schulleitungspersonal deutlich wird –,

„(...) dass die Orientierung am Wohl des einzelnen Kindes die Orientierung an der Organisation und ihren professionellen Mitgliedern überlagert"(Wissinger 1996, S. 102).

Dieses mehr erziehungs- und unterrichtsbezogene als organisationsbezogene professionelle Selbstverständnis gerät in einen immer stärkeren Gegensatz zu den Kompetenzanforderungen einer qualitätsorientierten Schulentwicklung (vgl. Schratz 1996). Eine solche lebt nämlich in gewisser Weise von der Entschlossenheit und der Überzeugungskraft sowie der systemischen Resonanzfähigkeit, mit der ein Schulleiter oder eine Schulleiterin Veränderungsprojekte initiiert, unterstützt und legitimiert (vgl. Dalin 1999, S. 204), sowie von deren Fähigkeiten, diesen Prozess kontinuierlich voranzutreiben.

Schulleiterinnen und Schulleiter müssen zu einem sichtbar gelebten Leadership in der Lage sein. Dieser englische Begriff umfasst mehr und anderes als sein deutsches Pendant „Führung". Leadership bedeutet, dass die Führungskräfte über Kompetenzen verfügen, die sie in die Lage versetzen, komplexe Systeme nachhaltig und wirkungsvoll zu steuern. Hierzu müssen Führungskräfte wissen, dass komplexe Systeme nicht mechanistisch gesteuert, sondern lediglich gestört, konzeptionell angeregt und über eine Veränderung der Rahmenbedingungen beeinflusst werden können. Nur eine systemisch geschickte Veränderung der

Rahmenbedingungen ermöglicht einem System, sich in anderer Form selbst zu organisieren. Hans-Günter Rolff spricht in diesem Zusammenhang von der Schulleitung als „Türöffner“) (Rolff 1993, S. 176), da ihre Einfluss- und Kontrollmöglichkeiten zwar begrenzt sind, gleichzeitig aber „Erneuerungsprozesse ohne Unterstützung des Schulleiters keine Chance auf Realisierung haben“ (ebd., S. 183), wie zahlreiche internationale Studien belegen. Eine wichtige Rahmenbedingung stellen in diesem Zusammenhang – wie in unserem Beispielfall – die Entwicklung eines Leitbildes, die Gewährleistung eines transparenten Projektmanagements sowie die prozessorientierte Förderung der kollegialen Kooperation zur Ausgestaltung und Implementierung dieses Leitbildes dar. In diesem Zusammenhang sind für eine Führungskraft folgende Aspekte eines systemischen Schulentwicklungs-Managements von grundlegender Bedeutung:

- *Stellvertretende Führung*

Eine Innovation kann nicht ohne Vertrauen gelingen. Systeme können nur solche Leitkonzepte wirklich umsetzen, an deren Ausgestaltung diejenigen Personen beteiligt sind, die für die spätere Implementierung Verantwortung tragen. Deshalb kommt der Wertschätzung und Bündelung der vorhandenen Kompetenzen im Team eine grundlegende Bedeutung für schulische Innovationen zu. Man kann sich die Menschen, mit denen man Innovationen realisiert, nicht aussuchen. Es kommt aber darauf an, sie wertschätzend zu fordern, ohne sie zu überfordern.

Im Beispiel „Wir entwickeln eine didaktische Leitkonzeption für unsere Schule“ wurde dieser Gesichtspunkt dadurch aufgegriffen, dass die Schulleitung die Verantwortung für die Ausgestaltung des Konzeptes tatsächlich bei den Lehrerinnen und Lehrern beließ und dadurch nicht nur eine Wertschätzung der fachlichen Teamkompetenzen zum Ausdruck brachte, sondern auch ein Vertrauen in die Selbstführungskompetenz des Kollegiums artikulierte.

- *Reframing*

Aufkommende Widerstände, ärgerliche Debatten oder auch Illoyalitäten können leicht zur Erstarrung und festschreibenden Typisierungen führen. Es bilden sich dann Lager, in denen jede Seite die jeweils andere bereits endgültig beurteilt und festgelegt hat. Eine gemeinsame Entwicklung ist dann nicht mehr möglich. Diese Erstarrungen können nur aufgelöst werden, wenn es den Beteiligten gelingt, freundlich auf die sich ihnen in den Weg stellenden Motive, Beweggründe und Verhaltensweisen zu blicken. Hinter jedem Systemwiderstand steht auch eine berechtigte Sorge. Diese anzuerkennen und z. B. durch ein behutsameres Vorgehen in Rechnung zu stellen, gelingt nur, wenn die eigenen Festlegungen neu gerahmt werden (=Reframing). Wer kooperiert, muss ständig seine Deutungen und Interpretationen neu rahmen. Widerstände können nicht überwunden, sondern nur einbezogen werden.

Im Beispiel „Wir entwickeln eine didaktische Leitkonzeption für unsere Schule“ wurde diesem Aspekt dadurch Rechnung getragen, dass man Gegenargumente und Bedenken nicht einfach vom Tisch fegte, sondern die zurückhaltenderen Kolleginnen und Kollegen dadurch in den Prozess einbinden konnte, dass man ihre Position nicht einfach als „Widerstand“ definierte, sondern in ihr eine engagierte Sorge erkannte, das bislang Gute einfach unbesehen aufzugeben. Es gelang, einige Lehrerinnen und Lehrer dafür zu gewinnen, ein Konzept für die effektive Gestaltung eines „anderen“ Frontalunterrichts zu entwickeln und dadurch auch zu signalisieren, dass Lernkulturwandel auch in Zukunft nicht ohne informierende, strukturierende sowie zusammenfassende Inputs der Lehrkraft auskommen wird.

- *Selbsteinschließende Reflexion*

Reframing setzt eine gewisse Flexibilität im Umgang mit den eigenen Gewissheiten voraus. Ziele, die sich ein Schulleiter so und nicht anders vorgestellt hat, lassen sich nicht wirklich nachhaltig realisieren, denn zur Schulentwicklung benötigt er die Überzeugungen der anderen Akteure. Aus diesem Grunde ist es von grundlegender Bedeutung, dass die Führungskräfte den Gesamtprozess inhaltlich eher grob und formal (Termine, Arbeitsgruppen, Berichte etc.) als bis ins Detail hinein fein steuern. Sie müssen bereit sein, breite Abweichungen und auch spezifische Ausgestaltungen, welche das System selbst definiert, zu akzeptieren und ihre eigene Ungeduld und Begeisterung zu dosieren. Systemische Führung ist so gesehen das genaue Gegenteil einer inhaltlichen Detailverantwortung. Deshalb müssen Führungskräfte dort, wo eigene inhaltliche Festgelegtheiten sich zu starr und prozesslähmend auszuwirken beginnen, diese Lähmung, die von ihnen auszugehen droht, erkennen und raumgebender korrigieren.

Im Beispielfall „Wir entwickeln eine didaktische Leitkonzeption für unsere Schule“ fiel dies dem engagierten Führungspersonal zunächst sehr schwer. Sie hatten einfach zu viel „eigenes Herzblut“ in die Vorstellung eines Lernkulturwandels an ihrer Schule investiert. Die Versuchung, ihre Vorstellungen detailliert durchzusetzen, war übergroß. Es war für sie ein schwerer Entschluss, sich dazu durchzuringen, sich – abgesehen von wenigen Kommentaren, die ihre Erwartungen verdeutlichten – inhaltlich nahezu vollständig herauszuhalten und die Ausgestaltung den Lehrerinnen und Lehrern selbst zu überlassen.

- *Ambiguitätstoleranz*

Die Forderung nach Ambiguitätstoleranz geht auf die Theorie des sozialen Handelns des frühen Jürgen Habermas zurück und bezeichnet die Fähigkeit, mit widerstreitenden und widersprüchlichen Anforderungen an die eigene Rolle balancierend umgehen zu können. Diese Fähigkeit ist auch für das integrierende Leitungshandeln von Schulleiterinnen und Schulleitern von grundlegender Bedeutung. Diese müssen in der Lage sein, unterschiedliche Akteure in den Prozess der Schulentwicklung so einzubinden, dass diese auch das berechtigte Gefühl haben können, dass ihre Motive wahrgenommen und ihre Beteiligungsangebote aufgegriffen werden.

- *Supervisionseingebundenheit*

In Leadership und Schulentwicklung geht es immer auch um den Umgang mit unterschiedlichen Wahrnehmungen und Deutungen. Es handelt sich dabei um ein interpretatives Handeln, weil jede Entscheidung, jeder Schritt und jede Konsequenz abhängig ist von Bewertungen, die der Handelnde so und nicht anders vollzieht. Da sich in diese Handlungsschritte immer wieder Eigenes einmischt, indem z. B. Widerstand „erkannt" wird, wo keiner ist, kann es notwendig und hilfreich sein, dass Schulleiterinnen und Schulleiter sich einen Raum für die Supervision ihres eigenen Handelns sichern. Dies können zum einen Professional Teams sein, in denen sie in regelmäßigem Abstand ihre Konfliktfälle oder die Situationen ihres „Scheiterns" besprechen und analysieren können, zum andern braucht es aber oft auch eine Begleitung durch Berater, die helfen, in komplexen Situationen genau zu erkennen, welche Dynamik tatsächlich aus diesen Situationen spricht, was diese auszusagen versucht und was demgegenüber nur aufgrund der eigenen bevorzugten Hörtendenzen, welche zumeist *Ver*hörtendenzen sind, herausgehört wird.

Leadership und Schulentwicklung fordern somit eine systemische Haltung sowie umfassende systemische Kompetenzen auch und gerade vom schulischen Leitungspersonal, dessen Funktionen sich grundlegend wandeln. Eine entsprechende Funktionsbeschreibung für Schulleitung liefert Michael Fullan in seinem Buch „Die Schule als Lernendes Unternehmen", in dem er u. a. die Auffassung entwickelt, dass in dem Maße, in dem Schulen sich zu lernenden Organisationen entwickeln, „(...) die Schulleitung in ihrer heutigen Form möglicherweise verschwinden wird" (Fullan 1999, S. 127). Er schreibt:

„Pädagogische Führungskräfte müssen in einem allgemeineren Sinn lernen, nichtlineare, dynamisch-komplexe Veränderungsprozesse zu beeinflussen und zu koordinieren. (...) Stacey (1992) beschreibt sieben Maßnahmen, die eine Führungskraft ergreifen sollte:

- eine neue Sichtweise von Kontrolle entwickeln
- angemessene Formen der Machtausübung planen
- Lernteams bilden, die sich selbst organisieren
- multiple Kulturen fördern
- Risiken eingehen
- die Lernfähigkeiten der Gruppe verbessern
- für genügend Erholungspausen sorgen (S. 188)" (ebd., S. 127).

Für eine solche „lernende Schule" sind somit Selbstorganisationsprozesse und Selbststeuerung grundlegend, wobei – anders als bei anderen lernenden Organisationen – „Lernen" in einer doppelten Perspektive relevant wird: „Schulen sind nicht nur Lernorganisationen, d. h. die Organisation systemischer Lernprozesse, sie sind als Organisation auch selbst zu Lernprozessen fähig und auch dazu aufgerufen" (Rolff 1993, S. 138).

Bei allen Bestrebungen, Schulen zu lernenden Organisationen zu entwickeln, darf nicht vergessen werden, den Menschen in den Schulen Methoden und Strategien an die Hand zu geben und sie zu qualifizieren, damit sie ihre Arbeit vor Ort erfolgreich durchführen können. In diesem Zusammenhang spielen die Erkenntnisse und Erfahrungen aus den systemischen Managementtheorien sowie aus der Qualitätsentwicklung eine zentrale Rolle, worauf noch einzugehen sein wird.

2. Beratung und didaktisches Handeln

Der Weg in die Wissensgesellschaft scheint paradoxerweise mit einem Gestaltungswandel und einer Bedeutungsrelativierung des Wissens selbst verbunden zu sein – ein Trend, von dem auch das Schulwissen grundlegend betroffen ist. War dieses bislang ein in den Lehrplänen kodifizierter Bestand von Inhalten bzw. Bildungsgütern oder besser Bildungsmaterie, der fachdidaktisch-curricular aufbereitet und von den Schülern angeeignet und „behalten" werden musste, so stellen wir heute fest, dass solche materialen Wissensbestände nahezu in allen Fachgebieten kaum noch mittel- und langfristig verbindlich definiert werden können. Zwar sind von dieser Erosion des Wissens weiterführende Schulen und Weiterbildungseinrichtungen sicherlich stärker als die Grundschulen betroffen, doch stellt sich auch für diese die Frage, ob „Behaltensschulung" in Zukunft wirklich noch das Leitmotiv unseres Bildungswesens bleiben kann, zumal dann, wenn Wissen immer rasanter veraltet und auch immer leichter außerhalb der Subjekte gespeichert und abgerufen werden kann.

Diese Frage muss verneint werden. Das Konzept der „Behaltensschulung" muss vielmehr durch eines der Kräfteschulung bzw. der Förderung der Methoden- und Sozialkompetenzentwicklung abgelöst werden. An die Stelle eines kurzfristigen Behaltens (aber mittel- und langfristigen Vergessens) muss die nachhaltige Kompetenzentwicklung treten. In diesem Sinne schreibt der Schweizer Reformpädagoge Andreas Müller:

„Das Wissen verlangt nach einer Gebrauchsanweisung: Arbeitstechniken, Lernen-lernen, Strategien für kreative Problemlösung, Denken und Handeln in Zielen und Wegen, Sensibilisieren für Vernetzung und Zusammenhänge, Selbstdisziplin, Team- und Konsensfähigkeit, zupackendes Handeln. Eigenverantwortung, Eigeninitiative, Eigenaktivität lösen das Belehrt-Werden ab. (...)

Nachhaltiges Lernen öffnet Wege in die Zukunft. Das Prinzip der Nachhaltigkeit zielt dabei in zwei verschiedene Richtungen. Auf der einen Seite geht es um die Nachhaltigkeit des Lernverhaltens. Gemeint ist das lebenslange Lernen als persönliches Grundkonzept moderner Lebensgestaltung. Zum anderen geht es um die Nachhaltigkeit der Lernergebnisse. Gemeint ist die permanente Erweiterung der Handlungskompetenz im Hinblick auf den persönlichen Lebenserfolg" (Müller 1999, S. 11).

Schulen müssen angesichts solcher Entwicklungen ihr Programm, ihre Schulkultur und ihre Lernkultur (Arnold/Schüßler 1998) grundlegend wandeln. Wichtig ist in diesem Zusammenhang die Grundthese, dass Schulentwicklung und Schulleitung nicht ohne Bezugnahme auf ein erneuertes Bildungsverständnis, d. h. ohne eine Überwindung des Konzeptes der „Behaltenschule“ denkbar und möglich sind. Schule muss eine andere Haltung zu dem Fachwissen einnehmen: “Hierzu ist es notwendig, dass sie sich gegenüber dem Fachwissen ebenso von der Illusion des Faktischen lösen und erkennen, dass dieses Wissen konstruiert und auch unfertig und vorläufig ist und es auf eine aktive Haltung im Prozess der Entwicklung, Erschließung und Anwendung dieses Fachwissens ankommt“ (ebd., S. 78). Indem Lehrerinnen und Lehrer lernen, sich solchermaßen konstruktivistisch zu ihrem Fachwissen zu verhalten, werden sie auch offen für die Förderung, Entwicklung und Vermittlung anderer Wissensformen, wie sie für die Kräfteschulung dringend notwendig sind. In diesem Sinne stellte Franz E. Weinert fest:

„Jahrhundertelang konnte man davon ausgehen, dass ein Bildungs-Vorratsmodell völlig genügend war, d. h. in der Schule konnte alles gelernt werden, was unter späterer Anreicherung durch praktische Erfahrungen im Erwachsenenleben und insbesondere im beruflichen Leben gebraucht wurde. Dies ist nicht nur jetzt, sondern für alle Zukunft vorbei.

Das heißt, wir müssen von einem Bildungs-Vorratsmodell zu einem permanenten Bildungs-Erneuerungsmodell gelangen (...)

Aber heute kommt die neue Aufgabe hinzu, die Schüler im Laufe ihrer Schulzeit anzuleiten, wie sie alleine kompetent lernen können – in der Schule und nach der Schule. Sie sollen Experten ihres eigenen Lernens werden. (...) Das heißt, dass die Lernprozesse selbst zum Gegenstand des Unterrichts werden. (...) Beim Lernen Lernen geht es darum, für jedes Fach die erfolgreichen Lernwege und Lernstrategien zu erfassen. Jeder einzelne Schüler muss die wichtigsten Gesetzmäßigkeiten des Lernens und des eigenen Gedächtnisses beherrschen. Jeder Schüler muss, wenn er alleine und selbständig lernt, Folgendes können (das Wissen allein ist nutzlos!): Wie überwacht man das eigene Lernen? Wie plant man es? Wie löst man einen Lerngegenstand in einzelne Teile auf? Wie beobachtet man sich selbst beim Lernen? Wie kontrolliert und evaluiert man die Ergebnisse? Lernen lernen ist in jedem einzelnen Unterrichtsfach ein neues Teilgebiet“ (Weinert 2000, S. 1 und 9).

Während für unsere „Behaltensschulung“ das Speichern überlieferter Inhalte Programm ist („Know-how“), zielt Lernen lernen auf Kräfteschulung und damit auf die Entwicklung „reflexiver Wissensformen“ („Know-how-to-know“), worunter wir Wissensformen verstehen, die auf das Subjekt und seine Denk- und Problemlösungsfähigkeiten bezogen sind. Es geht dabei letztlich um die Frage, wie Lehrkräfte die Herausbildung der „individuellen Regulationsfähigkeit“, von der der erste Bildungsbericht für Deutschland spricht, unterstützen können. In diesem Bericht heißt es:

„Individuelle Regulationsfähigkeit meint die Fähigkeit des Individuums, sein Verhalten und sein Verhältnis zur Umwelt, die eigene Biographie und das Leben in der Gemeinschaft selbständig zu planen und zu gestalten. Diese umfassende und allgemeine Zielkategorie für das Bildungswesen als Ganzes wie für jeden seiner Teile beinhaltet unter den Bedingungen der Wissensgesellschaft in besonderem Maße die Entfaltung der Lernfähigkeit von Anfang an und deren Erhalt bis ins hohe Alter. Der Bericht greift damit den – in anderen Sprachen so nicht vorhandenen – Bildungsbegriff auf, der den Erwerb verwertbarer Qualifikation einschließt, aber darüber hinaus mit der Idee der Selbstentfaltung, mit Aneignung und verantwortlicher Mitgestaltung von Kultur verbunden ist" (Konsortium 2006, S. 2).

Die Entwicklung einer solchen „individuellen Regulationsfähigkeit" im Subjekt kann als das eigentliche Ziel und die vorrangige Aufgabe von Schule und Lehrerhandeln in der Wissensgesellschaft angesehen werden. Die Begleitung einer entsprechenden didaktischen Transformation von Schule ist gleichzeitig der didaktisch-programmatische Kern einer modernen Schulentwicklung. Die Entwicklung dieses Kerns kann nicht wirklich gelingen, wenn sich nicht zugleich das Rollenverständnis der Lehrkräfte selbst grundlegend wandelt. In dem Maße, in dem selbstgesteuerte Formen des Lernens sich verbreiten oder gezielt intensiviert werden (z. B. durch ein Leitkonzept „Anderes Lernen"), verlieren die Lehrkräfte ihre Funktion der Wissensvermittlung. Diese wandelt sich zunehmend in Richtung einer Lernberatung, die weniger auf Inhaltsvermittlung, sondern mehr auf Lernbegleitung und Aneignungsunterstützung bezogen ist.

Dieser Funktionswandel des Lehrerhandelns muss allerdings gelernt und geübt werden. Zu tief sind die Lehrkräfte durch ihre eigenen Erfahrungen in Schule und Ausbildung bereits darauf festgelegt, dass Lehren absolute Prozessverantwortung bedeutet. Diese ist jedoch nicht ohne systemische „Risiken und Nebenwirkungen" zu haben, von denen die „gelernte Hilflosigkeit" (Seligman) des Lerners und seine (ungewollte) Entmündigung nur die gravierendsten sind. Insbesondere die Feedbacks von Unternehmen, aber auch die erziehungswissenschaftliche Debatte haben jedoch in den letzten Jahren das Bewusstsein dafür geschärft, dass man Selbständigkeit bzw. „individuelle Regulationsfähigkeit" nur im Wege eines selbstgesteuerten Lernens wirklich erwerben kann. Aus diesem Grunde kommt dem Wandel der LehrerInnen-Rolle zu einer LernberaterInnen-Rolle eine Schlüsselfunktion beim Wandel der schulischen Lernkulturen zu.

Dieser Zusammenhang wurde auch dem Kollegium, welches sich um die Realisierung des Leitkonzeptes „Anderes Lernen" bemühte, immer deutlicher. Man stieß rasch an die Grenzen der eigenen Erfahrungen und konnte nicht für möglich halten, was man nicht kannte. „Wie soll das gehen, dass die SchülerInnen und Schüler selbständig lernen, wenn sie doch jetzt schon kaum zu motivieren sind?" war eine immer wieder zu vernehmende Frage. In diesem Zusammenhang erwies es sich als hilfreich, dass das Kollegium beschloss, die Didaktik des Selbstgesteuerten Lernens am eigenen Leib zu erleben.

Einigen war bewusst, dass man das „Andere Lernen“ zunächst in den eigenen Lernprozessen selbst erfahren musste – man musste selbst sein eigener „Lernherr“ werden –, bevor man sich traute, dieses auch im eigenen Unterricht auszuprobieren. Im Rahmen von mehreren Studientagen arbeitete man – unterstützt durch einen externen Moderator – mit wenigen frontalen Wissensinputs in Gruppen und Teams arbeitsteilig zusammen und konnte so selbst erleben, wie produktiv und ergebnisreich eine selbstgesteuerte Kooperation sein kann. Und man stellte auch überrascht fest, dass es weniger um den Einsatz neuer, bislang unbekannter Methoden ging, sondern darum, die vielen bekannten Methoden auch so einzusetzen, dass ein Maximum an Aktivität und Austausch für die Lernsubjekte entstehen kann. Eine Kollegin entdeckte in diesem Zusammenhang das Erfahrungsbuch „Lob des Scheiterns“ von Erhard Meueler und las daraus während eine Sitzung die Zeilen vor: „Verstehen und Lernen als Aneignung von bislang nicht Verstandenem und bislang nicht Gewusstem stellen unverwechselbare Subjektleistungen dar. Sie können von Dritten allenfalls erbeten oder abgefordert, nicht aber letztlich erzwungen werden“ (Meueler 2001, S. 8).

Diese Formulierung stimmte die Zuhörenden nachdenklich, und die Lehrerin begann zu erzählen, wie Erhard Meueler in seinem Buch beschreibt, dass wir selbst es sind, die beim Versuch, ein anderes Lernen in den Bildungsinstitutionen entstehen zu lassen, immer wieder scheitern. Wir scheitern dabei an uns selbst, an unseren Erfahrungen, am Bedürfnis hinzuzuspringen und Dinge zu richten, zu korrigieren, und wir sehen nicht, wie wir dadurch das eigene Lernen der Subjekte immer wieder behindern. Betroffen machte in diesem Zusammenhang das Zitat von Doña Maria da Fé, welches Meueler seinem Didaktikkapitel voranstellt: „Ihr könnt uns nichts lehren, weil ihr nicht lernen wollt, denn jedes Lehren erfordert, dass der, der lehrt, auch lernt, und ihr wollt nicht lernen, ihr wollt nur bestimmen, ihr wollt in feste Formen gießen, ihr wollt nur herrschen“ (ebd., S. 7).

3. Lernberatung – der Kern eines neuen didaktischen Konzeptes?

Eine Schule, deren Kollegium Wert auf das selbstgesteuerte Lernen der Schülerinnen und Schüler legt, muss die Voraussetzungen dafür schaffen, dass diese sich allmählich die Methoden eines solchen Lernens aneignen können. Dafür braucht es ein didaktisches Leitkonzept: Das gemeinsame Anliegen muss definiert und Umsetzungsschritte müssen besprochen und beschlossen werden. Dies allein genügt aber nicht. Lehrerinnen und Lehrer müssen auch ihre eigene Rolle im Lernprozess bewusst wandeln und ihre Unterrichtsarbeit mehr als Begleitung und Beratung des selbstgesteuerten Lernens begreifen und gestalten. Für diese sich zur Lernberatung wandelnde Rolle sind einige Merkmale von zentraler Bedeutung, über die in der aktuellen pädagogischen Diskussion stark nachgedacht wird (vgl. u. a. Gröning 2006). Die folgende Übersicht stellt diese Aspekte vergleichend zusammen:

Lehren	Lernberatung
Auswahl und „Vermittlung" These: „Wer über die Lerninhalte verfügt, verfügt über den Lernerfolg." *(Lehrerfixierung)*	**Lernarrangement und Lernbegleitung** These: „Wer vielfältige Anschlussmöglichkeiten schafft, erhöht die Nachhaltigkeit der Aneignung." *(Vielfalt gestalten)*
Implizite Defizitorientierung These: „Der Lernende ist unfertig, er kann zu seinem Lernprozess noch nichts beitragen." *(„gelernte Hilflosigkeit")*	**Annehmende Beratung** These: „Der Lernende ist ein kompetenter Lerner, der weiß, wie er seinen Lernprozess gestaltet." *(Selbstlernkompetenz)*
Sachfixierung These: „Der Inhalt ist für alle gleich, es kommt darauf an, ihn zu didaktisieren." *(Primat des Inhalts)*	**Emotionale Selbstreflexivität** These: „Der Lernprozess verläuft stets eingebettet in und beruhend auf Lernerbiographien und Gefühlen der Selbst(-un)wirksamkeit." *(Primat des Selbst)*
Lernverantwortung These: „Wenn die Verantwortlichkeit für den Lernprozess nicht klar geregelt ist, wird nicht gelernt." *(Entmündigung des Lerners)*	**Pädagogik des Zulassens** These: „Der Lerner hat stets die Verantwortung für seinen Lernprozess; der Lehrer kann lediglich Verantwortungsübernahme erschweren oder verhindern." *(Mündigkeit des Lerners)*
Antizipierende Planung These: „Je besser der Prozess geplant ist, desto besser gelingen die Lernprozesse." *(Planungsüberschätzung)*	**Situative Unterrichtsplanung** These: „Je offener und situativer die Prozessgestaltung ist, desto größer ist die Chance der Angepasstheit auf die Situationen der Lerner." *(Offenheit und Flexibilität)*

Abb. 8: Vom Lehren zur Lernberatung

- *Lernarrangement und Lernbegleitung*

Wie uns die konstruktivistischen Lerntheorien zeigen, ist der Aneignungsprozess eines Lerners etwas sehr Subjektives. Was und wie der Einzelne lernt, ist u. a. abhängig von seiner bisherigen Lernbiographie, dem Anregungsgehalt seiner Umwelt (z. B. Elternhaus, Arbeitsplatz), seiner Selbsteinschätzung und den Themen und Fragen, die ihm in seinem Alltag begegnen. Menschen lernen Gleiches nicht gleich, sondern unterschiedlich. Lernen ist vielfältig und bleibt dies auch in seinen Ergebnissen. Dieser Sachverhalt wird aber durch die Bildungsstandards und deren Vorstellung einer Standardisierbarkeit der Lernergebnisse völlig ausgeblendet (vgl. Arnold/ Gómez Tutor 2007). In der didaktischen Debatte ist man demgegenüber mehr und mehr davon abgekommen, allen Lernern denselben

Inhalt des entsprechenden Anforderungsniveaus anzubieten. Man arrangiert vielmehr Lernangebote so, dass die erforderlichen Kenntnisse, Fähigkeiten und Fertigkeiten auf unterschiedlichen Wegen und durchaus auch mit unterschiedlichen Inhalten angeeignet oder vertieft werden können. Der Lehrende ist dabei nicht mehr über die Funktion definiert, das Wissen zu vermitteln; dieses findet sich vielmehr in Selbstlernmaterialien, eLearning-Umgebungen oder Büchern, zu denen der Lernende einen Zugang erhält. Die Aufgabe des Lehrenden verschiebt sich dabei in Richtung einer Begleitung. Dies ist eine wichtige und anspruchsvolle Funktion, die gelernt und geübt sein will.

- *Annehmende Beratung*

Beratung steht in einem Spannungsverhältnis zur Mündigkeit. Wer Rat annimmt, vertraut sich an, und wer berät, muss sich immer wieder die Frage stellen, ob und inwieweit er zur Mündigkeit des Ratsuchenden wirklich beiträgt oder dessen Abhängigkeit eher verstärkt. Gleichwohl ist Beratung weniger eindimensional als Lehren, da sie notwendig von den Fragen und Perspektiven des Gegenübers auszugehen hat: Beratung ist ohne eine Bezugnahme auf das Anliegen des Lernenden nicht möglich, während Lehrende meist auch ohne substanzielle Beteiligung der Lernenden ihren Unterricht vorbereiten.

Lernberatung folgt deshalb auch nicht dem bekannten didaktischen Dreischritt bzw. Dreieck (Sache-Lehrer-Schüler), sondern ist in ihrem Zugang prinzipiell annehmend, d. h. die Beziehung zu dem Beratenden strukturiert die Beratung. Für diese sind fünf Phasen prozessprägend (nach: Brüggemann u. a.2007, S. 14):

1. Beziehung aufbauen
   Selbst wenn der Lehrer oder die Lehrerin ihre Klientel bereits kennt, ist es notwendig, den persönlichen Kontakt atmosphärisch angenehm zu gestalten und sich über die Rahmenbedingungen sowie die Möglichkeiten und Erwartungen der Beteiligten zu verständigen. Dies ist besonders dann notwendig, wenn es sich um eine herausgehobene Situation (keine en-passant-Beratung) handelt, in der Lehrer und Lerner sich außerhalb des Unterrichts zu einer Beratung treffen.

2. Anliegen konkretisieren
   Hier ist es wichtig zu erfragen, wie sich das Anliegen aus der Sicht des Ratsuchenden darstellt, worauf er seine Schwierigkeiten zurückführt, welche Hilfestellungen er sich vorstellen könnte und was er bereits selbst unternommen hat, um besser zurecht zu kommen. Ziel dieses Schrittes ist es, wie die Beratungstheorie es ausdrückt, „gemeinsam mit dem Kunden den Beratungsauftrag herauszuarbeiten“ (ebd., S. 39). Dieser Schritt mag so manchem Lernenden zunächst schwer fallen, er stellt jedoch ein wichtiges Element des Bemühens dar, die Eigenverantwortung der Lernenden für ihren Lernprozess wirksam zu stärken.

3. Bearbeitungs- und Lösungsebene finden
   In dieser Phase gilt es zu klären, ob es sich beim Beratungsanliegen wirklich um eines handelt, das mit Hilfe einer Lernberatung geklärt werden kann. Dabei geht es darum, zunächst den Blickwinkel des Ratsuchenden auf das Problem zu erforschen bzw. darauf zu lauschen, welche Deutungen er selbst zu seinem Anliegen vertritt bzw. – im Falle einer Lernberatung – wie er sein eigenes Lernen beurteilt und an welchen Stellen er sich selbst eine Optimierung wünscht (z. B. Konzentration, Unkenntnis wirksamer Lerntechniken, Unsicherheit).
4. Impulse geben
   Hier geht es darum, neuartige Impulse zu geben, die vorhandene Muster und Gewohnheiten möglichst durchkreuzen. Es gilt dabei, konkrete neue Verfahrensweisen anzubieten und zur Erprobung derselben einzuladen. Eine erste Aufgabe kann darin liegen, diese bis zur nächsten Sitzung zu erproben (z. B. neue Exzerpiertechnik, neue Prüfungsvorbereitungstechnik). Erst nachdem vom Lerner wirklich versucht wurde, sein bisheriges Lernverhalten in einer substanziellen Dimension zu verändern, kann durch weitere Impulse mehr und mehr ein Veränderungsprozess eingeleitet werden.
5. Gespräch abschließen
   Die Beratung muss immer mit einem konkreten Ergebnis, einem Auftrag oder einer „Verschreibung" enden. Diese gilt es am Ende nochmals zusammenzufassen. Der Lernberater nennt nochmals die wesentlichen Punkte und kann auch einen Ausblick auf das nächste Treffen geben.

- *Emotionale Selbstreflexivität*

Wer beraten möchte, muss über intrapersonale Kompetenzen verfügen. Diese betreffen sowohl sein persönliches Auftreten als auch seine persönlichen Voraussetzungen zur Initiierung und Gestaltung von Beziehungen. Das Thüringer Landesinstitut für Lehrerfortbildung, Lehrplanentwicklung und Medien (ThILLM) hat die für eine Schul- und Unterrichtsberatung erforderlichen intrapersonalen bzw. persönlichen Kompetenzen in einer Trainingsunterlage im Anschluss an H. Gudjons zusammengestellt (ThILLM 2007, S. 2), wobei deutlich wird (vgl. Abb. 9), dass nahezu alle der dort aufgeführten Kompetenzen nur entwickelt werden können, wenn die BeraterInnen zugleich ihre emotionale Selbstreflexivität entwickeln, d. h. über Fähigkeiten verfügen, sich den anderen Menschen nicht einfach so zuzumuten, wie sie (zufällig) die Welt sehen und fühlen (vgl. Arnold 2005).

- *Pädagogik des Zulassens*

In der neueren Erziehungswissenschaft hat man damit begonnen, sich vom Konzept einer interventionistischen Pädagogik mehr und mehr zu lösen. Man hat erkannt: Nicht die nüchterne Intervention ist das, was das Gegenüber zu erreichen vermag und nachhaltige Wirkungen anbahnen kann, sondern das Verstehen seiner inneren Bedingungen und Möglichkeiten. Aus diesem Grunde kommt der Zähmung der eigenen Ungeduld und Entschlossenheit bei den Lehrenden oder Erziehenden eine grundlegende Bedeutung zu. Es ist ihre Sicht der Wirklichkeit, die in solchen deutlichen Aktionen ihren Ausdruck findet, nicht der verstehende Bezug auf das Gegenüber. Man legt der unterrichtlichen und erzieherischen Arbeit nicht nur die Anforderungen von Lehrplan und Curriculum, sondern die Anliegen der Schülerinnen und Schüler zugrunde. Diese zu verstehen und „systemisch äquivalent" (Arnold 2007b) zu reagieren, d. h. subjektiv anschlussfähige und passende Lern- und Erziehungsangebote in vielfältiger Weise zu offerieren, ist das Merkmal dieser „Pädagogik des Zulassens" (vgl. Müller-Commichau 2007).

- *Situative Unterrichtsplanung*

Für das Unterrichtshandeln bedeutet dies, dass die Unterrichtsplanung offener und flexibler gestaltet werden muss. Nicht mehr auf die Vorab-Festlegung der Lernschritte kommt es an, sondern auf die situative Fähigkeit der Lehrenden, aus den Fragestellungen, Vertiefungswünschen und inhaltlichen Suchbewegungen der Lernenden heraus den Lernprozess zu ermöglichen (vgl. Mühlhausen 1994). Dieser Wechsel in der Unterrichtsgestaltung umfasst weit mehr als das bloße Bemühen, die Lerninhalte mit Beispielen aus Schülersicht zu illustrieren. Es geht darum, den Lernenden mehr und mehr die Verantwortung für das eigene Lernen zuzutrauen und auch zuzumuten. Diese Absicht ist das vorrangige Ziel jeglicher Lernberatung. Der Hinweis, dass Lernende dazu nicht in der Lage seien, ist vordergründig: Sie sind oft nicht dazu in der Lage, weil ihr bisheriges Schulerleben in ihnen die Erfahrung gestärkt hat, dass schulisches Lernen etwas ist, was mit ihnen, ihren Fragestellungen, Erwartungen und Wünschen nichts zu tun hat. Aus diesem Grunde bedarf es einiger Geduld, hier einen Wechsel der Perspektive anzubahnen. Damit Schülerinnen und Schüler aber in diese Lernverantwortung hineinwachsen können, benötigen sie Raum für eigene Suchbewegungen, diagnostische Begleitung und Beratung sowie die Ausstattung mit grundlegenden Methoden des eigenen selbstgesteuerten Lernens. Lernen kann der Lerner nur selbst, und man kann ihn letztlich nicht dazu zwingen, es zu tun. Man kann aber die eigene Aufmerksamkeit als Lehrperson verstärkt darauf ausrichten, den Unterricht als Selbstlern-Arrangement (mit Materialien, Ergebnisabsprachen usw.) zu gestalten.

Übung: „Führungskompetenzen"

Bewerten Sie für Ihre eigene Schule, ob und inwieweit die Aspekte „Stellvertretende Führung", „Reframing", „Selbsteinschließende Reflexion", „Ambiguitätstoleranz" und „Supervisionseingebundenheit" bei den schulischen Führungskräften ausgebildet sind. Bewerten Sie die einzelnen Aspekte auf einer Notenskala von 1 bis 6 und formulieren Sie drei Empfehlungen, die Ihnen hilfreich erscheinen, um zu einer Verbesserung in den am schlechtesten bewerteten Dimensionen zu gelangen.

Übung: „Lernberatungskompetenz"

Prüfen Sie mit der nachfolgenden Bewertungsskala Ihre eigenen Beratungskompetenzen (Ist-Stand), und definieren Sie fünf Aspekte, in denen Sie diese in der nächsten Zeit weiterentwickeln möchten (Soll-Stand). Besprechen Sie Ihre Selbstbewertung mit einem Kollegen/einer Kollegin und identifizieren Sie Wege und Vorschläge, um dieses Ziel zu erreichen.

Persönliche (intrapersonale) Beraterkompetenzen	Bewertung (1 = sehr gut, 6 = schlecht ausgeprägt)					
	1	2	3	4	5	6
Selbstreflexions-Fähigkeit						
Initiative Haltung, Erfolgsorientierung						
Entscheidungsfähigkeit						
Bereitschaft, Verantwortung zu übernehmen, aber keine Problemübernahme						
Integrität						
Kreativität						
Belastbarkeit						
Persönlich konstruktiver Umgang mit Kritik						
Authentizität						
Intuition						
Vertrauen und einen Kontext des „Nichtbedrohtseins" schaffen						
Kommunikationsfähigkeit und Teamfähigkeit						
Konfliktbewusstheit, Wahrnehmungs- und Analysefähigkeit, um hypothesengeleitet zu arbeiten						
Einfühlungsvermögen / Empathie						
Balance zwischen Nähe und Distanz schaffen						
Motivationsfähigkeit						
Anschlussfähigkeit (Sprache und Kontext der Zielgruppe (be)achten)						
Beherrschen des Perspektivwechsels						
Impulsgebung						
Kritikfähigkeit						
Hilfreiches Feedback geben						

Abb. 9: Beraterkompetenzen (nach Gudjons, zit. nach ThILLM 2007, S. 2)

Reflexion der eigenen Methodenpraxis und Formen des Handlungsorientierten Unterrichts

„Wäre Sisyphos wirklich klug, wenn er immer nur rückwärts schauen und aus der Rückschau ein ›neues Leben‹ anfangen wollte? „Nein, dezidiert nein“. (Schoch 2006).

Die Methoden des Unterrichts wurden in der Didaktik lange Zeit als eine Art Vehikel zum Transport der Inhalte vom Lehrenden zum Lernenden angesehen. Ziel des Unterrichts war die Vermittlung von Inhalten, und dieser Absicht hatte sich alles unterzuordnen. Man sprach vom „Primat des Inhalts“ (Klafki) und sah in den Methoden ebenso wie in den Medien lediglich Mittel zum Zweck – und diesem Zweck hatte sich alles nach- bzw. unterzuordnen. Didaktische Planung war in erster Linie inhaltliche Planung, und man hatte lange Zeit die Illusion, dass der Erfolg des Unterrichts mit der Intensität und Professionalität dieser Planung steige. Nur sehr vereinzelt gab es Stimmen, die diese Unterordnung des Methodischen unter das Didaktische[1] hinterfragten und von einem „Implikationszusammenhang“ (Blankertz) sprachen: Die Didaktik bedingt die Methodik (Frage: Ist diese Methode geeignet, den Lerner zum Inhalt zu (ver)führen?“), die Methodik bedingt aber auch die Didaktik (Frage: Welche Einsichten und Erfahrungen werden durch die gewählte Methode ermöglicht oder verhindert?“). Zum Beispiel können Schülerinnen und Schüler in einem fragend entwickelten Sozialkundeunterricht sicherlich ein Know-how über die Möglichkeiten der Interessenartikulation in unserem politischen System erwerben – zumal dann, wenn der Unterricht mit der vertiefenden Arbeit in Kleingruppen, in denen die Formen der politischen Willensbildung in Deutschland aus Textmaterial erschlossen werden, kombiniert wird. Damit Schülerinnen und Schüler aber auch lernen, eigene Interessen zu vertreten und sich an der politischen Willensbildung aktiv zu beteiligen, ist ein didaktisch-methodisches Vorgehen notwendig, das ihnen die Möglichkeit gibt, eigene politische Gestaltungsmöglichkeiten erprobend auszuloten. In einem solchen Projektunterricht lernen Schülerinnen und Schüler mehr, als es das offizielle Lehrplanthema vorsieht.

Methoden ermöglichen oder verhindern somit inhaltliche Lernschritte. Sie sind deshalb auch nicht nur „Wege zum Ziel“, wie der griechische Ursprung des Wortes meint, sondern eigene inhaltliche Erfahrungsräume. Indem wir neu über die Frage nachdenken, was eigentlich ein Inhalt ist und welche kompetenzbildenden Wirkungen von einem Inhalt wirklich ausgehen können, wird uns auch der

[1] Das „Didaktische“ wurde im engen Sinne als das Inhaltliche verstanden. Die Didaktik war die Wissenschaft vom Lehrplan und die „didaktische Analyse“ war eine Art Befragung des gewählten Inhalts im Hinblick auf seine Eignung als Unterrichtsgegenstand. Erst in den 1970er und 1980er Jahren entwickelte sich ein weiteres Didaktikverständnis, welches diese als Wissenschaft vom Unterricht oder Theorie von Lehr-Lernprozessen begründete. Heute ist die Didaktik auch eine Art Subjektwissenschaft, indem sie sich bemüht, die Aneignung des Lernenden in ihrer biographischen, lebensweltlichen sowie auch hirnphysiologischen Eingebundenheit zu analysieren.

Methodenbegriff neu zugänglich. Kompetenzen entstehen nämlich nicht über Inhaltsvermittlung allein: Man kann viel wissen und nichts können. Das Können setzt die Erfahrung im Umgang mit dem Inhalt voraus. Man kann sogar so weit gehen zu sagen, dass nur der aktive Umgang mit dem Inhalt Kompetenzen entstehen lässt. Ein kompetenzbildender Unterricht benötigt deshalb zweierlei: die begründete Auswahl und die an den Schülern orientierte Inszenierung von Themen einerseits und die aktive Erschließung und erprobende Aneignung durch die Lernenden andererseits.

Methoden sind aktive Erschließungs- und Aneignungswege. Sie sind nicht nur Wege zum Ziel, sondern der Weg (d.h. der aktive Umgang des Lernenden mit dem Inhalt) ist das eigentliche Ziel.

Wir stehen derzeit in der Schul- und Unterrichtsentwicklung vor der Aufgabe, methodenorientierte Lernkulturen zu entwickeln. Dies bedeutet, dass die überlieferten didaktischen Konzepte und Modelle ergänzt und weiterentwickelt werden müssen, wenn man den gestiegenen Anforderungen an die methodischen Kompetenzen der nachwachsenden Generationen in unserer Gesellschaft Rechnung tragen will. Worauf sind diese gestiegenen Anforderungen an das Methodische des Lehr-Lernprozesses zurückzuführen?

Es sind in erster Linie drei Einsichten bzw. Notwendigkeiten, die diese Methodenorientierung der modernen Bildungsarbeit in Schulen, Unternehmen und Weiterbildung ausgelöst haben:

1. *„Der Schüler braucht Methode“* (Hugo Gaudig), d.h. die Lernenden müssen in den Besitz von Lernmethoden gelangen können, um selbständig ihren Lernprozess gestalten und optimieren zu können. Nur so kann die Kompetenz zum selbstgesteuerten Lernen entstehen und reifen. Methodenkompetenzen sind in erster Linie Selbstlernkompetenzen. Aus diesem Grunde bemessen sich die Güte und der Erfolg von Bildungsarbeit nicht mehr länger nur danach, ob die nach Lehrplan oder Ausbildungsordnung notwendigen Inhalte erledigt oder vermittelt werden konnten, es kommt vielmehr darauf an, dass sich Bildungsinstitutionen darüber Rechenschaft ablegen, welche methodischen Selbstlernkompetenzen eingeübt worden sind (vgl. Siebert 1999; Reich 1996; Voß 2002).
2. *Man kann Inhalte nicht „vermitteln“ im Sinne von „übermitteln“, sondern bloß darstellen* (vgl. Olberg 2004). Die Kognitionsforschung sowie die konstruktivistische Lehr-Lernforschung führen uns deutlich vor Augen, dass Wissen nur dann nachhaltig von den Lernenden angeeignet werden kann, wenn der Aneignungsprozess selbst Aktivität, Selbststeuerung, Kommunikation und Kooperation sowie eigenes Konstruieren beinhaltet. Der Lernende kann den Inhalt nur selbst in sich erzeugen, und hierfür benötigt er geeignete

Methoden der strukturierten Aneignung sowie der kooperativen Problemlösung – Methoden, wie sie letztlich auch die späteren Lebenssituationen von ihm verlangen, auf die das schulische Lernen vorbereiten soll.

3. *Das Lebenslange Lernen setzt Selbstlernkompetenzen voraus.* Die Förderung und Entwicklung dieser Kompetenzen ist die vorrangige Aufgabe von Schule und Unterricht in der Wissens- und Lerngesellschaft. Diese Kompetenzen entstehen nicht en passant, sie setzen ein absichtsvolles didaktisches Bemühen voraus. Unterricht muss sich von einer bloßen Orientierung am Inhaltlichen lösen, denn Inhalte veralten und das Inhaltliche allein lässt noch keine Kompetenzen entstehen. Diese können nur wachsen und reifen, wenn Aneignung, Erprobung, Kooperation und Selbsttätigkeit zu den tragenden Elementen des Unterrichts werden. Die Lehrfunktion wandelt sich dabei – wie bereits ausgeführt – mehr und mehr zu einer Lernberatungsfunktion.

Diese drei Begründungen haben in den letzten Jahren mit zum Entstehen konstruktivistischer Didaktikmodelle beigetragen. Sie sind auf das Subjekt und dessen Aneignung bezogen und lassen die Fixierung auf das Inhaltliche zurücktreten. Dieses Inhaltliche wurde bislang überschätzt und es hält oft nicht, was man sich von ihm verspricht. So vergessen die Menschen sehr viel von dem, was sie einmal gelernt haben, und sie erwerben oft nur wenige Kompetenzen zum aktiven Umgang mit Wissen bzw. zur Selbsterschließung neuer Erkenntnisse und zur Veränderung bisher tragfähiger Verhaltensweisen. Diese dynamischen Aspekte des Lernens kommen in den überlieferten Formen von Lehren und Lernen (vgl. Position A und B in der folgenden Abbildung) eindeutig zu kurz, weshalb diese auch immer weniger in die Zeit passen.

	Position A: **Primat des Inhalts**	Position B: **Interdependenz von Inhalt und Methode**	Position C: **Primat der Methode**
Hypothese	Der Inhalt prägt und strukturiert den Lernprozess. Das Methodische ist nur Mittel zum Zweck.	Inhalte konstituieren sich erst über methodische Inszenierungen. Methoden lassen bestimmte Aspekte der Sache hervortreten, andere nicht.	Die Methode eröffnet oder verschließt Erfahrungs- und Lernwege und damit aktives Wissen. Die methodische Erfahrung ist der eigentliche Zweck.
Methodenfrage des Lehrenden	Mit welcher Methode kann ich zum Inhalt (ver-) führen?	Welche Methode lässt was am Inhalt hervortreten bzw. verborgen bleiben?	Welche Methoden ermöglichen oder verhindern welche Erfahrungen?
Zeitliche Einordnung	bis in die 1960er Jahre	1970er und 1980er Jahre	ab 1990

Abb. 10: Auf dem Weg zu einer methodenorientierten Didaktik

Während sich die inhaltsfixierten und frontalunterrichtlichen Lernkulturen zunehmend als fragwürdig und nur begrenzt nachhaltig erweisen, gewinnt die

Methodenfrage auch für die Schulentwicklung vor Ort in dreifacher Weise an Bedeutung:

- Lehrerinnen und Lehrer müssen die Bedeutung der Methodenvielfalt und des Methodenwechsels erkennen und fähig werden, in ihrem eigenen Unterricht verstärkt Methoden aktiver Selbsttätigkeit einzusetzen. Hierfür müssen sie allerdings zunächst einmal selbst Erfahrungen mit diesen neuen und für sie oft ungewohnten Methoden sammeln und ihre tief eingespurten eigenen didaktischen Erfahrungsmuster durchbrechen (vgl. Wüthrich u. a. 2006).
- Wir benötigen eine andere Regelung des Methodenbesitzes. In der Vergangenheit waren es die Lehrer und Lehrerinnen, welche die Methoden „besaßen“ und darüber befanden, welche Methoden in welcher Unterrichtssituation zum Tragen kamen. Die Schülerinnen und Schüler hatten diesen „Wegen zum Ziel“ zu folgen. Ihre eigene Lernbewegung war auf diese Weise eine eng geführte, wodurch sie ihren Lerninteressen und -formen sowie der eigenen Lernfähigkeit immer mehr entfremdet wurden und die heimliche Lektion lernten „Auf dich kommt es nicht an, denn du kannst nicht wirklich selbst etwas zu deinem Lernprozess beitragen“.
- Die methodische Erfahrung, die Lehrerinnen und Lehrer ihren Schülerinnen und Schülern ermöglichen, muss zu einem absichtsvollen Bestandteil ihres Unterrichtsverständnisses und ihrer Unterrichtsplanung werden. Genau so, wie sie die inhaltlichen Angebote auswählen, didaktisch begründen und inszenieren, müssen sie für jede Unterrichtsstunde darüber entscheiden, welche Methoden eines selbstgesteuerten Lernens sie in dieser Lehr-Lerneinheit üben lassen. Lehren ist somit die Eröffnung von Räumen für selbstgesteuertes Lernen und Arbeiten. Der Lehrende wird mehr und mehr zu einem Gewährleister sowie Begleiter und Berater von Lernprozessen.

Kompetenzarten **Didaktische Wirkungstiefe**	Fachkompetenz	Methoden-kompetenz	Sozialkompetenz	Emotionale Kompetenz
Darstellen	Wie biete ich den Lehrinhalt dar?			
Handeln	Wie inszeniere ich das Lehrangebot so, dass die Lernenden ausreichend (!) Gelegenheit haben, dieses selbständig und in Kooperation zu erschließen?			
Erfahren	Welche Erfahrungsräume, in denen sich die Lernenden als selbstwirksam erleben und Gefühle der Abhängigkeit und Hilflosigkeit in ihren Lernprozessen überwinden können, eröffne ich durch die methodische Inszenierung?			
Leitfragen für einen Unterricht im Stereoton	1. Leitfrage: Welche 3-4 fachlichen Lernziele sollen die Lernenden in dieser Lehr-Lernsequenz durch möglichst selbstgesteuertes Lernen erreichen?		2. Leitfrage: Welche Selbsterschließungs-, Kooperations- und Selbstreflexionsmethoden werden in dieser Lehr-Lernsequenz eingeübt oder trainiert?	

Abb. 11: Die gestufte didaktische Wirkungstiefe

Neue Lernkulturen sind durch eine größere didaktische Wirkungstiefe der Unterrichtskonzepte gekennzeichnet. Sie lösen sich von der bloßen Darstellungsdidaktik, ohne allerdings deren Berechtigung zu leugnen. Auch weiterhin stellen die didaktische Analyse und Begründung des Lehrinhalts wichtige Voraussetzungen für jegliche Unterrichtsvorbereitung dar, allerdings müssen andere Schritte der didaktisch-methodischen Reflexion hinzutreten. Lehrerinnen und Lehrer dürfen es nicht bei der Darstellung bzw. „Erledigung" des Lehrinhalts belassen, sie müssen vielmehr zugleich Handlungs- und Erfahrungsräume für den Umgang mit diesem Inhalt einräumen. Für die Beurteilung von Unterricht sowie Unterrichtsqualität ist die Frage nach der didaktischen Wirkungstiefe des Unterrichts deshalb von zentraler Bedeutung.

Wer Unterricht beobachtet und Lehrerinnen und Lehrer berät, für den sind deshalb vier Leitfragen wesentlich (vgl. Arnold/ Schüßler 1998):

- Wird mit dem Unterricht den Lernenden ein wirklicher Zugang zu den Inhalten ermöglicht?
- Wird soziales bzw. kooperatives Lernen gefördert?
- Werden Methodenkompetenzen gestärkt?
- Werden von den Lernenden Gefühle der Selbstwirksamkeit (nicht der Hilflosigkeit!) erlebt?

Wer didaktische Veränderungen und Innovationen begleitet und fördert, darf nicht mit einem Defizitblick auf die Methodenpraxis von Lehrerinnen und Lehrern blicken. Es gilt vielmehr, deren Ressourcen ausdrücklich wertzuschätzen und didaktische Ergänzungen bzw. Erweiterungen zur Vergrößerung der didaktischen Wirkungstiefe nicht nur zu fordern, sondern mit ihnen gemeinsam zu entwickeln (vgl. Klippert 1998; 2004). Lehrerinnen und Lehrer verfügen zumeist über ein reichhaltiges Repertoire an didaktischen Inszenierungstechniken, welche es aufzugreifen und zu nutzen gilt. Sie realisieren ihren Unterricht mit dem, was sie gelernt haben. Dass sie dabei zumeist im Zentrum des Geschehens stehen und frontalunterrichtlich selbst dann dominieren, wenn sie den Eindruck haben, den Schülerinnen und Schülern viel Raum einzuräumen, ist zumeist Ausdruck ihrer Ernsthaftigkeit und ihres Bemühens. Dass sie durch ihre gelebte Methodenpraxis oft in bester Absicht auch Gefühle der Unwirksamkeit und Hilflosigkeit im Lernenden stärken oder gar erzeugen, ist ihnen zumeist nicht bewusst und nur einem distanzierten Außenblick zugänglich. Um ihre Methodenpraxis wirklich zu transformieren, benötigen sie

- die Konfrontation mit einer didaktischen Leitkonzeption (Motto: „Wir erwarten, dass in unserer Schule anders gelehrt und gelernt wird!"),
- die wertschätzende Begleitung und Beratung bei der Transformation der eigenen Methodenpraxis im Unterricht (Motto: „Keine Lehrerinputs von mehr als 15 Minuten pro Unterrichtsstunde, diese jedoch stets nur als Anbahnung bzw. Vorbereitung einer schüleraktiven Phase!"),

- die Beteiligung an der Erweiterung des schulischen Methodenpools (z. B. in einer didaktischen Arbeitsgruppe) und
- das eigene Erleben eines anderen, stärker systemischen und didaktisch tiefenwirksameren Lernens (Motto: „Wussten Sie eigentlich, wie gut selbstgesteuertes Lernen tut?“).

Beispiel: Das Unmögliche versuchen (lernen)

„Die Personalentwicklung eines großen Versandhandels erhielt 2003 einen Weiterbildungspreis für eine Führungskräfteentwicklungsprogramm, dessen Kern in folgendem bestand: International zusammengesetzte Nachwuchsgruppen wurden mit „unmöglichen“ Aufgaben, wie z. B. dem Auftrag, gemeinsam ein Kunstwerk zu schaffen, welches nachher im Guggenheim-Museum in New York ausgestellt werden würde, oder dem Auftrag, einen Film zu drehen, der auf den Filmfestspielen in Cannes zu sehen sein würde, konfrontiert. Für deren Bewältigung – so die sich rasch einstellende Einsicht in den Gruppen – mussten alle Kräfte mobilisiert und auf die jeweils eigenen Kontakte und Beziehungsnetzwerke zurückgegriffen werden. So wurden – teils auf Umwegen – Kontakte zu Regisseuren, Museums-Experten usw. aufgenommen und eine synergetische Kraft mobilisiert, welche in nahezu allen Fällen zum Erfolg führte: Ein Film wurde in Cannes gezeigt, und auch die Ausstellung im Guggenheim-Museum wurde erreicht“ (Arnold 2005, S. 251).

Dieses Beispiel verdeutlicht, welche Formen ein didaktisch tiefenwirksames Lernen in betrieblichen Kontexten annehmen kann und auch bereits annimmt. In solchen Kontexten steht die Entwicklung einer umfassenden sowie kreativen Handlungskompetenz im Vordergrund (Absicht: „Wir brauchen Führungskräfte, die vor dem schier Unmöglichen nicht zurückschrecken, sondern Netzwerke organisieren und nutzen können!“) Das Fachliche des Lernprozesses wird hier zunehmend mit dem Außerfachlichen (d. h. der systematischen Förderung von methodischen, sozialen und insbesondere emotionalen Kompetenzen) deckungsgleich. Dynamische und komplexe betriebliche Kontexte benötigen Mitarbeiter, die sich als wirksam und veränderungsfähig erleben können und mit hemmenden Emotionen der Hilflosigkeit umzugehen gelernt haben. Könnte sich nicht auch der Schulunterricht von solchen didaktisch tiefenwirksamen Konzepten inspirieren lassen?

1. Reflexion der eigenen Methodenpraxis

Der erste Schritt auf dem Weg zu einer methodenorientierten Lernkultur ist eine Bestandsaufnahme. Diese muss jede Lehrerin und jeder Lehrer zunächst für sich selbst leisten, sie darf nicht Bestandteil einer externen Evaluierung sein. Denn externe Evaluierung kann sich oft nicht von dem Geruch der Kontrolle befreien, weshalb sie Widerstand oder doch zumindest Angst und Skepsis bei denen auslöst um deren konkrete Unterrichtsarbeit es geht (vgl. Schein 2003). Schulleitungen und Schulaufsicht sind systemisch gut beraten, wenn sie davon ausgehen,

- dass die Lehrerinnen und Lehrer die eigentliche Experten ihrer Unterrichtspraxis sind,
- dass sie deshalb auch die eigentlichen Innovationsträger eines Lernkulturwandel sind, ohne deren Einbindung sich nichts verändert,
- dass eine didaktische Transformation der Lernkultur auch eine Personalentwicklungsmaßnahme sein muss, bei der es die Lehrerinnen und Lehrer sind, die darüber Auskunft zu geben vermögen, welche Unterstützungs-, Begleitungs- und Weiterbildungsaktivitäten notwendig sind, und
- dass schließlich die Artikulation eines Weiterbildungsbedarfes sowie die Inanspruchnahme von Beratung, Begleitung und Training nicht Ausdruck eines Defizits, sondern Beleg der Professionalität des Lehrerseins ist.

Für eine nüchterne Selbstprüfung der eigenen Methodenpraxis kann die folgende Checkliste (siehe folgende Seite) hilfreich sein:

Um mit Hilfe dieser Checkliste eine zutreffende Einschätzung des eigenen unterrichtlichen Tuns zu erreichen, ist es notwendig, die einzelnen Einschätzungen spontan und unter ehrlicher Ausnutzung der vier Antwortmöglichkeiten vorzunehmen. Absichtlich eröffnet die gewählte Skala keine Möglichkeit zur Nutzung eines Mittelwertes. Das bedeutet: Jede Beurteilung fällt entweder positiv oder negativ (besser: optimierbar) aus. In all den Aspekten, in denen die Beurteilungen in die beiden rechten Spalten fallen, lassen sich Anknüpfungspunkte für eine professionelle Weiterentwicklung der eigenen didaktisch-methodischen Kompetenz festmachen. Es ist anzustreben, dass die Lehrerinnen und Lehrer selbst die drei zentralen Entwicklungs- und Weiterbildungsthemen beschreiben, die sich aus dem Check ihrer Methodenpraxis ergeben.

Dieses Vorgehen zur Ermittlung eines eigenen Weiterbildungs- oder Personalentwicklungsbedarfes stellt zugleich ein zutiefst systemisches Procedere dar: Systeme und Personen lassen sich nicht entwickeln, sie können sich nur selbst entwickeln. Dies setzt jedoch ein Bewusstsein von den Notwendigkeiten und Möglichkeiten der eigenen Entwicklung sowie eine Entscheidung voraus. Schulische Personalentwicklung kann diese Entscheidung nicht ersetzen, wohl aber unterstützen. Indem Lehrer und Lehrerinnen so zu den Trägern des eigenen Entwicklungsprozesses werden, signalisieren sie zugleich (auch gegenüber den Schülerinnen und Schülern), dass Lebenslanges Lernen jedermanns Sache ist – auch die der Schülerinnen und Schüler.

Checklist „eigene Methodenpraxis“	Häufig	öfters	selten	nie
Ermögliche ich den Lernenden einen wirklichen Zugang zu den Inhalten?				
Ich versuche, neue Inhalte möglichst mit einer Lebenssituation (z.B. Problemstellung) aus der Lebenswelt der Lernenden zu verbinden.				
Ich reduziere bewusst die Länge meiner Inputs und setze didaktische Materialien zur Selbsterschließung (mit Leitfragen usw.) ein.				
Ich gewährleiste, dass das Neue mit den vorhandenen Kenntnissen und Fragen der Schülerinnen und Schüler verbunden werden kann.				
Ich lasse komplexere Problemstellungen zur Anwendung und Übung des Neuen bearbeiten.				
Ich bemühe mich nachweislich darum, dass möglichst alle Schülerinnen und Schüler einen Zugang zu dem Unterrichtsthema finden, und eröffne differenzierte Wege der Aneignung, Auseinandersetzung und Vertiefung.				
Fördere ich soziales bzw. kooperatives Lernen?				
Ich belasse es nicht bei der Darstellung („Vermittlung“) des Inhaltes, sondern lege den Akzent auf die lernende Auseinandersetzung und die Aneignungsarbeit der Schülerinnen und Schüler.				
Ich achte auf die Kommunikations- und Kooperationsfähigkeit meiner Schülerinnen und Schüler und gebe Beratung und gezieltes Feedback.				
Stärke ich Methodenkompetenzen?				
Ich lasse in jeder meiner Stunden mindestens eine Selbstlernmethode üben.				
Ich achte darauf, wie meine Schülerinnen und Schüler lernen, ihre eigenen Lernmethoden zu verbessern, und gebe Beratung und gezieltes Feedback.				
Ich achte darauf, ob und wie meine Schülerinnen und Schüler in der Lage sind, sich Informationen selbst zu beschaffen und zu bearbeiten, und gebe Beratung und gezieltes Feedback.				
Ich kann mich auch dann (zunächst) zurückhalten, wenn ich merke, dass die Lernenden Mühe haben oder auch Fehler machen.				
Erleben die Lernenden Gefühle der Selbstwirksamkeit (nicht Hilflosigkeit)?				
Ich achte darauf, dass ich Schülerinnen und Schüler nicht kränke oder vorhandene Kränkungen verstärke.				
Ich achte darauf, dass auch und gerade schwächere Schülerinnen und Schüler Erfolgserlebnisse haben und Lob erfahren.				
Ich rede stets respektvoll mit meinen Schülerinnen und Schülern und wende mich gerade denen besonders zu, die mir schwierig erscheinen.				
Ich korrigiere unkontrollierte Reaktionsweisen von mir.				

Abb. 12: Checkliste zur (Über-)Prüfung der eigenen Methodenpraxis

2. Formen des Handlungsorientierten Unterrichts

Die Wuzeln des Handlungsorientierten Unterrichts (HOU) sind vielfältig und sie reichen weit zurück. Zu erwähnen sind in diesem Zusammenhang die Ansätze der Reformpädagogik von Maria Montessori über Hugo Gaudig und Georg Kerschensteiner bis hin zu Celestin Freinet, die alle durch das Anliegen geeint sind, dass es andere, stärker den Lebensvollzügen und der Lebenspraxis nachempfundene Formen des Lernens sind, mit denen gerade schulmüde oder schulferne Kinder und Jugendliche angesprochen und gebildet werden können. Aber auch die neuere Lern- und Entwicklungspsychologie in der Tradition von Jean Piaget betont die kompetenzstiftende Bedeutung des handelnden Lernens. Insbesondere die Lernpsychologie von Hans Aebli mit ihrer Formel „Denken: eine Ordnung des Tuns" hat auch in der deutschen Pädagogik das Verständnis davon geschärft, dass Denkprozesse verinnerlichte Handlungsprozesse sind, welche am besten dadurch angebahnt und weiterentwickelt werden können, dass auch die Lernprozesse selbst einer Handlungslogik nachempfunden werden (vgl. Brater/Bauer 1990). Handlung bezeichnet dabei den ganzheitlichen Zyklus einer Problemlösung, welcher über die Schritte „Selbständige Planung" (der Problemlösung), „Durchführung" (im Sinne der Bearbeitung der Lösungsschritte) sowie „Kontrolle" (im Sinne einer eigenen Erfolgskontrolle und Bewertung) verläuft – eine Formulierung, die in ähnlicher Weise auch in die Ausbildungsordnung zahlreicher der seit 1987 neugeordneten Ausbildungsberufe Eingang gefunden hat.

Erst vereinzelt sind in letzter Zeit Stimmen zu vernehmen, die aus dieser ganzheitlichen und prozessorientierten Sicht des Handlungsorientierten Lernens grundlegende Konsequenzen ableiten. Hinterfragt wird dabei unser Verständnis von „Lerninhalt". Gefragt wird, ob wir überhaupt wissen, was wir meinen, wenn wir über den Inhalt sprechen. Ist der Inhalt des Lernprozesses das, was in den Lehrplänen, Curricula oder Ausbildungsordnungen als Stoffpensum kodifiziert ist? Wie kommt dieser Inhalt in den Besitz des Lernenden? Stiftet allein schon die Kenntnis des Inhalts in ausreichendem Maße die Kompetenzen, die uns zeigen, dass jemand ein Fachgebiet beherrscht und auch wirklich in der Lage ist, über das erworbene Wissen in angemessenem Handeln zu verfügen? Die Forschungen liefern uns kaum Belege für diese Annahme (vgl. Rauner/Bremer 2004). Was wir mehr und mehr erkennen, ist vielmehr, dass nur solche Inhalte sich in Kompetenzen niederschlagen, die in handelnden Kontexten erworben wurden. Konkret bedeutet dies, dass sich Auszubildende nur dann Inhalte kompetenzbildend aneignen, wenn sie mit diesen handelnd umgehen. Der Inhalt solcher Lernprozesse besteht deshalb nicht nur aus dem Wissen, sondern zugleich auch aus der Erfahrung im gestaltenden Umgang mit dem Inhalt. „Wissen", „Erfahrung" und „Gestaltung" sind deshalb die zentralen Kategorien, um deren Integration es in nachhaltigen Lernprozessen geht.

Die Handlungsorientierung in der Didaktik geht von einem doppelten Handlungsbegriff aus: Zum einen steht „Handlung" für den ganzheitlichen Handlungsvollzug von der Planung über die Durchführung bis zur Kontrolle einer Problemlösung. Zum anderen verweist „Handlung" auf ein ganzheitliches Verständnis von „Lerninhalt", welches Wissen als einen aktiven Prozess versteht, in dem dieses seine kompetenzbildende Kraft erst durch den handelnden Umgang des Lernenden mit diesem Wissen und in der gestaltenden Nutzung dieses Wissens zu entfalten vermag.

Der HOU steht für eine Didaktik der Lerninszenierung, die diesen doppelten Handlungsbezug des Lernens aufgreift und in ihren methodischen Konzepten berücksichtigt. Für einen solchen Unterricht gelten folgende Leitprinzipien:

- Ausgangspunkt des Unterrichts ist stets ein „Auftrag zur Bearbeitung", den die Lernenden selbständig und möglichst kooperativ bearbeiten können. Grundlegend ist deshalb die Fähigkeit des Lehrenden, das relevante Wissen in Problemstellungen zu verpacken, deren Bearbeitung auch eine Auseinandersetzung mit jenen Aspekten eines Themas erfordert, auf die es laut Lehrplan oder Curriculum ankommt.
- Der einleitende oder kommentierende Input des Lehrenden dient lediglich der Hinführung zur Problem- bzw. Auftragsübergabe, der Einordnung in den Gesamtrahmen sowie einer ergänzenden und zusammenfassenden Bewertung, Justierung oder Korrektur. Es ist ganz wichtig, dass die Lehrerinputs nicht länger als 10 Minuten dauern (gut strukturiert und gut vorbereitet) und nicht mehr als zwei solcher Inputs in einer 45-Minuten-Stunde vorgesehen sind. Der Lehrende wandelt seine Funktion zu der eines Lernberaters, zugleich ist er zuständig für die Vernetzung der Lernenden untereinander. „Die Gestaltung pädagogischer Praxis als Vernetzungsleistung" (Lindemann 2006, S. 227) erfordert neue Kompetenzen vom Lehrenden, der eine weniger im Zentrum des Geschehens stehende, aber gleichwohl prozessverantwortliche Rolle zu übernehmen hat.
- Nach der Auftragsübergabe folgt immer – relativ unmittelbar – eine Phase der selbständigen Bearbeitung. In dieser setzen sich die Lernenden alleine (z. B. in der Bearbeitung von Selbstlernmaterialien), in Paaren oder in Gruppen mit dem Auftrag auseinander, indem sie sich das notwendige Wissen aneignen, ggf. selbständig recherchieren und ihre Bearbeitungsschritte planen. In dieser Phase kommt die Methodenkompetenz der Lernenden zum Tragen, und diese Phase gelingt umso besser und erfolgreicher, je weiter die Lernenden bereits Routinen in der Anwendung und Nutzung der Selbstlernmethoden ausgebildet haben. Wie zahlreiche Erfahrungen zeigen, können Schülerinnen und

Schüler hierbei eine erstaunliche Souveränität entwickeln, und es spricht viel dafür, dass selbstgesteuertes Lernen ebenso als Handlungsroutine ausgebildet werden kann wie die immer noch weit verbreitete gelernte Hilflosigkeit des Lerners. Beide Haltungen sind Ausdruck lernkultureller Erfahrungen: Im ersten Fall der Erfahrung mit einem schüleraktivierenden und handlungsorientierten Setting, im zweiten Fall Ergebnis einer zumeist jahrelang erduldeten Belehrungs- oder gar Kränkungsdidaktik (vgl. Kraft 2003).

- Ergebnis der selbständigen Bearbeitung ist ein Produkt (die Problemlösung), das die Schülerinnen und Schüler eigenständig präsentieren und erläutern. Hierbei werden wichtige Lehrfunktionen von ihnen selbst wahrgenommen, indem sie z.B. anderen Lernern den von ihnen erarbeiteten Sachverhalt erläutern und/oder dazu auch eigenständige Visualisierungen vorbereiten. Ein solches Vorgehen folgt dem Grundsatz des Lernens durch Lehren. Dabei kommt zum Ausdruck, dass Lehren seinen Ausdruck mehr und mehr in der methodischen Kompetenz der Lernenden findet, sich selbständig Informationen zu beschaffen und diese auszuwerten und zu teilen. Selbstgesteuertes Lernen ist so auch selbstgesteuertes Lehren, wobei es zudem häufig um die arbeitsteilige Kooperation in einer Gruppe geht. Schülerinnen und Schüler üben sich so in ihr lebenslanges Lernen ein, welches – wie wir heute wissen – zu 80 Prozent ein informelles Lernen außerhalb und unabhängig von institutionalisierten Lehrkontexten ist.

HOU ist demnach durch eine typische „Lernschleife“ gekennzeichnet, welche sich aus verschiedenen Lernschritten zusammensetzt, die in einer Unterrichtsstunde oder über mehrere hinweg Stunden durchlaufen werden.[2] In ihrer Abfolge folgen diese Lernschritte aber zwingend der Logik einer dosierten und indirekteren Fremdsteuerung (durch den Lehrenden) einerseits und einer Selbststeuerung (durch die Lernenden) andererseits, die mit der Zeit immer größere Zeitanteile umfasst:

[2] Die Schrittfolge wurde von Hans-Joachim Müller von der TU Kaiserslautern entwickelt und in jahrelanger experimenteller Forschung erprobt, ergänzt und auch für die Lehrbildung präzisiert.

Rolle des Lehrenden bzw. Lernberaters	**Stufen des Handlungsorientierten Unterrichts**				**Rolle des Lernenden**
Begutachtung und Feedback Sowohl fachliches als auch den Erarbeitungsprozess betreffendes Feedback und Kontrolle (max. 10 Min.)				4. Schritt: Besprechung, Kontrolle, Ergänzung und Korrektur	Revision Abgleich mit den Standards, indem das Ergebnis dargestellt, diskutiert und ggf. revidiert wird
Beobachtung und Begleitung Erarbeitungsprozesse eher passiv beobachten, nur in Ausnahmefällen als Ressourceperson bereitstehen			3. Schritt: Präsentation der Arbeitsergebnisse (bzw. der Problemlösung		Produkt Ziel der Erarbeitung ist stets die Dokumentation einer Lösung bzw. eines Ergebnisses.
		2. Schritt: Selbständige Bearbeitung einzeln, in Lernpartnerschaften oder in Arbeitsgruppen			Erarbeitung Hier stellen die Lernenden insbesondere ihre methodischen Kompetenzen unter Beweis.
Vorbereitung Arbeitsauftrag ausarbeiten, Selbstlernmaterialien zusammenstellen, Input (max. 10 Min.) vorbereiten und planen	1. Schritt: Auftrag übergeben (zur selbständigen Bearbeitung)				Übernahme Mit der Zeit entwickeln die Lernenden eine Routine bzw. „Erarbeitungsmentalität".

Abb. 13: Stufung und didaktische Arbeitsteilung im Handlungsorientierten Unterricht

Die didaktisch aktive Funktion (dunkel hinterlegt) wechselt im HOU zwischen dem Lehrenden und den Lernenden. Während ersterer eher eine den Gesamtprozess rahmende und begleitende Rolle spielt und seine eigentliche didaktische Präsenz in der Regel auf die Schritte 1 und 4 begrenzt, sind die Schritte 2 und 3 zentral für die Aktivität und das selbstgesteuerte Lernen der Schülerinnen und Schüler.

Der Lehrende zieht sich beim HOU somit teilweise aus dem Lehr-Lernprozess zurück und verlagert seine didaktische Funktion in das Vorher und Nachher der Erarbeitung durch die Lernenden. Dabei gewinnt insbesondere die Vorbereitung an Bedeutung, da es Lehrerinnen und Lehrern zunächst erfahrungsgemäß viel abverlangt, die anstehenden Lerninhalte in die Form zu bearbeitender Aufgaben- und Problemstellungen zu verwandeln. Mit der Zeit entsteht jedoch eine Routine und zahlreiche Lehrkräfte verfügen heute bereits über Aufgabenpools oder wirken an der Implementierung entsprechender Sammlungen mit. Die Schulbücher folgen jedoch noch zumeist der linearen Logik, d. h. sie präsentieren die Lerninhalte im Sinne einer Strukturlogik, nicht – oder nur selten – im Sinne einer Handlungslogik.

Häufig stoßen handlungsorientierte Unterrichtskonzepte zunächst auf Widerstand, da die Lehrkräfte bezweifeln, dass ihre neue – reduzierte – Präsenz wirklich mit dazu beiträgt, dass die Lernenden in den Erarbeitungsphasen aktiv am Unterrichtsgeschehen partizipieren. Zudem wird befürchtet, die Lernenden könnten auf Abwege und zu möglicherweise falschen Lösungen geraten, wenn man sie derartig in die Freiheit und Selbststeuerung entlässt. Die vorliegenden Untersuchungen stützen diese Befürchtungen nicht. Sie zeigen vielmehr, dass Schülerinnen und Schüler nicht lethargisch am Lehrkonsum interessiert sind, wie so oft befürchtet wird („Die sind doch überhaupt nicht interessiert"). Eine solche Skepsis ist vielmehr selbst ein Konstrukt und bloß Ausdruck der Erfahrungen mit dem Bisherigen. Das Bisherige existiert aber nicht deshalb fort, weil es anders nicht möglich wäre, sondern vielmehr deshalb, weil wir mit unseren Annahmen eine Erfahrungswelt verbinden, in der anderes nicht vorgestellt werden kann, ohne unsere so lieb gewonnenen Erfahrungen zu suspendieren. Demgegenüber zeigen jedoch zahlreiche Reformmodelle, dass Schülerinnen und Schüler grundsätzlich alle didaktischen Funktionen habitualisieren können. Immer wieder beeindrucken die Beispiele aus Reformschulen, in denen der morgendliche Unterricht damit beginnt, dass die Schülerinnen und Schüler sich die Aufgabenstellung oder die Lernmaterialien greifen und alleine oder in der Gruppe beginnen, ohne dass der Lehrer oder die Lehrerin bereits anwesend sind.

Schülerinnen und Schüler können eine „Erarbeitungsmentalität" demnach ebenso aufbauen, wie sie eine Berieselungs- oder eine Innere-Kündigungs-Haltung entwickeln können. So gesehen stimmt die Aussage, dass jeder die Schülerinnen und Schüler hat, die er verdient. Konkret heißt dies aber, dass wir unsere Unterrichtsformen verändern müssen, damit sich auch unser Bild von den Lernenden verändert. Wir können dies aber nur, wenn wir den Lernenden neue Möglichkeiten eröffnen, sich als selbstwirksam zu erleben. Auch hier gilt der Satz des Systemtheoretikers Hellmut Willke: „Wenn Du veränderst, verändert sich nichts. Denn jede Veränderung muss Selbstveränderung sein" (Willke 1987, S. 350).

Übung: „Eigene Methodenpraxis"

Beantworten Sie für sich die Fragen in der Checkliste „eigene Methodenpraxis" (Abbildung 12) und bestimmen Sie die drei zentralen Bereiche, in denen Sie Ihren Unterricht optimieren möchten.

Methoden des Lebendigen Lernens

„Die Kunst des Lehrens hat wenig mit der Übertragung von Wissen zu tun, ihr grundlegendes Ziel muss darin bestehen, die Kunst des Lernens auszubilden."

von Glasersfeld 1997, S. 309

Die Konzeption eines Lebendigen Lernens hat unterschiedliche Wurzeln (vgl. Arnold 1996). Der Begriff des Lebendigen Lernens selbst entstammt der Themenzentrierten Interaktion (TZI) von Ruth Cohn und charakterisiert ein Lernen, welches mehr umfasst als die rein thematisch-kognitive Aneignung. Ruth Cohn – eine Repräsentantin der Humanistischen Psychologie – betonte in ihrem Ansatz die Ganzheitlichkeit des menschlichen Lernens (vgl. Cohn/Terfurth 1993). Dieses basiert stets auf einer drei-dimensionalen Gleichzeitigkeit: der thematischen Aneignung, der Einbindung in die Lerngruppe und der Identitätsbalance des Einzelnen. Tritt in einer dieser Dimensionen eine Störung auf, so ist der gesamte Lernerfolg in Frage gestellt: So kann sich der Einzelne nicht wirksam neues Wissen aneignen, wenn er mit seinem momentanen Leben nicht zurecht kommt und Sorgen hat, ebenso wenig kann er dies, wenn er keinen Platz in der Lerngruppe hat oder sich beständig bedroht und ausgegrenzt fühlt. Diese Ressourcenorientierung ist das systemische Moment im Konzept des Lebendigen Lernens. Die Lehrperson für die „Gleichgewichtsführung" im Lernprozess zuständig, d. h. sie muss beständig darum bemüht sein, alle drei Dimensionen des Geschehens gleichermaßen „im Spiel" zu halten, damit der Lernprozess lebendig bleibt und nachhaltig gelingen kann (vgl. Schüßler 2007).

Diese Feststellung bedeutet nicht, dass Lernen immer leichtfüßig und mühelos ist. Es gibt sie nur in sehr begrenztem Maße, die „erfolgreiche Spaßpädagogik", von der Ulrich Hermann spricht (Hermann 2003). Lernen ist stets auch mit Anstrengung und Konzentration verbunden, und es handelt sich um einen „Neuromythos" (Becker 2008, S. 73), wenn der Hirnforscher Manfred Spitzer so tut, als sei Lernen „nur bei bester Laune" (Spitzer 2003) und unter Verwendung der von der Hirnforschung ausgezeichneten Methoden möglich. Gleichwohl können auch eine lähmende Angst oder emotionale Blockierungen in schulischen Lernprozessen gelernt oder verstärkt werden, weshalb Lehrerinnen und Lehrer sowie Lernberater eine wichtige Aufgabe darin haben,

- das Selbstbewusstsein und die Selbstwirksamkeitsgefühle sowie die Ressourcen der Lernenden immer wieder gezielt zu stärken,
- gleichzeitig aber auch die „negativen" Gefühle zu erkennen, ernst zu nehmen und die Lernenden beim Umgang mit diesen Gefühlen zu begleiten.

Nur: Ohne ein Risiko und die damit verbundene Anspannungen, Unsicherheiten und Befürchtungen sind signifikante Lern(fort)schritte selten zu haben; insofern sind nicht nur positive Gefühle, sondern auch „negative" Gefühle – nach allem, was wir heute wissen – für ein erfolgreiches Lernen notwendig. Es kommt auf die Balance zwischen beiden Gefühlsarten an: Auf der einen Seite ist es wichtig, die Selbstwirksamkeitsgefühle der Lernenden zu stärken und wo immer möglich eine entspannte Atmosphäre des Umgangs zu schaffen, auf der anderen Seite muss der Umgang mit den „negativen“ Gefühlen (Versagens- oder Prüfungsangst, Überforderungsgefühle etc.) immer und immer wieder geübt werden. Wir wissen heute, dass Wissen und Informationen nicht gefühlsneutral abgespeichert werden. Vielmehr geht die Hirnforschung davon aus, „(...) dass Kognition nicht möglich ist ohne Emotion, den erlebnismäßigen Ausdruck des Prozesses der Selbstbewertung des Gehirns“ (Roth 1999, S. 178). Deshalb ist der emotionale Bezug zu einer Sache von entscheidender Bedeutung für die Art sowie die Nachhaltigkeit seiner hirnphysiologischen Verarbeitung bzw. Aneignung. Aus diesem Grunde kommt der Verpersönlichung (Anknüpfen an persönlichen Erfahrungen) sowie der Verlebendigung (Erlebenlassen des Neuen) des Inhaltlichen im Lernprozess eine erhebliche Bedeutung zu. Hinzu kommt das Gebot der Pluralität von Perspektiven: Da Menschen sich Neues überwiegend nur zu ihren eigenen Bedingungen aneignen können, verbietet sich das Beharren auf nur einer Sicht der Dinge sowie „das Zulassen von nur einer Methode“ (Kösel 1993, S. 27). Dies wertet die Bedeutung von Methodenvarianz und Methodenvielfalt im Lernprozess auf, denn Methoden erschließen oder verstellen mögliche Wege zur Einsicht und Aneignung. Zugleich ändert sich die Rolle der Lehrenden:

„Die Lehrenden sind nicht primär Wissensvermittler, sondern sie gestalten Lernräume und Lernsituationen; sie sind aufmerksame Beobachter von Lernprozessen und stehen als Lernberater zur Verfügung“ (Siebert 2008, S. 15).

Nachhaltiges Lernen „lebt“ vom emotionalen Bezug zu einer Sache sowie vom Sich-Fühlen in der Lerngruppe und im Lernprozess.

Dabei spielen positive Gefühle (z. B. Akzeptanz und Selbstwirksamkeitserleben) ebenso eine Rolle wie der Umgang mit unvermeidbaren Angespanntheiten und Ängsten. Lernende müssen nicht nur in ihren positiven Gefühlen gestärkt werden, sie müssen auch zum Umgang mit den unvermeidlichen „negativen“ Gefühlen befähigt werden. Über Methodenvarianz und Methodenvielfalt wird der Pluralität von Aneignungswegen Rechnung getragen. Nur durch die Nutzung geeigneter Lernmethoden kann zudem der Inhalt verpersönlicht (Anknüpfen an persönliche Erfahrungen) und verlebendigt (Erlebenlassen des Neuen) werden.

Der Begriff des Lebendigen ist auch für die neueren Systemtheorien eine zentrale Kategorie. Das Systemische kennzeichnet das Lebendige (vgl. Simon 1997). Die Natur entwickelt sich systemisch vernetzt, selbstorganisiert und durch die Entfaltung interner Möglichkeiten des Wachstums, und auch komplexe Systeme funktionieren mehr wie Organismen als wie Maschinen. Und stets gilt: Was im Inneren nicht ist, kann auch im Außen nicht sein! Aus diesem Grunde ist auch bei der Gestaltung und Begleitung von Lern- und Veränderungsprozessen davon auszugehen, dass diesen Prozessen Raum und Anregung gegeben werden muss und dass sie nicht durch punktuelle Interventionen allein ausgelöst und gestaltet werden können. Es ist das Situative, welches dabei die Didaktik in einem doppelten Sinne zu bestimmen beginnt:

- Zum einen tritt die Methode des Lehr-Lern-Prozesses in den Vordergrund: Sie ist es, die Räume eröffnet („einräumt“) oder verschließt, Aktivität oder Passivität ermöglicht und hilft, das Thema persönlich zu machen und zu verlebendigen, d. h. in den Zusammenhang zum lernenden Ich einerseits und zur Gesamtgruppe der Lerner andererseits zu stellen.
- Zum anderen gewinnt die spontane, situative Steuerung von Lernprozessen an Bedeutung. Unterricht wird nicht länger ausschließlich vor dem eigentlichen Prozess geplant, indem die einzelnen Lernschritte vorab festgelegt und dann in der eigentlichen Situation umgesetzt werden. Es geht vielmehr darum, Lehr-Lern-Prozesse aus den Lernsituationen heraus zu steuern – eine Fähigkeit, die Ulf Mühlhausen „situative Unterrichtsplanung“ (Mühlhausen 1994) nennt. Er schreibt:

  „In den meisten mir bekannten Entwurfsschemata, die in der Ausbildung herangezogen werden, werden angehende Lehrer dazu angehalten, den Unterrichtsverlauf bzw. einzelne Phasen zu beschreiben als Abfolge von ‘geplanten’ Lehrerhandlungen, die ein bestimmtes, ‘erwartetes’ Schülerverhalten zur Folge haben. Gemeint ist mit dem ‘erwarteten’ Schülerverhalten selbstredend das vom Lehrer herzustellende Schülerverhalten. (...)

  Der den diversen Entwurfschemata immanente Optimismus einer vorausschauenden Planbarkeit von Unterrichtsprozessen wird bei angehenden Lehrern frühzeitig erschüttert. Bereits bei ihren ersten Unterrichtsversuchen erleben sie, dass sich Schüler ganz häufig nicht so ‘verhalten’, wie sie es ‘erwartet’ haben, und werden damit vor erhebliche Probleme gestellt. Solche Probleme werden dann meist nur als Fehler im Unterrichtsentwurf oder bei der Umsetzung besprochen, nicht aber als konstitutive Elemente eines jeden Unterrichts“ (ebd., S. 35).

Das lebendige Lernen ist ein methodisches Konzept, welches hilft, mit den Erwartungsunsicherheiten im Lernprozess umzugehen. Dabei werden diese Unsicherheiten nicht vermieden; sie erhalten nur flexibel Räume, in die die Lernenden eintreten können, um sie zu gestalten. Dadurch nimmt die Sicherheit, aber auch die Überforderung für den Lehrenden ab, gleichzeitig wächst jedoch die Möglichkeit zum aktiven und selbstgesteuerten Lernen sowie zur eigenen Lernverantwortung für die Lernenden.

Lehrerinnen und Lehrer dürfen nicht erwarten, dass ihnen neue, bislang unbekannte Methoden helfen werden, ihren Unterricht in dem beschriebenen Sinne lebendiger zu gestalten. Es gibt kaum wirklich neue Methoden. Die allermeisten der in den zahlreichen Methodensammlungen zusammengestellten Vorgehensweisen sind schon länger bekannt. Wir haben deshalb keinen Bedarf an neuen Methoden, sondern an Methodenanwendung und Methodennutzung. Hierzu bedarf es des Mutes, sich die Einführung in den Unterrichtsgegenstand oder die Erarbeitung einer Lösung einmal vollständig anders zuzutrauen, als man dies selbst erlebt und in seiner eigenen Unterrichtspraxis bevorzugt angewendet hat.

Am Anfang der Innovation der schulischen Methodenpraxis steht der Mut eines jeden Lehrers oder einer jeden Lehrerin, wöchentlich mit einer alternativen methodischen Inszenierung Erfahrungen zu sammeln.

Dafür kann man sich vielfältig anregen lassen (s. Fußnote 1, S. 73): Die Methodensammlungen sind mittlerweile zahlreich und auch spezifiziert. So hat Wolfgang Wittwer eine Methodensammlung für betriebliche Ausbilder herausgegeben (Wittwer 2000), Jörg Knoll Kurs- und Seminarmethoden für die Erwachsenenbildung gesammelt (Knoll 1992), Manfred Bönsch mit Astrid Kaiser „Unterrichtsmethoden – kreativ und vielfältig“ (Bönsch/Kaiser 2002) zusammengestellt, Horst Siebert „Methoden für die Bildungsarbeit“ mit Erwachsenen gesammelt (Siebert 2004) und Bernhard Bonz ein Lehrbuch zu den „Methoden der Berufsbildung“ herausgegeben (Bonz 1999). Waldemar Pallasch und Dietmar Zopf haben 1995 unter dem Titel „Methodix“ 250 Übungen für den unterrichtlichen Alltag vorgelegt (Pallasch/Zopf 1995). Schließlich liegen aus dem Umfeld der Kaiserslauterer Pädagogik eine Methodensammlung zum Lebendigen Lernen (Arnold/Schüßler 2005; 2006) sowie eine Sammlung systemischer Methoden vor (Arnold/Njo 2007). Und zu erwähnen sind auch das „Küchenlexikon der Methoden und Sozialformen“ von Erhard Meueler (2001, S. 198ff) sowie die „Munterrichtsmethoden“ von Harald Groß u. a. (Groß u. a. 2006). Nicht alle der in diesen Sammlungen dargestellten Methoden entsprechen in vollem Umfang den Kriterien eines Lebendigen Lernens, doch enthalten sie Anregungen, mit deren Hilfe man im eigenen Unterricht einmal neue Wege ausprobieren kann. Erwähnt wurde bereits die Methodensammlung von Kersten Reich. In seinem Buch „Konstruktivistische Didaktik“ plädiert er u.a. für den Einsatz systemischer Methoden im Unterricht und schreibt:

„Systemische Methoden sollen es ermöglichen, dass sich die Lerner in andere Beobachter hineinversetzen und dabei Selbst- und Fremdbeobachterperspektiven nicht nur auf der kognitiven Ebene, sondern auch durch Hineinversetzen in Emotionen einnehmen; dies kann zu einem offenen Beobachtungsstil führen, der Beobachtungen nicht gleich eng (moralisch) wertet oder fremdes Verhalten ablehnt, sondern im Kontext der Handlungen und Intentionen deutet (= Kriterium eines offenen Beobachtungsstils). Eine solche Offenheit in den Beobachtungen ist die Voraussetzung für kommunikative und metakommunikative Kompetenz, die sich als kommunikativer Stil ausprägen (=Kriterium eines offenen Kommunikationsstils). Auf der Grundlage der bisherigen Lernstile kann ein

Beziehungsstil gefördert werden, der dazu führt, dass jeder Lerner mit beobachtender und kommunikativer Achtung, Wertschätzung und Unterstützung für andere Lerner eintritt, ohne sich selbst verleugnen oder verstellen zu müssen (=Kriterium eines wertschätzenden Beziehungsstils)" (Reich 2006, S. 290).

Nun geht es im Unterricht nicht allein um Beziehungsförderung, sondern zumeist um die Aneignung neuer Kenntnisse und Fähigkeiten. Die Methoden müssen deshalb auch stets daraufhin befragt werden, in welchen Bezug sie den Lerner zum Inhalt und die Lerner untereinander zur sachbezogenen Kooperation (ver)führen können. In diesem Sinne kann man die Methoden eines selbstgesteuerten Lernens (vgl. Arnold/Schüßler 2003; 2006) grob danach bündeln, ob sie mehr die *Darstellung* eines Inhaltes oder Lernanliegens oder das *Handeln* und das *Erfahren* der Lernenden betonen. Oft sind es mehrere Aspekte gleichzeitig, die bei diesen Methoden zum Zuge kommen.

Darstellen, Handeln und Erfahren liegen – so der erste Eindruck – nicht auf derselben logischen Ebene. Darstellen ist typischerweise eine Lehraktivität, während Handeln und Erfahren notwendige Aneignungsaktivitäten der Lernenden sind. Aus diesem Grunde wäre es eigentlich sinnvoller, vom „Sich-darstellen-Lassen" des Inhaltes zu sprechen, um so durchgängig die Methodendimension des Lernens bzw. des Lernenden im Blick zu haben. Andererseits verschränken sich gerade in der Unterrichtsmethode die Lehrer- und die Schülerperspektive: Der Lehrende arrangiert die Inhaltserschließung, während die Lernenden sich durch eigenes Handeln und Erfahren den Gegenstand erschließen. In diesem Sinne spricht z.B. der Wirtschaftspädagoge Frank Achtenhagen von einem „Lernhandeln" (Achtenhagen u.a. 1992) – eine treffende Bezeichnung dafür, dass der Lehrende auch sein methodisches Unterrichtshandeln mehr und mehr in den Dienst des gelingenden Lernens seines Gegenübers (und nicht nur in den Dienst der „Sache") stellen muss – ganz so, wie es Ernst von Glasersfeld in der diesem Kapitel vorangestellten Überlegung fordert.

Diese lernerorientierte Sichtweise ist im Konzept des Lebendigen Lernens gewährleistet. So heißt es im Wörterbuch Erwachsenenbildung:

„Dieser Ansatz 'rüttelt' (...) an der Dominanz des Fachlichen und zeigt auf, dass ein nachhaltiges und lebendiges Lernen nur dann zustande kommen kann, wenn die Lernenden mit ihrer Person und ihren Bedürfnissen am Lernprozess beteiligt werden und eine persönliche Beziehung zum Lerngegenstand herstellen können" (Arnold 2001, S. 185).

Methoden eines lebendigen Lernens integrieren deshalb das Ich, Wir und Es (Cohn u.a. 2001), wobei sich unterschiedliche Methodengruppen unterscheiden, obgleich nicht ganz klar voneinander abgrenzen lassen: Methoden, die den Gegenstand darstellen bzw. sich darstellen lassen, Methoden, mit deren Hilfe Lernende handeln können, und solche, mit denen sie teils tief gehende Erfahrungen sammeln können. Diese Bezüge sind in der folgenden Übersicht dargestellt. Gleichzeitig werden in dieser Übersicht einzelne Methoden aufgeführt, die im Folgenden kurz skizziert werden sollen.

Aspekte der Lebendigkeit **Methoden-Gruppen**	**„Thema“**	**„Ich“**	**„Wir“**
Kommentar zur Verlebendigung	Das Thema wird methodisch so inszeniert, dass es für die Lernenden fasslich wird. Dabei wird das Wissen aktiv; es wandelt sich vom Lehrbuchwissen zu einem Bestandteil der eigenen Kompetenzentwicklung.	Ziel muss es sein, den einzelnen Lerner zu aktivieren, möglichst an seinen Lernprojekten anzusetzen und seine emotionale Befindlichkeit zu berücksichtigen. Im Vordergrund steht das Selbstwirksamkeitserleben.	Lernen muss auch als ein soziales Erleben bzw. als Kooperation erlebt werden. Im Austausch und in gemeinsamer Problemlösung verfestigt sich die Aneignung.
Darstellen (bzw. Sich-darstellen-Lassen)	A. Das Thema wird nicht nur referiert, sondern inszeniert, um Verpersönlichung und Verlebendigung zu gewährleisten.	B. Jeder einzelne Lerner erhält eine aktive Funktion im Prozess zugewiesen bzw. spielt mit seinen Erfahrungen oder Anliegen eine wichtige Rolle	C. Mehrere Lernende kooperieren bei der Erschließung bzw. Erarbeitung eines Themas oder einer Lösung, die z. B. als Input für den Unterricht dient.
	Ausgewählte Beispiele[1]:	– Arbeit mit Texten – Mind-Mapping – Sechs-Sätze-Referat – Graffiti – Plakate erstellen	
Handeln	D. Die thematische Erschließung erfolgt durch konkretes Tun der Lernenden	E. Der Einzelne wir in seinem individuellen Lernprozess gefordert, begleitet und beraten; er muss wesentliche Schritte aber allein tun.	F. Gemeinsames Handeln und Kooperation stehen im Vordergrund.
	Ausgewählte Beispiele:	– Sandwich-Methode – Gruppenpuzzle – Nasa-Spiel – Pro- und Contra-Spiel – Arbeit mit Fotos/ Bildern	
Erfahren	G. Es ist gewährleistet, dass die Thematik auch erlebt bzw. der Kompetenzzuwachs auch erfahren werden kann.	H. Man kann letztlich nur aus Erfahrung(en) lernen, alles deklarative Wissen droht, äußerlich zu bleiben und nicht zur Kompetenz zu reifen.	I. Es geht darum, die Leistungsfähigkeit einer Gruppe in konkreten Lernprozessen zu erfahren.
	Ausgewählte Beispiele:	– Begriffsinterview – Betroffenheitslinie – Innere Landkarte	

Abb. 14: Dimensionen des lebendigen Lernens

[1] Die meisten der ausgewählten Methoden können in Arnold/Schüßler 2006; 2005 sowie in Renoldner u. a. 2007 nachgelesen werden. Außerdem hat Kersten Reich (www.hf.uni-koeln.de) eine Methodensammlung zusammengestellt, die auch online nutzbar ist.

1. Darstellen (bzw. Sich-darstellen-Lassen)

Eine wichtige Funktion von Unterricht ist die Eröffnung eines Zugangs zu neuen Inhalten bzw. zu neuem Wissen. Hierzu muss dieses Neue dargestellt werden bzw. sich darstellen können. In der Vergangenheit lag die Zuständigkeit für diese Darstellung ausschließlich in der Hand des Lehrenden, aus ihr erklärt sich zu einem großen Anteil die Dominanz des Frontalunterrichts. Dieser ist „(...) gekennzeichnet durch die direkte Aktionsform und durch die Blockform, bei der die Lernenden auf die Lehrenden frontal ausgerichtet sind" (Bonz 1999, S. 69). Diese Unterrichtsform erscheint zwar auf den ersten Blick ein zeitökonomisches und straffes Fortschreiten in der Stoffvermittlung zu gewährleisten, doch bleiben oft zahlreiche Lernende auf der Strecke. Ein großer Nachteil des Frontalunterrichts ist nämlich in den eher geringen Rückkopplungen an den Lernfortschritt der unterschiedlichen Lerner sowie in der durch ihn gestärkten rezeptiven Lernhaltung zu sehen: In den Lernenden kann mit der Zeit das Bewusstsein entstehen, dass es auf sie nicht ankommt und es sich nicht eigentlich um ihren Lernprozess handelt, um den es dabei geht.

Gravierender ist jedoch die Kultivierung einer Vermittlungsmentalität bei den Lehrenden. Bei diesen ist häufig eine Haltung beobachtbar, die auf der Einschätzung basiert, Unterricht hätte Wissen zu „vermitteln", weshalb die Lehrpersonen die Dinge darstellen und erklären müssten. Sie sprechen deshalb auch nicht von einer Darstellungs-, sondern von einer Vermittlungsfunktion des Lehrers oder der Lehrerin. Das einzige, was ihnen jedoch tatsächlich gelingen kann, ist die Darstellung des Gegenstandes. Ob und inwieweit sich dieser tatsächlich den Schülerinnen und Schülern vermittelt, ist von ihnen nicht garantierbar. Der Hirnforscher Manfred Spitzer bringt diesen Sachverhalt folgendermaßen auf den Punkt:

„Vermitteln kann man eine Mietwohnung oder vielleicht sogar eine Heirat. 'Stoff' jedenfalls kann man nicht vermitteln! Ebenso wenig wie Hunger. Hunger produziert sich jeder selbst, und Lernen produziert sich auch jeder selbst. Jeder auf seine Weise, und jeder lernt auch auf seine Weise und eben genau dasjenige, was in das Gefüge seiner Synapsengewichte am besten passt.

Es ist wichtig, sich zu vergegenwärtigen, dass bereits die Rede von der Vermittlung – vielleicht sogar von Werten – völlig an der Realität des Lernens vorbei geht. Gehirne bekommen nichts vermittelt. Sie produzieren selbst! Wer hat uns denn das Laufen oder das Sprechen vermittelt? – Niemand als wir selbst!" (Spitzer 2007, S. 417).

Es ist nicht nur realistischer, sondern auch bescheidener, von der unterrichtlichen Darstellungsfunktion der Lehrenden zu sprechen statt von ihrer Vermittlungsfunktion. „Darstellen" ist ein „Absenden"-Begriff, „Vermittlung" hingegen ein „Ankommen"-Begriff. Lehrpersonen können jedoch nur ihre Didaktik des Absendens optimieren, indem sie den Gegenstand darstellen oder sich darstellen lassen, das Ankommen beim bzw. die Aneignung durch den Lernenden bleibt dessen emotional-kognitiver Systemik vorbehalten.

Lehrerinnen und Lehrer müssen bei ihrer Unterrichtsvorbereitung und Unterrichtsplanung vermehrt in Kategorien des „Sich-darstellen-Lassens" des Gegenstandes denken.

Die Methoden des Lebendigen Lernens helfen u. a. die Didaktik des Absendens zu optimieren. Nicht alles, was angeeignet werden soll, muss der Lehrende selbst beitragen. Es ist vielmehr auch möglich, bereits den Zugang zum Neuen durch die Einbeziehung der Lernenden selbst zu entwickeln. Der Lehrende ist somit lediglich derjenige, der hilft, solche Zugänge zu eröffnen und Aneignung zu ermöglichen, wie die folgenden ausgewählten Beispiele zeigen:

Arbeit mit Texten

Beschreibung	Der zu behandelnde Stoff ist in einem Text (Lernmaterial) umfassend dargestellt. Die Lernenden arbeiten den Text allein oder in Partnerarbeit durch, indem sie folgenden Fünfschritt durchlaufen: • den Text überfliegen • Fragen an den Text stellen • den Text gründlich lesen • die Abschnitte in drei bis fünf Sätzen (schriftlich) zusammenfassen • den Gesamttext überblickshaft mit seinen wesentlichen Aussagen darstellen (ggf. eine Visualisierung in einem Strukturbild erstellen)
Darstellen, Handeln, Erfahren	Im Vordergrund steht die Erschließung des im Text sich darstellenden Inhalts, mit dem die Lernenden sich im Rahmen einer formalen Schrittfolge selbsttätig und eigenaktiv auseinander setzen.
Auswertung	Die Auswertung erfolgt entweder durch Beurteilung der entstandenen Zusammenfassungen und Überblicke oder durch Diskussion und Kommentierung ausgewählter Einzel- oder Partnerarbeitsergebnisse. Denkbar ist auch ein Austausch und ein Abgleich der Ergebnisse in kleineren Gruppen oder – in geeigneten Fällen – eine Präsentation im Rahmen eines Informationsmarktes.
Voraussetzungen	Notwendig sind das Vorliegen geeigneter Lernmaterialen sowie eine gewisse Geübtheit der Schülerinnen und Schüler in solchen Formen der selbsttätigen produktiven Einzel- oder Partnerarbeit.

Die Ersetzung der Lehrerinputs durch Selbstlernmaterialien ist ein zentrales Element lebendigen Lernens. Schülerinnen und Schüler können mit ihrer Hilfe üben, selbständig mit verdichteter Information umzugehen und lösen sich dadurch mehr und mehr von den lehrabhängigen Formen des Lernens. Der Lehrende erhält dabei eine andere Funktion: Er ist für die Bereitstellung geeigneter Materialien und ausreichender zeitlicher Möglichkeiten, diese zu bearbeiten, zuständig, außerdem gibt er die formalen Bearbeitungsschritte („Fünfschritt") vor und begleitet das In-Gang-Kommen der Einzel- oder Gruppenarbeit.

Mindmapping

Beschreibung	Schülerinnen und Schüler werden gebeten, um eine zentrale Aussage zu einem Gegenstand herum (meist in der Mitte des Papiers stehend) in einer sich zunehmen verästelnden Form (Hauptäste, Nebenäste) die zentralen Aspekte einer Thematik (aus einem Buch oder einem Lehrvortrag) aufzumalen (allein oder zu zweit). Diese können durchaus auch in grober Form vorgegeben werden (z. B. „Bitte achten Sie auf die wesentlichen Grundbegriffe und die Folgerungen (z. B. für den eigenen Beruf, die Kommunikation, die dabei bedeutsam sind)!" Oder: „Internationale Konflikte haben oft gleichzeitig verschieden Hintergründe und es gibt eine Palette von UN-Maßnahmen der Intervention. Berücksichtigen Sie beide Aspekte in Ihrer Mindmap!").
Darstellen, Handeln, Erfahren	Diese Methode wird durch die Struktur des Gegenstandes bzw. der Fragestellung bestimmt.
Auswertung	Die Auswertung erfolgt durch die Entwicklung einer gemeinsamen Mindmap an der Tafel, in der – nach Prüfung und Diskussion – die unterschiedlichen Haupt- und Nebenverästelungen integriert und ggf. durch die Lehrperson ergänzt werden.
Voraussetzungen	Mindmapping ist eine kreative Methode, die auch zur einführenden Vorbereitung auf einen Gegenstand oder zur Einführung in ein Thema verwendet werden kann. Grundlegende Voraussetzung ist deshalb die Schaffung einer entspannten Atmosphäre (in besonderen Fällen durch Musikunterlegung) und ggf. die Benutzung verschiedenfarbiger Stifte.

Mindmapping ist ursprünglich eine Kreativitätsmethode, mit deren Hilfe möglichst spontan Gedanken zu einer Frage gefunden und geordnet werden können (vgl. Svantesson 1995). Sie ist aber auch in vielfältigen anderen Kontexten sinnvoll nutzbar (z. B. bei der Skizzierung einer Rede oder eines Referats, bei der „Mitschrift" eines Vortrags oder einer Sitzung). Auch in Lehr-Lernprozessen kann die Mindmap vielfältige Funktionen erfüllen, um die Komplexität eines Gegenstandes zu reduzieren und seine Struktur sichtbar werden zu lassen. Selbst die Unterrichtsvorbereitungen der Lehrperson können in der Form einer „Learnmap“ (vgl. Arnold/Schüßler 1998, S. 148ff) skizziert werden, in der die wesentlichen Aspekte der zu behandelnden Sache aufgefächert sind und auch Ideen für die Umsetzung im Lernprozess festgehalten sind.

Einige lebendige Formen, um die Darstellungsfunktion – zumindest in Teilen – durch die Schülerinnen und Schüler selbst wahrnehmen zu lassen, zeigen die folgenden ausgewählten Methoden:

Das Sechs-Sätze-Referat

Beschreibung	Das Sechs-Sätze-Referat folgt dem Grundsatz „Man darf über alles reden, nur nicht über zehn Minuten!“ Der Referent (Lehrperson oder Lernender) verdichtet seine Aussage auf sechs Sätze zum Thema, die er an die Tafel schreibt und frei kommentiert (Erläuterungen, Beispiele etc.). Das Sechs-Satz-Referat kann zur Einleitung in eine Thematik oder als eine Art „Zwischenhalt“ (Meueler 2001, S. 208) dienen: „In ihm sollte nichts dargestellt werden, was die ZuhörerInnen selbst erarbeiten können“ (ebd.). Eine Abwandlung ist das Gruppenreferat: Drei Schülerinnen und Schüler bereiten gemeinsam ein Sechs-Sätze-Referat vor, und jeder präsentiert und kommentiert zwei Sätze.
Darstellen, Handeln, Erfahren	Das Sechs-Sätze-Referat dient der Darstellung und Strukturierung von Sachverhalten. Die Lernenden können gleichzeitig beobachten, wie Kurzvorträge entwickelt und vorgetragen werden. Mit der Zeit sollten die Einstiegs- und Zwischenhalt-Referate von Lernenden vorgetragen werden; die Lehrperson muss dafür entsprechende Vorbereitungsarbeiten verteilen.
Auswertung	Die Auswertung erfolgt entweder durch Diskussion in der Gruppe oder durch eine anschließende Gruppenarbeit, in der z. B. in sechs Arbeitsgruppen vertiefend zu den einzelnen Sätzen gearbeitet wird.
Voraussetzungen	Keine besonderen infrastrukturellen Voraussetzungen. Die Lehrperson muss allerdings rechtzeitig entsprechende Vorbereitungsaufträge definieren und die Referenten auch anfangs bei der Anfertigung der Sechs-Satz-Referate beraten.

Erhard Meueler schreibt zu dieser Methode:

„Das Referat soll aus sechs Sätzen bestehen, die jeweils idealerweise bis zu 14 Wörter, allerhöchstens aber 20 Wörter haben dürfen. Erster Satz: Problemeröffnung – Zweiter Satz: Fragestellung als Fragesatz mit Fragezeichen – Dritter Satz: Erste Antwort auf die Frage – Vierter Satz: Zweite Antwort auf die Frage (kontrovers zur ersten) – Fünfter Satz: Interpretation der beiden Antworten – Sechster Satz: Weiterführende Frage ans Publikum“ (Meueler 2001, S. 220).

Graffiti

Beschreibung	Es werden mehrere Plakate mit unvollendeten Sätzen zu einem Thema aufgehängt. Die Lernenden haben Gelegenheit, auf jedes Plakat ihre persönliche Fortsetzung zu schreiben, ohne dass diese Fortsetzungen vom Lehrenden kommentiert oder kritisiert werden. In weiteren Schritten kann mit den so vervollständigten Plakaten so gearbeitet werden, dass • Im Klassenplenum über diese Ergänzungen diskutiert wird (und auch Ergänzungen und Richtigstellungen durch die Lehrperson einfließen), • die Lernenden die einzelnen Ergänzungen bewerten (mit Klebepunkten oder durch Ankreuzen), • die Lernenden in Arbeitsgruppen zu den einzelnen Plakaten arbeiten und zu dem dort behandelten Themenaspekt eine eigene Visualisierung entwickeln.
Darstellen, Handeln, Erfahren	Bei dieser Methode steht die Darstellungsfunktion im Vordergrund. Gleichzeitig können die Schüler erleben, wie umfangreich das Wissen und die Anregungen, die in einer Gruppe schlummern, im Vergleich zu dem sind, was man alleine beitragen kann.
Auswertung	Die Methode eignet sich zum Einstieg in ein Thema ebenso wie für eine Zusammenfassung oder Evaluierung (um den Kenntnisstand in der Lerngruppe zu ermitteln). Wie beschrieben, erfolgt die Auswertung durch Gruppenbewertung oder Weiterverarbeitung der ergänzten Plakate in Arbeitsgruppen (mit weiterführender klarer Aufgabenstellung).
Voraussetzungen	Man benötigt Flipchart-Papier, Stifte und ggf. Klebepunkte (zur Punktbewertung).

Flipcharts und Plakate erfüllen – ebenso, wie Metaplankärtchen und Stellwände – eine wichtige Funktion in lebendigen Lernprozessen. Diese Vorkehrungen ermöglichen eine „visuelle Kommunikation in lernenden Gruppen“ (Schnelle/ Stoltz 1978). Diese Visualisierung lässt viele Lernbewegungen einer Gruppe sichtbar werden. Durch diese Visibilität wird deutlich, dass alle einen Beitrag zur Gegenstandbearbeitung leisten können, der dokumentiert und besprochen wird. Gleichzeitig werden die gemeinsam entstehenden (Er-)Klärungen geteilt – eine wichtige Dimension eines modernen Wissensmanagements. Schülerinnen und Schüler, die mit lebendigen Methoden gelernt haben, sind somit auch darauf vorbereitet, sich in die Wissensentwicklung, die Wissensteilung und die lebenslange Wissensaneignung in den Kontexten moderner Unternehmen und Lebenswelten einzubringen. Moderne Gesellschaften sind Wissensgesellschaften, in denen die Schaffung von Wissen, der Umgang mit Wissen und die Beteiligung am Wissen eine grundlegende Bedeutung für die Entwicklung des Einzelnen und der Gesellschaft erlangt haben. Lebendiges Lernen ist eine Einübung in diese Wissensgesellschaft.

Plakat erstellen

Beschreibung	Die neuen Inhalte werden arbeitsteilig zusammengestellt, indem verschiedene Arbeitsgruppen sich um Teilaspekte der Thematik kümmern, diese aus Texten erschließen und ein Plakat anfertigen, in dem sie diesen Teilaspekt erklären (Definition, Begriffe, Struktur, Beispiele etc.). Es sollten nicht mehr als fünf solcher Plakate entwickelt werden; auch die Lehrperson kann sich eines Aspektes annehmen und ein Plakat schreiben.
Darstellen, Handeln, Erfahren	Plakate können in fast allen Unterrichtssituationen herkömmliche frontalunterrichtliche Darstellungen ersetzen. Zudem handeln Lernende gemeinsam und erfahren, wie erfolgreich arbeitsteilig kooperiert und kommuniziert wird.
Auswertung	Man kann mit den Plakaten einen Informationsmarkt veranstalten und dabei z. B. jeden Lerner (oder jeweils eine andere Gruppe) auffordern, ein oder zwei Nachfragen an die einzelnen Plakate zu stellen. Diese werden gesammelt und z. B. von einer wiederum anderen Gruppe beantwortet werden, wodurch z. B. ein neues bzw. weiteres Plakat je Gruppe entsteht.
Voraussetzungen	Flipchart-Blöcke (DIN A1) sowie bunte Filzschreiber und eventuell Stellwände zum Befestigen der Plakate. Im Idealfall sollte es möglich sein, die Plakate zu fotografieren und diese Fotos den Schülerinnen und Schülern zu überlassen.

Der Einsatz der Plakat-Methode erfordert etwas Routine und kostet anfangs mehr Zeit (wenigstens eine Doppelstunde), weshalb Lehrerinnen und Lehrer oft meinen, dieses Zeitargument alleine verdeutliche bereits, dass diese Methode für schulisches Lernen ungeeignet sei. Dies ist jedoch nicht so. Wie die Erfahrungen zeigen, entwickeln Schülerinnen und Schüler rasch Routinen in der Handhabung dieser neuen Methode und gehen mit ihr nach einiger Zeit wie selbstverständlich um. Dann ergeben sich viele weitere Möglichkeiten, diese Methode in den Unterricht einzubauen. So kann man z. B. Plakate auch als Hausaufgabe von Gruppen vorbereiten lassen, so dass die Unterrichtszeit selbst in vollem Umfang für die Auswertung zur Verfügung steht. Das stärkste Argument für ein Experimentieren mit der Plakat-Methode ist jedoch die Ineffektivität einer überwiegend frontalunterrichtlichen Präsentation. Indem Schülerinnen und Schüler mit dem Inhalt lesend, diskutierend, auswählend und malend umgehen, sind sie aktiver „bei der Sache“. Dies ist übrigens das zentrale Argument für den verstärkten Einsatz lebendiger Lernmethoden

2. Handeln

Lebendige Lernmethoden sind dadurch gekennzeichnet, dass in ihnen grundsätzlich von den Lernenden gehandelt wird. Handeln wird dabei nicht nur als Aktivierung verstanden. „Gehandelt“ in einem lernpsychologisch entscheidenden Sinne wird vielmehr nur dann, wenn die Lernenden eine substanzielle Rolle bei der Entwicklung, Klärung, Strukturierung und Darstellung eines Gegenstandes übernehmen. Im Idealfall durchlaufen sie dabei die Schritte einer Problemlösung, indem sie zunächst selbst das Problem definieren, Lösungsschritte planen und durchführen, um schließlich selbst zu überprüfen, ob und inwieweit die Problemlösung tatsächlich erfolgreich gelungen ist.

Dieser komplette Handlungszyklus kann im alltäglichen Unterricht allerdings nur selten vollständig vom Lernenden durchschritten werden, obgleich z. B. auch der Projektunterricht genau dies in den Vordergrund rückt (vgl. Emer/Lenzen 2002): In einem nachhaltigen und zukunftsbedeutsamen Sinne wird nach der dabei zugrunde liegenden Überlegung überhaupt nur dann gelernt, wenn Unterricht immer und immer wieder in selbständige Problemlösungen einübt und diese trainiert. Das additives Wissen und Merkposten anhäufende Lernen ist dabei eher hinderlich, da es wertvolle Lernzeiten für flüchtige und wenig kompetenzwirksame Lernaktivitäten vergeudet – so das Plädoyer für den grundsätzlichen Vorrang der Handlungsorientierung bei allen Lernaktivitäten. Diese Lernaktivitäten mögen prüfungsbedingt für unumgehbar gehalten werden, schwebt doch über allem das Damoklesschwert der Abschlussprüfung; eine wirkliche Vorbereitung auf die Prüfungen des Lebens sind sie nicht.

Ziel allen schulischen Lernens ist die Ausbildung einer Handlungskompetenz bei den Schülerinnen und Schülern. Diese kann allerdings nur wachsen, wenn der Unterricht sie zum Handeln animiert, ihr Handeln stimuliert und sie handeln „lässt“.

Die folgenden Methoden weisen dem Schüler und der Schülerin eine substantiellere Rolle (im Sinne einer umfassenderen Handlungsbeteiligung) bei der Erschließung sowie der Erarbeitung, Bearbeitung und Strukturierung des Unterrichtsgegenstandes zu.

Sandwich-Methode

Beschreibung	Diese Methode besteht aus drei Teilen wie ein Sandwich: dem Unterteil, der Auflage (z. B. Schinken) und dem Oberteil. Der Prozess beginnt mit einer einleitenden max. 15-minütigen Gesprächsrunde zum Thema. Diese Gesprächsrunde besteht aus zwei Schritten: Zunächst werden Vorwissen, Voreinstellungen, bereits aufkommende Fragestellungen an das Thema sowie auch praktische Folgerungen zusammengetragen und an einer Tafel oder Präsentationswand dokumentiert. In einer anschließenden ersten Gruppenarbeitsphase wird in Gruppen arbeitsteilig an unterschiedlichen (oder auch denselben) Fragestellungen gearbeitet. Die Gruppen entwickeln Antworten zu ihren Fragen. Es folgt ein strukturierendes Referat durch einen Schüler oder eine Schülerin oder den Lehrenden selbst. Dabei ist wichtig, dass dieses Referat klar strukturiert ist, nicht länger als 10–15 Minuten dauert und in einem seiner Gliederungspunkte auch zu den Fragestellungen, die vorab aufgelistet wurden, Stellung nimmt. Danach treten die Gruppen erneut zusammen und vergleichen ihre bisherigen Ausarbeitungen mit den erhaltenen Informationen, verändern ihre Antworten oder entwickeln diese weiter (15 Min.).
Darstellen, Handeln, Erfahren	Bei dieser Methode liegt der Hauptakzent auf der handelnden Erarbeitung eines Inhalts. Dabei wird zugleich kooperativ gehandelt und die Lernenden können wichtige soziale und kommunikative Erfahrungen sammeln.
Auswertung	Die Auswertung bzw. Korrektur der Gruppenergebnisse erfolgt in den Arbeitsgruppen selbst. Man kann jedoch auch noch im Klassenplenum eine eigene Auswertungsphase vorsehen, in der die Ergebnisse dargestellt, nochmals überprüft und ggf. korrigiert werden können.
Voraussetzungen	Keine eigene Lerninfrastruktur erforderlich. Die Klasse sollte über Erfahrungen in arbeitsteiliger und produktorientierter Kooperation verfügen.

Auch die nachfolgenden Methoden sind durch eine kreative Integration verschiedener Beobachterpositionen gekennzeichnet. Dadurch wird die Perspektivität der Wahrnehmung für die Lernenden erlebbar – ein wichtiger Schritt im Zusammenhang mit der Herausbildung einer systemischen Haltung. Die arbeitsteilige Beschäftigung mit Teilen oder Aspekten des Themas wird durch das Arrangement der Gruppenzusammensetzung gewährleistet. Der Inhalt wird dabei letztlich in seiner Gesamtheit durch die handelnde Auseinandersetzung der Lernenden mit dem Gegenstand erschlossen. Die Gesamtheit des Inhaltlichen stellt sich dadurch her, dass die die Repräsentanten die Aspekte zusammenführen. Dabei wird deutlich, dass der Prozessverantwortliche (meist die Lehrperson) bei der Verwendung lebendiger Lernmethoden eine zentrale Verantwortung formaler Art hat: Er ist es, der auf das angemessene Arrangement des methodischen Settings zu achten hat.

Gruppenpuzzle

Beschreibung	Schülerinnen und Schüler erarbeiten in 4–5 Gruppen unterschiedliche Teile oder Aspekte eines Inhaltes (z. B. eines Textes). Sie stellen ihre Ergebnisse in einem Thesenpapier auf einer Seite zusammen. Dann werden 4–5 neue Gruppen so zusammengestellt, dass in jeder Gruppe je ein Vertreter aus den vorherigen Gruppen ist, damit der gesamte Gegenstand in jeder Gruppe mit allen seinen Teilen durch einen Vertreter repräsentiert ist. Mit Hilfe der Thesenpapiere informieren sich nun die neuen Gruppenmitglieder über die unterschiedlichen Teilaspekte des Themas und ermöglichen sich somit gegenseitig einen Zugang zur Gesamtthematik. Auf der Basis dieser „Wissensteilung“ kann nun von den Gruppen oder in Einzelarbeit ein Arbeitsauftrag des Lehrers bearbeitet werden.
Darstellen, Handeln, Erfahren	Auch diese Methode dient zunächst der didaktisch lebendigeren Organisation der Darstellung des Inhalts. Zugleich handeln die Lernenden dabei kooperativ und sammeln zudem die Erfahrung der Wissensteilung und des Voneinanderlernen-Könnens.
Auswertung	Eine eigene Auswertungsphase ist nicht erforderlich. Die Lernenden dokumentieren bereits mit ihren Thesenpapieren ihren Lernfortschritt, und bei der Bearbeitung der Arbeitsaufträge zeigt sich, an welchen Stellen noch nachgebessert, ergänzt oder korrigiert werden muss.
Voraussetzungen	Diese Methode ist nur einsetzbar, wenn es sich um einen Inhalt handelt, der auch tatsächlich in Teilen erschlossen und zusammengefügt werden kann (z. B. ein Text). Ungeeignet ist die Methode bei einem in seinen Elementen sachlogisch aufeinander aufbauenden Inhalt.

Nasa-Spiel

Beschreibung	Eine bestimmte Ausarbeitung, Reflexion oder Vertiefung erfolgt über folgende Schrittfolge: • Vorgabe einer Lernfrage • Die Lernenden machen „Selbstaufschreibungen“ (Meueler 2001, S. 214) zur Frage (=spontane Notizen) oder fertigen eine Mindmap. • Nach 10 Minuten tauschen sie in Zweier-Teams ihre Notizen aus, fragen nach, diskutieren usw. • Nach weiteren zehn Minuten bilden Sie Vierer-Teams, in denen jeder den anderen seine zentralen Ergebnisse mitteilt; diese fragen nach, ergänzen, kommentieren. • Dann bilden sich Achtergruppen ...
Darstellen, Handeln, Erfahren	Im Vordergrund dieser Methode stehen die Aktivität und das soziale Handeln der Lernenden. Diese müssen sich nicht nur stets neu organisieren, sie müssen sich auch immer wieder auf neue soziale Konstellationen beziehen. Jeder ist für den Erfolg des Gesamten mitverantwortlich. Es gilt der Grundsatz: „Man darf nicht nicht nachfragen!“
Auswertung	Am Ende kann ein Berichterstatter über die letzten Verdichtungsergebnisse (z. B. in der Achtergruppe) vor dem Plenum berichten. Die Lehrperson kommentiert, korrigiert und ergänzt die Ergebnisse.
Voraussetzungen	Es sind eine gewisse soziale Disziplin und Kooperationsroutine bei den Lernenden erforderlich.

Pro- und Contra-Spiel

Beschreibung	Die Gesamtgruppe (Klasse) wird in zwei gleich große Gruppen aufgeteilt. Die eine Gruppe erhält den Auftrag, Argumente für eine Behauptung (aus einem Text, zu einem Sachverhalt) zu sammeln, die andere Gruppe soll sich auf die Sammlung von Gegenargumenten konzentrieren. Dann tauschen beide Gruppen ihre Pro- und Kontraargumentationen aus. Nach einer Weile tauschen die Gruppen ihre Positionen und jede sucht nun neue Argumente für die ursprünglich gegnerische Position, die sie dann wie oben in einer Pro- und Contra-Debatte vortragen. Im Anschluss findet eine Gesamtdiskussion im Plenum statt, in der die ausgetauschten Argumente nochmals gesichtet und bewertet werden.
Darstellen, Handeln, Erfahren	Im Vordergrund steht die Darstellung (und Begründung) einer Position. Gleichzeitig haben die Lernenden Gelegenheit, sozial zu handeln und Erfahrungen im Umgang mit Unterschiedlichkeiten zu üben.
Auswertung	Die Auswertung erfolgt – wie beschrieben – im Plenum. Hierbei kann der Lehrende eine wichtige Moderationsfunktion übernehmen und darauf achten, dass die Argumente gesammelt, gesichtet und beurteilt werden.
Voraussetzungen	Nur bei Themen geeignet, die eine kontroverse Beurteilung zulassen. Dies ist allerdings häufiger der Fall, als man meint. So kann z.B. in einer technischen Fachkundestunde eine Pro-und-Contra-Debatte zum Nutzen einer technologischen Neuerung zwischen einem Ingenieur und einem „Mann von der Straße“ arrangiert werden. Bei größeren Gruppen ist es sinnvoll, zwei überschaubare Pro- und Contragruppen zu bilden und den Rest der Schülerinnen und Schüler zu zwei bis drei „Reflecting Teams“ mit einer möglichst konkreten Aufgabenstellung zu bündeln.

Arbeit mit Fotos/Bildern

Beschreibung	Den Lernenden werden geeignete Fotos als Einstiegshilfe für ein themenzentriertes Gespräch gegeben. Dabei lassen sich vier Varianten unterscheiden (nach: Knoll 1992, S. 153f): • Bilder auswählen: „Bitte suchen Sie das Bild aus, das Sie am meisten anspricht oder das ausdrückt, was Ihnen am meisten unter den Nägeln brennt!“ • Sich zu vorgegebenen Bilder äußern: „Was löst das Bild in Ihnen aus?“ • Zu Bildern Geschichten erfinden: „Wie ist es zu der Situation auf dem Bild gekommen?“ • Comics erfinden: „Versetzen Sie sich in die Personen hinein! Was sagen sie zueinander? Wie geht der Dialog weiter?
Darstellen, Handeln, Erfahren	Die Lernenden werden in die Verlebendigung des Gegenstandes einbezogen. Sie handeln sozial, indem Sie sich in die möglichen Perspektiven von anderen Menschen in gegebenen Situationen einfühlen.
Auswertung	In Zweier- oder Vierergruppen werden die Bilder vorgestellt und die zu ihnen gefertigten Einfälle, Imaginationen sowie Fragen an den Gegenstand berichtet. Die Gruppen haben die Lernfrage zu klären: „Welche offenen Fragen ergeben sich aus unseren Überlegungen?“
Voraussetzungen	Keine

3. Erfahren

Handeln und Erfahren sind schwer voneinander zu trennen. Kennzeichnend für das erfahrungs-orientierte Lernen ist die Zweitrangigkeit des Inhaltlichen. Es kommt bei diesen Methoden nicht in erster Linie darauf an, einen Zugang zu Inhalten zu entwickeln. Der entscheidende Effekt ist vielmehr der des ganzheitlichen Erfahrens der eigenen Person im Kontext mit anderen und im möglichen Bezug auf eine Thematik. In diesem Sinne lassen sich auch schulische Lernprozesse als „kompetenzfördernde Handlungs- und Erfahrungsprozesse“ (Krüger/ Lersch 1993, S. 157ff) verstehen und entsprechend gestalten – ein Unterfangen, für das es u.a. aus dem Bereich des Projektunterrichts vielfältige Anregungen gibt (vgl. Emer/Lenzen 2002). Um die Bedeutung der Erfahrungsdimension für die Entwicklung und die Stärkung der Ich-Kräfte zu unterstreichen, plädiert Verena Kast für ein „beid-äugiges Sehen“ (Kast 2008, S. 99) und stellt fest: „Für die Regulierung des Selbstwertes wichtig ist es auch, den Blick auf die Wünsche der Menschen, auf ihr Streben, zu richten“ (ebd.).

Erfahrungsorientiertes Lernen ist emotionales Lernen. Es ist ein Lernen in Kontexten, die neue und bisweilen auch überraschende Erlebnisse bereithalten.

So spüren sich Schülerinnen und Schüler in einer unmittelbareren Form, wenn ihnen gemeinsam etwas gelingt.

Die folgenden Methoden leben von dieser Gleichzeitigkeit von emotionaler Erfahrung und sachlicher Auseinandersetzung:

Begriffsinterview

Beschreibung	Zu einem neuen Thema werden zentrale Begriffe auf Kärtchen geschrieben und unter den Lernenden verteilt. Diese verteilen sich im Raum. Jeder geht nun mit seinem Kärtchen nacheinander zu drei anderen Teilnehmenden und interviewt diese zu seinem Begriff und fertigt Notizen an (auch die Lehrperson kann dabei interviewt werden). Danach präsentiert jeder die Erläuterungen zu „seinem" Begriff, wobei der Lehrer oder die Lehrerin ergänzend oder korrigierend dazu Stellung nimmt.
Darstellen, Handeln, Erfahren	Entscheidend ist die Erfahrung, „wie viel an Wissen über ein an sich fremdes Thema in kurzer Zeit zusammengetragen wird, wie viel 'schlafendes Wissen' durch diese Übung aufgerufen wird" (Renoldner u. a. 2007, S. 116).
Auswertung	Die Auswertung ist in mehreren Varianten bzw. Intensitätsstufen möglich: • durch Diskussion im Plenum sowie Ergänzung und Korrektur durch die Lehrperson, wobei diese auch zunächst die Kärtchen sammeln und clustern kann (= zusammengehörige Begriffe zusammenfassen, indem alle zugehörigen Kärtchen eng beieinander angepinnt und so zu einem Bedeutungshof gebündelt werden), um dann zu den Clustern Stellung nehmen zu können, • durch die erneute Neuverteilung der Kärtchen, die dann in Partnerinterviews einander „erläutert" werden, • durch Bildung von Arbeitsgruppen, die mehrere Begriffe in ihrem Zusammenhang bzw. Wechselbezug („Wie hängen diese Begriffe zusammen?") darstellen. • im Rahmen einer spontanen Aufstellung: Die Teilnehmenden fragen in ihren Interviews: „Was hältst du davon? Warum ist das wichtig?" Danach suchen sich alle eine Position im Raum und sagen der Reihe nach: „Ich bin … und ich bin wichtig, weil … Mir ist ganz wichtig, dass … Wenn du das sagst, dann stell ich mich nahe zu dir, denn …" (ebd.).
Voraussetzungen	Man benötigt Metaplankärtchen und gegebenenfalls Stellwände (um die Bündelungen der Kärtchen herzustellen). Erforderlich ist eine gewisse Erfahrung des Moderators mit der Bündelung und Zusammenfassung von Kärtchen.

Betroffenheitslinie

Beschreibung	Zunächst wird das neue Thema kurz dargestellt („Worum geht es?" – „Worauf kommt es an?"). Dann stellen sich die Lernenden entlang einer „Betroffenheitslinie" auf, deren Pole durch die Feststellungen „Ich bin zutiefst betroffen und interessiert!" am einen Ende und durch die Feststellung „Interessiert mich überhaupt nicht" am anderen Ende definiert sind (Renoldner u. a. 2007, S. 117). In einem zweiten Schritt werden die Einzelnen (teils exemplarisch, wenn sich Gruppen herausbilden) befragt: „Was bringt dich dazu, dich als besonders stark betroffen zu positionieren?" oder „Was bewegt dich dazu, dich als fast gar nicht betroffen zu zeigen?" Die wenig Interessierten können gefragt werden: „Was müsste in diesem Zusammenhang thematisiert werden, damit das Thema für dich interessant wird?" (ebd.)
Darstellen, Handeln, Erfahren	Bei dieser Methode geht es um die Betroffenheitsdimension des Lernens. Die Lernenden positionieren sich emotional zur Thematik und erfahren, dass diese Positionierung ernst genommen und aufgegriffen wird. Sie erleben zudem die Begründungen der anderen und setzen sich mit diesen auseinander.
Auswertung	Die Artikulationen der Teilnehmenden können genutzt werden, um die Behandlung der Thematik um die Anregungen der wenig Interessierten anzureichern und diese so zu motivieren. Eine andere Variante ist die, dass man in Paaren oder Gruppen, in denen extreme Gegensätze sich austauschen können, einen Vorschlag entwickeln lässt, wie das Thema aufgegriffen und bearbeitet werden sollte.
Voraussetzungen	Diese Methode ist besonders in weichen Themenbereichen geeignet, in denen es nicht in erster Linie um die Aneignung spezifischer Fachkompetenzen geht und eine curriculare Offenheit und Flexibilität eigene Akzentsetzungen und Ausgestaltung ermöglicht.

Das Emotionale ist eine in ihrer Bedeutung oft übersehene Dimension von Lernprozessen (vgl. Arnold 2008). Dies ist erstaunlich, kann man doch davon ausgehen, dass Distanz und Langeweile bei Schülerinnen und Schülern zum größten Teil in der versäumten emotionalen Bindung der Lernenden an das Thema begründet ist. Ohne diese „Betroffenheit" bleibt jeder Lernprozess ein vordergründiges Unterfangen. Nicht selten leisten Schülerinnen und Schüler dann einen inneren Widerstand gegen die Behandlung des sie nicht berührenden Themas – eine Haltung, welche von Lehrern und Lehrerinnen dann oft als Langeweile, Unmotiviertheit etc. abgetan wird. Demgegenüber sollten Lehrerinnen und Lehrer viel häufiger den Weg über die Betroffenheit ihrer Schülerinnen und Schüler wählen. Diese muss entdeckt werden. Sie ist immer da, es kommt bloß auf den Zugang an. Dieser kann bei nahezu allen Themen gefunden werden. So schildert die Lehrerin Angelika Beck am Beispiel des von vielen Schülerinnen und Schülern als „langweilig" empfundenen Stoffes „Effi Briest", wie eine Betroffenheit durch das Thema angebahnt werden kann. Sie wählte u. a. das Thema „Promiskuität" als Ausgangspunkt, und forderte die Schülerinnen und Schüler auf, Reden vorzubereiten, wobei sie Themen vorgab wie: „Ist Treue möglich bzw. wünschenswert?", „Was ich nicht weiß, macht mich nicht heiß ...", „Carpe diem – wie viele sexuelle Freiheit braucht der Mensch?", „Was du nicht willst, das man dir tu, das füg auch keinem andern zu!" (Beck 2005, S. 23). Sie fragt:

„Wie wäre es, wenn die Information, dass das Buch kaum gelesen wurde, so interpretiert würde: 'Die Schüler haben gute Gründe, Effi Briest nicht zu lesen bzw. weiterzulesen bzw. ganz zu lesen.' Ich disponiere um und entschließe mich, diese Rückmeldung als Ausgangspunkt für einen gemeinsamen Lernprozess zu nutzen. Ich frage nach den guten Gründen" (ebd., S. 24f).

Die Betroffenheitsdimension wird auch in folgender Methode zum Ausgangspunkt der Lernbewegung genommen:

Innere Landkarte

Beschreibung	Als Einstieg in ein neues Thema wird bewusst ein Zugang über die Emotionalität der Lernenden gesucht. Deshalb werden diese aufgefordert, eine eigene „innere Landkarte" zu dem neuen Thema zu entwerfen: „Das kann eine Collage sein, ein Bild oder eine Skulptur. Wichtig dabei ist, dass sowohl bildliche als auch sprachliche Bestandteile (Assoziationen) vorkommen" (Renoldner u. a. 2007, S. 122). Weitere Varianten sind: Jeder Teilnehmer sucht sich ein Foto (aus Illustrierten etc.), einen Gegenstand oder einen Impulssatz (ein Motto). In Dreiergruppen werden die Symbolisierungen verglichen, erläutert und besprochen.
Darstellen, Handeln, Erfahren	Bei dieser Methode steht die persönliche emotionale Beziehung zu einem Thema im Vordergrund. Es geht darum, diesen persönlichen Fokus zu identifizieren und zum Ausdruck zu bringen. Lernende erfahren so, dass Lerninhalte für sie nicht abstrakt bleiben müssen, sondern etwas Lebendiges sein können.
Auswertung	Die Symbolisierungen können in Kleingruppen verglichen und besprochen werden. Jeder Lernende kann auch aufgefordert werden, den Satz zu vervollständigen: „Weil ich eine ... gewählt habe, erwarte ich von der Auseinandersetzung mit dem Thema ..." Im Plenum können dann die Gemeinsamkeiten und Unterschiede zusammengetragen werden.
Voraussetzungen	Man benötigt in ausreichendem Maße Illustrationsmaterial (alte Illustrierte) oder die Bereitschaft, entsprechende Symbolisierungen von zu Hause mitzubringen.

Die folgende Methode mobilisiert stärker die Intuition und Kreativität der Lernenden:

Metapher-Meditation

Beschreibung	Ein vorgegebener Begriff wird durch bildhafte Vergleiche umschrieben (Beispiel: „Ein Konflikt ist wie ein Gewitter, das die Luft reinigt"). Die bildhaften Umschreibungen „sollen möglichst nicht 'konstruiert', sondern aus dem spontanen Einfall heraus geäußert werden" (Knoll 1992, S. 161). Die Lehrperson fordert zur Meditation über den anstehenden Begriff auf und notiert dabei z. B. den Satzanfang „Demokratie ist wie ...". Die Teilnehmenden sprechen ihre Bilder in die Stille hinein. Sie werden von der Lehrperson mitgeschrieben.
Darstellen, Handeln, Erfahren	Bei dieser Methode steht das Erfahren der Kraft von Bildern im Vordergrund. Diese können letztlich auch zu wichtigen Ankern für das Erinnern von Gelerntem dienen.
Auswertung	Im Anschluss an die Metapher-Meditation kann ein Auswertungsgespräch zu den Fragen stehen: „Was machen unsere Einfälle uns deutlich? Was hat sich uns durch unsere Einfälle eröffnet?" (ebd., S. 162).
Voraussetzungen	Für die Metapher-Meditation sind ein dichtes Kooperationsklima sowie eine absolute Ruhe im Raum erforderlich. Denkbar ist auch die Unterlegung der Meditationsarbeit mit leiser Musik.

Auch Texte können zu uns sprechen, wie folgende Methode zeigt. Durch Identifikation und Verpersönlichung werden tote Texte gewissermaßen zum Leben erweckt; Textarbeit wird so lebendig.

Literatur nimmt Gestalt an

Beschreibung	Die Schülerinnen und Schüler haben einen Aufsatz als Hausaufgabe gelesen und sich Notizen angefertigt. Die Klasse wird in zwei Gruppen unterteilt. Die eine Gruppe erhält den Auftrag, sich so mit dem Autor zu identifizieren, dass sie in der Lage sind, den Autor zu verlebendigen. Die andere Gruppe soll sich mit den Kritikern dieses Aufsatzes identifizieren.
Darstellen, Handeln, Erfahren	Hier wird das Darzustellende in einer Weise lebendig, dass die Lernenden vielfältige Erfahrungen sammeln können („Wie verhalte ich mich in einem Streitgespräch?“ Oder: „Worauf kommt es an?“).
Auswertung	Danach setzen sich beide Gruppen in zwei Linien einander gegenüber, und es beginnt ein Streitgespräch „zwischen dem kollektiven Autor und seinen Kritikern“, wie Erhard Meueler die Situation beschreibt: „Die Vorstellungskraft aller Beteiligten wird mobilisiert. Es entwickelt sich eine kritische und schöpferische Auseinandersetzung mit dem Aufsatz“ (Meueler o. J., S. 77).
Voraussetzungen	Voraussetzung ist, dass ein Aufsatz zu einem polarisierenden Thema gewählt wird, der zur Identifikation ebenso wie zur Kritik einlädt.

Übung: „Ich entdecke eine lebendige Methode!“

Entdecken Sie für sich eine „neue“ Methode, die nach den in diesem Text entwickelten Kriterien „lebendig“ ist, oder greifen sie auf eine Erfahrung aus Ihrer eigenen Unterrichtspraxis zurück. Schildern Sie diese Methode, indem Sie sie nach folgendem Raster auf max. einer DIN A-4-Seite skizzieren (so wie die Methodenbeschreibungen in diesem Text):

- Beschreibung
- Darstellen, Handeln, Erfahren
- Auswertung
- Voraussetzungen

Fügen Sie noch die Rubrik „Umsetzungserfahrungen“ hinzu, in der Sie kurz beschreiben, wie sie diese Methode eingesetzt haben und welche positiven oder begrenzenden Erfahrungen Sie dabei gesammelt haben.

Kommunikation und Unterricht

„Kommunikation heißt, es mit mehr Möglichkeiten zu tun zu haben, als man bewältigen kann, und es von überraschenden Seiten her mit Einschränkungen zu tun zu bekommen“ (Baecker 2007, S. 8).

Jedes Verhalten ist Teil eines kommunikativen Prozesses. Dieser kommunikative Prozess ist allerdings stets im Gange und beginnt nicht erst, wenn wir hinzutreten. Schülerinnen und Schüler kommen aus Elternhäusern und Milieus, in denen miteinander kommuniziert wird. Diese Jugendlichen treten in den schulischen Erfahrungsraum ein und begegnen dort den schon immer typischen Formen des Miteinander-Redens („Unterrichtsgespräch“) als vorhandene – gewissermaßen vorgefertigte – Routinen, in die sie sich „einfädeln“ müssen. Und auch den Lehrerinnen und Lehrern begegnet Schule als eine bereits im Gang befindliche Kommunikation, in die sie hineinsozialisiert wurden und an deren Fortdauern sie sich mit ihrem eigenen kommunikativen Handeln beteiligen.

Die Kommunikation „gehört“ den Lehrerinnen und Lehrern nur sehr eingeschränkt, denn sie ist nicht bloßer Ausdruck eigener Mitteilungsbedürfnisse und auch keine Form der Übermittlung von Informationen, und ebenso wenig ist die Erreichung eines Konsenses ihr vornehmlicher Zweck. Über die Kommunikation sind wir miteinander verbunden: Durch Kommunikation entstehen Gemeinschaft und Gesellschaft, in denen um gemeinsame Sinnzuschreibungen in einer Weise gerungen wird, als sei ein wirklicher Konsens erreichbar. Doch dieser kann nicht erreicht werden, da dann die Kommunikation zum Erliegen käme und das soziale System sein Bindemittel verlieren würde – so die scharfsinnige Analyse von Niklas Luhmann. Seine Arbeiten haben uns deutlich vor Augen geführt, dass das kommunikative Ringen um Konsens das konstitutive Merkmal von Gesellschaft ist, nicht der Konsens selbst (vgl. Luhmann 2002, S. 288ff).

Kommunikation ist der Stoff, aus dem soziale Systeme bestehen. Indem wir uns in die etablierten Kommunikationsweisen einfädeln, werden wir zu Mitgliedern eines Systems und nehmen an dessen kontinuierlichem Bemühen um Sinnklärung und Sinnfortschreibung teil.

Für Systemiker bedeutet dies, dass für sie die Kommunikation das ist, was es zu fördern und zu erhalten gilt, nicht das Rechthaben und Bescheidwissen in der Kommunikation selbst. Sie wissen um die Begrenztheit ihrer eigenen Deutungen und sind deshalb weniger darum bemüht, Ratschläge zu geben als vielmehr Selbstklärungsprozesse („Suchbewegungen“) zu initiieren.

Pädagogisches Handeln ist kommunikatives Handeln. Lehrerinnen und Lehrer bringen ihren Unterricht und ihre erzieherischen Interventionen kommunikativ dar: Sie erklären, gehen auf Fragen ein, ermahnen, antworten, geben Anweisungen usw. und bewegen sich dabei in einem komplexen Kommunikationszusammenhang. Sie kommunizieren nicht nur im Dialog mit einzelnen Schülerinnen und Schülern, sondern oft multilogisch mit ganzen Gruppen. Dabei charakterisiert das sogenannte Unterrichtsgespräch die vorherrschende Kommunikationsform, wobei es sich bei diesem – zumindest phasenweise – oft mehr um einen Monolog als um einen Dia- oder Multilog handelt.

Die kommunikative Kompetenz ist für Lehrerinnen und Lehrern eine professionelle Kernkompetenz. Dies bedeutet, dass sie über die Merkmale sowie die gewollten und ungewollten Nebenwirkungen ihrer eigenen bevorzugten Kommunikationsweisen Bescheid wissen müssen. Sie können nicht einfach so kommunizieren, „wie ihnen der Schnabel gewachsen ist", sondern müssen ständig darum bemüht sein, mit dem Gegenüber hilfreich und entwicklungsförderlich zu kommunizieren. Für sie ist es wichtig zu verstehen, dass es ihre Kommunikationsweise ist, durch welche sie Beziehungen aufbauen und gestalten, und es ist der Austausch des Lernenden mit der Lehrperson sowie die Kommunikation in den Lerngruppen, in denen Selbstwirksamkeit erlebt und Persönlichkeit gestärkt (oder geschwächt) werden.

1. Kommunikationsmodelle

Unter „Kommunikation" verstehen wir den Austausch von Worten und Handlungen zwischen zwei oder mehr Menschen – also die Interaktion zwischen Individuen. Für Lernen und Bildung ist Kommunikation das zentrale Medium, in welchem sich das Selbst des Menschen konstituiert und formt. Hierauf hat besonders die Kommunikative Pädagogik der 1970er Jahre hingewiesen. So lesen wir bei Klaus Schaller:

„Das Selbst (...) ist nichts anderes als der Prozess einmaliger und einzigartiger Teilnahe eines einzelnen Menschen in seiner natürlichen und gesellschaftlichen Ausgangslage am kommunikativen Prozess fortgesetzter Aufklärung über die 'Lage der Dinge', in dem stets Neues ans Licht gebracht und ins Werk gesetzt wird" (Schaller 1978, S. 104).

Erstaunlicherweise setzten die gängigen Kommunikationsmodelle jedoch lange Zeit auf die Erklärung der Kommunikation durch einen gedanklichen Ansatz, der mit dem Bild einer Einbahnstraße zu beschreiben ist. Diesen Modellen folgend hat alleine der Sender einer Botschaft die Verantwortung für das Gesagte und für die Frage, inwiefern seine Botschaft so beim Gegenüber ankommt, wie er sie gemeint hat. Folgt man diesen Modellen, so müsste Kommunikation recht einfach sein. Doch nicht nur im Schulalltag beobachten wir oft das genaue Gegenteil: Wir alle haben reiche Erfahrung darin, dass es unmöglich ist, eine Nachricht genau so dem Empfänger zu vermitteln, wie sie auch gemeint war. Und wir reagieren dann mit Aussagen wie „Du hast nicht richtig zugehört!" oder „Da hast Du mich nicht richtig verstanden!" Offenbar erwarten wir vom Gegenüber, dass er das, was wir ihm sagen (wollen), auch so versteht, wie wir es beabsichtigt haben. Möchte der Sender aber durch bestimmte Botschaften das Verhalten des Empfängers beeinflussen, ist die Wahrnehmung durch den Empfänger das eigentliche Kriterium für den Wert der Kommunikation.

Der Wert einer Kommunikation bestimmt sich immer vom Empfänger her.

Der Grundvorgang der zwischenmenschlichen Kommunikation ist im Prinzip schnell beschrieben: Da ist ein Sender, der etwas mitteilen möchte. Er verschlüsselt (codiert) sein Anliegen in erkennbare Zeichen. Der Empfänger muss diese Zeichen entschlüsseln (decodieren).

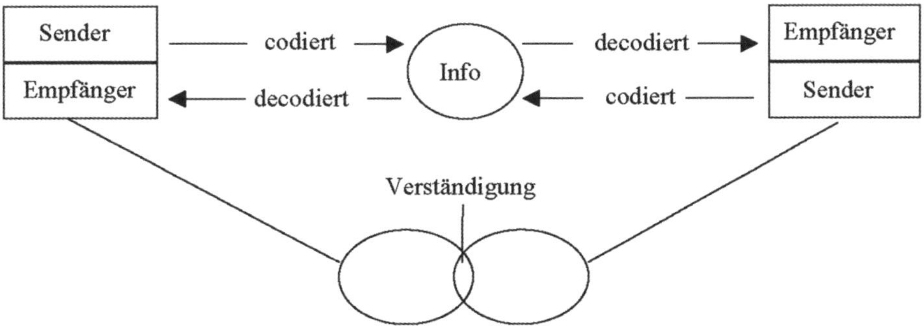

Abb. 15: Sender-Empfänger-Modell

Kommunikation ist im besten Fall eine Mischung aus dem, was gesendet, und dem, was aufgenommen und verstanden wird: Zum einen können wir nämlich nicht alle Aspekte, die in unserer Nachricht mitschwingen, auch so vermitteln, wie sie „geplant" waren, und zum anderen hört der Empfänger stets nur das, was er hören kann und was in seine Art, die Welt wahrzunehmen, passt. Im Extremfall hat das, was wir hören, nichts mehr mit dem zu tun, was gesagt worden ist.

a) Karl Bühler: das Organon-Modell

Das erste semiotisch orientierte Kommunikationsmodell stammt von Karl Bühler (Psychologe und Sprachtheoretiker). In seiner „Sprachtheorie" wird das sogenannte „Organon-Modell" dargestellt:

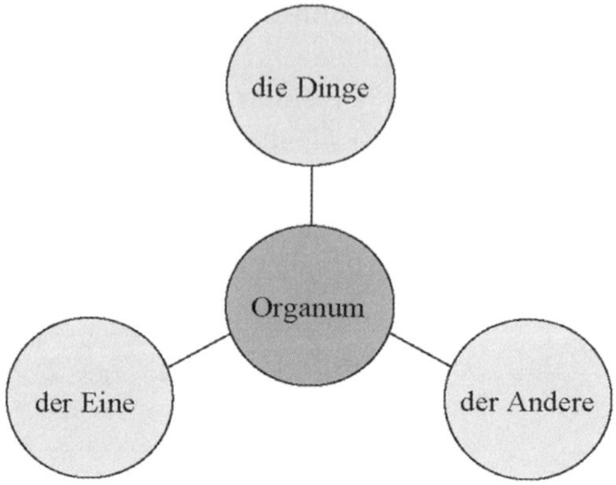

Abb. 16: Organon-Modell

Im Mittelpunkt dieses Modells steht das Organum, das sinnlich (in der Regel akustisch) Wahrnehmbare, die Sprache. Es steht in Beziehung zu den drei anderen Komponenten: „der Eine" (Sender), „der Andere" (Empfänger) und „die Dinge" (Gegenstände und Sachverhalte). Der Sender erzeugt ein akustisches Signal, das auf den Empfänger einwirkt. Die „Dinge" sind Ereignisse, um die es bei der Kommunikation zwischen Sender und Empfänger geht.

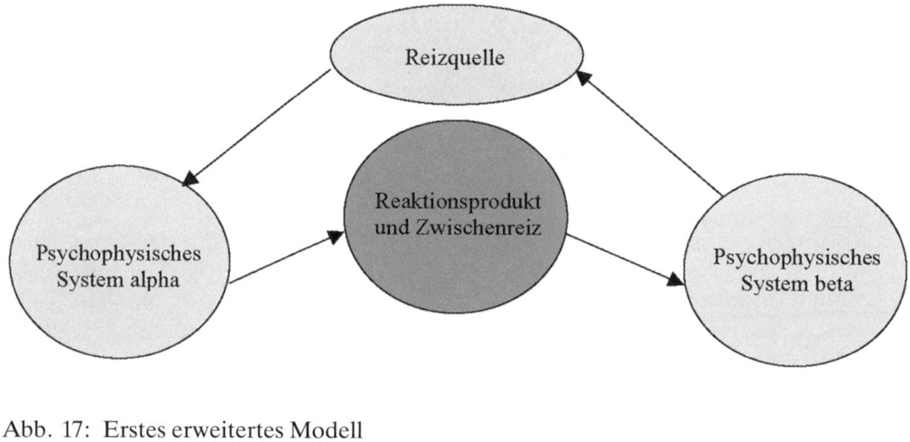

Abb. 17: Erstes erweitertes Modell

In der *ersten erweiterten Fassung* werden Sender und Empfänger als unterschiedliche psychophysische Systeme *alpha* und *beta* und die Erscheinungen der Welt als Reizquellen verstanden, die den Sender dazu veranlassen, dem Empfänger etwas mitzuteilen. Reizquellen sind alle Erscheinungen der Welt, die auf ein psychophysisches System wirken können; Sprache ist Reaktionsprodukt und Zwischenreiz.

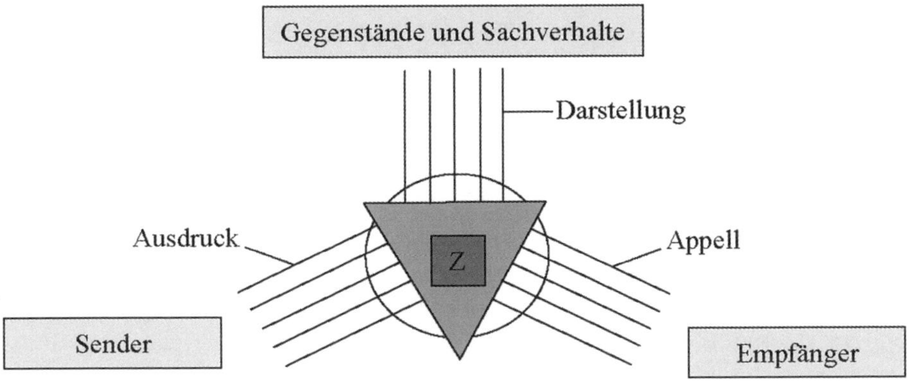

Abb. 18: Zweites erweitertes Modell

Im Mittelpunkt des *zweiten erweiterten Modells* von Bühler steht das Zeichen (Z), das von den drei Elementen Sender, Empfänger und Gegenstände/Sachverhalte umgeben ist.

- Das Sprachzeichen stellt die Gegenstände und Sachverhalte, die in der Welt passieren, dar.
- Das sprachliche Zeichen ist abhängig vom Sender, dessen Innerlichkeit es ausdrückt. Die Sprache hat demnach Ausdrucksfunktion: Der Sender drückt sich über etwas aus und kann dabei auch etwas über sich selbst aussagen.
- Das Zeichen ist aber auch Appell an den Empfänger, dessen äußeres und inneres Verhalten es zu steuern versucht.

Karl Bühler versucht ein Modell zu konzipieren, das ein konkretes Sprecherеignis mit den Lebensumständen adäquat erfasst. Neu ist hier, dass die Darstellungsfunktion der Sprache nicht dominiert, sondern gleichgeordnet neben der Beziehung zum Sender als Subjekt und zum Empfänger als Adressat der Sprechhandlung steht. Sprache ist demnach nicht reduzierbar auf die Repräsentationsfunktion von Welt, sondern sie ist vielmehr eine Form menschlichen Handelns. In diesem Sinne spricht der deutsche Sozialphilosoh Jürgen Habermas in der wohl anspruchsvollsten Kommunikationstheorie von einem „kommunikativen Handeln“ (Habermas 1981), und er bezeichnet damit die Formen eines sprachlich vermittelten rationalen Diskurses, aus dem allein Gesellschaft und Legitimation entstehen können.

b) Paul Watzlawick: Menschliche Kommunikation

Jede Mitteilung enthält eine Information, wobei es gleichgültig ist, ob diese Information wahr oder falsch, gültig oder ungültig oder unentscheidbar ist. Gleichzeitig aber enthält jede Mitteilung einen weiteren Aspekt, der viel weniger augenfällig, doch ebenso wichtig ist, nämlich einen Hinweis darauf, wie ihr Sender die Information vom Empfänger verstanden haben möchte. Sie definiert also, wie der Sender die Beziehung zwischen sich und dem Empfänger sieht, und sie ist deshalb seine persönliche Stellungnahme zum anderen. Wir finden somit in jeder Kommunikation einen Inhalts- und einen Beziehungsaspekt, wobei letzterer den ersteren bestimmt und daher eine Metakommunikation ist.

In menschlichen Beziehungen betrachtet Watzlawick das Individuum als Grundelement eines Systems und deutet menschliche Beziehungen und Kommunikationsabläufe als „offenes System“. Somit agieren beispielsweise in einem Kommunikationsprozess zwischen drei Menschen nicht drei Einzelwesen miteinander, sondern sie bilden ein dreifaches Ganzes, eben ein System. Die Interaktionspartner sind durch ein Kommunikationsnetz aus wechselseitigen Mitteilungen verbunden und bilden ein System, in welchem jeder auf jeden einwirkt. Der Kommunikationsprozess vollzieht sich also nicht einlinig monokausal, sondern wirkt stets auf den Ausgangspunkt zurück:

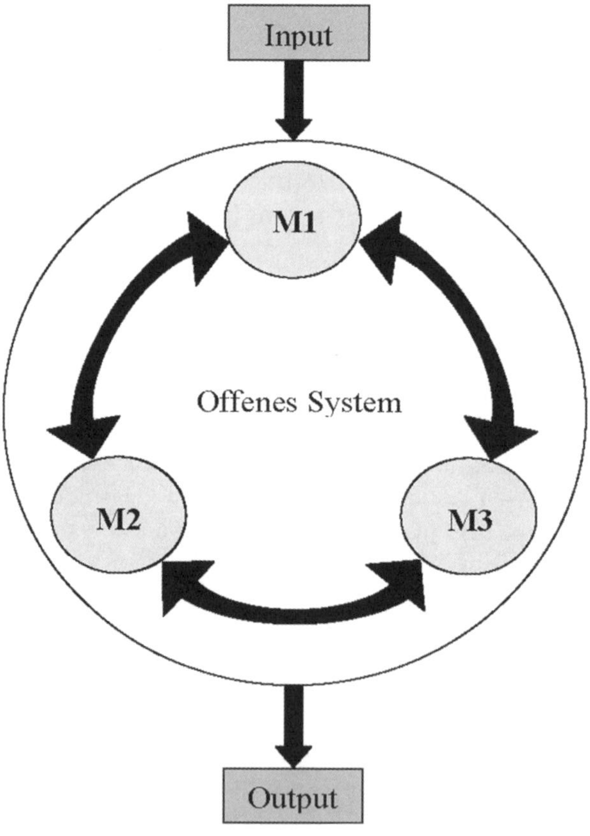

Abb. 19: Kommunikationsmodell nach Watzlawick

c) Friedemann Schulz von Thun: Die vier Seiten einer Nachricht

Jede Nachricht enthält ein ganzes Paket mit vielen verschiedenen Botschaften, und das macht den Vorgang der zwischenmenschlichen Kommunikation so kompliziert und störanfällig, aber auch so aufregend und spannend. Um die Vielfalt der Botschaften, die in einer Nachricht stecken, ordnen zu können, unterscheidet F. Schulz von Thun vier seelisch bedeutsame Seiten an ihr: Jeder Sender sagt etwas über die Welt, über sich selbst und über die Beziehung zum Empfänger aus. Zudem will er mit dem Gesagten eine Wirkung erzielen. F. Schulz von Thun unterscheidet zwischen

Sach-Aspekt:	Um welche Sache geht es?
Beziehungs-Aspekt:	Wie behandle ich den andern? Wie stehe ich zu ihm?
Selbstoffenbarungs-Aspekt:	Was sage ich damit über mich selbst aus?
Appell-Aspekt:	Was will ich damit erreichen?

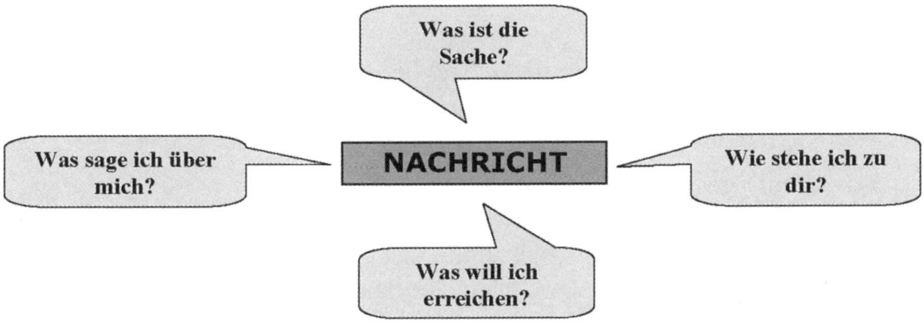

Abb. 20: „Die 4 Seiten einer Nachricht“

Welche Seite nun aber hauptsächlich gemeint ist, weiß (wenn überhaupt hier von „wissen“ die Rede sein kann) nur der Sender. Wir als Empfänger der Nachricht können immer nur interpretieren. Und dabei kommt es natürlich darauf an, auf welche Seite der Nachricht unsere Ohren besonders empfindlich reagieren. Wir können auch sagen, jeder Empfänger habe vier Ohren: ein Sach-, ein Selbstoffenbarungs-, ein Beziehungs- und ein Appell-Ohr. Und da wir ja nicht mit allen vier Ohren gleichzeitig hören können – da die Nachricht dann ja ganz verwirrend würde –, sind wir meist auf einem Ohr besonders hellhörig, und wir reagieren entsprechend der Interpretation, die zu diesem Ohr passt.

Übung: „Vier Ohren“

Beispiel: Jemand sagt in etwas vorwurfsvollem Ton zu Ihnen: „Ich habe dich gestern den ganzen Tag zu erreichen versucht.“ Was hören Sie in erster Linie?

„Er/sie hat mich gesucht.“ (Sachebene)
„Ich bin ihm/ihr wichtig.“ Oder: „Jetzt ist er/sie sauer auf mich.“ (Beziehung)
„Er/sie ist verärgert/im Stress/hat heute keinen guten Tag.“ (Selbstoffenbarung)
„Ich muss etwas für ihn/sie tun – was?“ (Appell)

Welche Hörweise ist bei Ihnen am stärksten ausgeprägt? Beantworten Sie folgende Fragen:

Was hat Ihnen dieses Ohr bisher an Gutem gebracht?
Wovor hat es Sie beschützt?
Woran hat es Sie gehindert? Was haben Sie dadurch vielleicht verpasst?

Beispiel: „Hausaufgaben“

Eine Schülerin, 14 Jahre, weiß auf eine Frage, die sich auf die Hausaufgaben bezieht, nicht zu antworten. Die Lehrerin sagt zu ihr: „Hast du etwa die Hausaufgaben schon wieder nicht gemacht?“

Das könnte heißen:

Sachebene:	*„Ich weiß nicht, ob du die Hausaufgaben gemacht hast.“*
Beziehungsaussage:	*„Ich bin enttäuscht von dir.“*
Selbstoffenbarung:	*„Ich mache mir Sorgen./Ich ärgere mich.“*
Appell:	*„Mach in Zukunft die Hausaufgaben (sorgfältig)!“*

In unserem Beispiel könnten die vier Ohren das so hören:

Sach-Ohr:	*„Mir wird eine Frage gestellt.“*
Beziehungs-Ohr:	*„Man unterstellt mir Unzuverlässigkeit/nimmt mich nicht ernst.“*
Selbstoffenbarungs-Ohr:	*„Meine Lehrerin macht sich Sorgen/ärgert sich.“*
Appell-Ohr:	*„Ich soll meine Hausaufgaben (sorgfältig) machen.“*

Wir sehen schnell, dass die Reaktionen wohl ganz unterschiedlich ausfallen, je nachdem, mit welchem Ohr die Schülerin besonders gut hört – und wie die Beziehung zum Sender der Botschaft – hier zur Lehrerin – sich gestaltet.

2. Störungen der Kommunikation

Schon der Umstand allein, dass wir alle uns ganz unterschiedlich ausdrücken und ganz unterschiedlich hören und verstehen, reicht aus, um Verständigung schwierig – wenn nicht gar unmöglich – zu machen. Und doch gibt es noch zusätzliche Hindernisse, die dazu beitragen, dass Gespräche oft eskalieren und dann zu handfesten Konflikten werden. Hier die wichtigsten, die sich im Alltag wie folgt zeigen können:

- Zum einen fällt es uns oft schwer, uns ganz so zu zeigen, wie wir sind oder uns fühlen, weil wir eine negative Beurteilung durch die anderen befürchten oder weil wir glauben, wir würden dann an Autorität verlieren. Die entsprechenden Techniken können wie folgt aussehen:
  - Wir wählen ein Imponiergehabe, indem wir uns besonders „erlesen" ausdrücken, eigene Leistungen oder die eigene Position betonen, oder
  - wir verbergen unsere Gefühle und Haltungen hinter einer Fassade und drücken uns zu diesem Zweck möglichst unpersönlich aus, indem wir unsere Sätze mit „man" oder „es" formulieren – das gibt uns den Schutz des Allgemeinen und Anonymen.
- Zum anderen machen wir uns auch immer ein Bild vom Empfänger und passen unseren Kommunikationsstil entsprechend an. Dieses innere Bild ist zum Teil selektiv, denn wir nehmen immer nur Teile wahr, aber auch ergänzend, das heißt, unser Bild ist ein Produkt aus dem, was „ist", und dem Reim, den wir uns darauf machen. Dabei treten mindesten drei Verfälschungs-Mechanismen auf:
  - Projektion: Was man an sich selber nicht mag, bekämpft man umso vehementer beim andern.
  - Übertragung: Das Gegenüber erinnert uns oft (unbewusst) an andere Menschen und wir reagieren in der alten Weise darauf.
  - Unrepräsentativer Kontakt: Wenn wir den anderen nur in ganz bestimmten Situationen erleben, entsteht ein einseitiges Bild (s. Schüler-Lehrer).

Auch im schulischen Alltag machen wir uns relativ schnell ein Bild von unseren Schülern und Schülerinnen, wobei dieses nur teilweise das Ergebnis sorgfältiger Beobachtung und Auswertung dessen ist, was wir in Erfahrung bringen können. Vielmehr entwickeln wir auf der Grundlage von Erfahrungen spontan ganz bestimmte Urteile und Eindrücke. Wir verallgemeinern das Beobachtbare, ordnen das Wahrgenommene in gespeicherte Schemata ein und ergänzen das Wahrgenommene durch Annahmen und Denkgewohnheiten.

Wann immer wir es mit anderen Menschen zu tun haben, machen wir uns also spontan ein Bild von ihnen: welche Eigenschaften sie besitzen, welche Bedeutung sie für uns haben. Jeder Schüler, jede Schülerin und jeder Kollege wird in irgendeiner Form, sei es in Bezug auf sein Aussehen oder sein Auftreten, von uns beurteilt. Wie sonst sollten wir mit ihm in Kontakt treten? Wir brauchen Vorstellungen vom Du, damit wir Beziehung aufnehmen können, denn ohne Vorstellungen darüber, wie der andere sein und uns begegnen könnte, ist die Gefahr unangenehmer Überraschungen zu groß. Und deshalb schützen wir uns – durch Bilder, die uns Sicherheit und die Illusion von Berechenbarkeit vermitteln. Doch erst wenn wir uns darüber klar werden, dass der andere nicht (nur) so ist, wie wir ihn sehen, können wir anfangen, ihm neu und anders zu begegnen, wohl wissend, dass auch das abgeänderte Bild vom andern wieder nicht mehr ist als ein Bild, das wir so gestalten, wie wir es brauchen und aushalten.

Nichts existiert für uns, bis wir in Beziehungen eintreten.

Wir sind aber nicht nur darauf angewiesen, unser Gegenüber einzuschätzen. Jeder Mensch braucht zu einem großen Teil auch die Beurteilung durch andere, um seinen eigenen Wert zu finden. Dies gilt in besonderem Maße für Menschen, die in einem Abhängigkeitsverhältnis stehen, wie dies bei Schülern und Schülerinnen der Fall ist. Wie sonst können sie abwägen, ob das, was sie tun, was sie sagen und wie sie sich verhalten, verbesserungswürdig, angemessen, gut oder gar lobenswert ist, wenn nicht durch das Beobachten der Reaktionen ihrer Umwelt – also auch und besonders ihrer Lehrer und Lehrerinnen? Und diese Reaktionen erhalten sie im Prozess der Kommunikation.

Somit ist in jeder Kommunikation eine Beurteilung enthalten oder – anders gesagt – wir interpretieren jede Kommunikation auch unter der Perspektive, welche Beurteilung der andere über unsere Person abgibt. Egal, was der andere sagt, man stellt sich immer (mehr oder weniger bewusst) die Frage: „Sieht er mich positiv?" Auf die sachliche Ebene einer Aussage können wir uns nur konzentrieren, wenn wir davon ausgehen können, dass in der Mitteilung keine negative Beurteilung steckt. Andernfalls konzentrieren wir uns auf diese Beurteilung und die Kommunikation ist gestört.

Optimale Kommunikation ist nur dann möglich, wenn wir dem andern vermitteln, dass wir ihn als Person annehmen.

Übung: „Ein Zwischenfall“

Denken Sie an einen „Zwischenfall“ in Ihrem schulischen Kontext, bei dem Sie sich über Ihr Gegenüber geärgert haben, und beantworten Sie für sich folgende Fragen:

Was hat der andere gesagt oder getan?
Wie haben Sie dies interpretiert?
Welches Bild haben Sie von diesem Menschen? Wie hat dieses Bild Ihre Interpretation des Geschehens beeinflusst?
War in Ihren Reaktionen eine negative Bewertung Ihres Gegenübers spürbar?
Haben Sie sich selbst durch Ihr Gegenüber negativ bewertet gefühlt?
Haben Sie ihm gezeigt, wie Sie seine Worte oder sein Handeln interpretieren und was diese Interpretation bei Ihnen auslöst, oder haben Sie sich hinter allgemeinen Aussagen, Vorwürfen oder Unnahbarkeit versteckt?

Welche Störungen lassen sich in unserem Beispiel erkennen? Auf der einen Seite zeigt sich die Lehrerin nicht, das heißt, sie gibt keinerlei Hinweis darauf, was das Verhalten der Schülerin in ihr auslöst. Sie bleibt in ihrer Rolle als Autoritätsperson, die kontrolliert, „Fehlverhalten“ aufdeckt und in der Lage ist, allfällige Konsequenzen daraus zu ziehen. Die Schülerin ist in dieser Interaktionsform die „Kleine“, der etwas vorgeworfen wird und die sich entsprechend zu rechtfertigen hat. Es wird ihr in dieser Situation wohl schwer fallen, sich als Person angenommen zu fühlen: Sie hat versagt und muss sich nun vor der ganzen Klasse dafür erklären.

Auf der anderen Seite zeigt die Lehrerin, welches Bild sie von ihrer Schülerin hat: Diese hat die Hausaufgaben „schon wieder“ nicht gemacht. Sie ist also unzuverlässig, vielleicht sogar faul. In ihrer Wahrnehmung mag dies auch zutreffen: Vielleicht hat diese Schülerin tatsächlich schon allzu oft die Hausaufgaben nicht gemacht. Aber vielleicht trifft dies nur in diesem einen Fach zu – vielleicht deshalb, weil sie den Stoff nicht versteht und überfordert ist, während sie in anderen Fächern sehr engagiert und zuverlässig ist. Vielleicht lebt sie in familiären Verhältnissen, die sie überfordern, indem sie zum Beispiel zu Hause für ihre kleineren Geschwister sorgen muss, unter den ständigen Auseinandersetzungen der Eltern leidet oder in einer anderen Form derart absorbiert ist, dass sie sich nicht auf die Schule konzentrieren kann. Vielleicht …

Die Gründe für den mangelhaften Einsatz können derart vielfältig sein, dass wir ihnen mit einer vorschnellen und einseitigen Zuschreibung niemals gerecht werden. Letztlich helfen diese Zuschreibungen und Bilder nur demjenigen, der sie gestaltet: Er braucht sich nicht länger mit „der Sache“ zu befassen und kann – in unserem Beispiel – mit dem Unterricht weiterfahren. Das „Problem“ allerdings ist nicht gelöst: Die Schülerin erhält keine Hilfe und Unterstützung, um in Zukunft in diesem Fach besser zu arbeiten und zu lernen; die Lehrerin behält ihren Ärger und allenfalls das Gefühl, in ihren Arbeitsaufträgen nicht ernst genommen zu werden; und das Verhältnis zwischen Schülerin und Lehrerin hat sich noch zusätzlich verschlechtert, weil keine der beiden etwas Neues von der anderen erfahren hat, sondern in ihrer einseitigen Wahrnehmung („Sie ist faul und unzuverlässig!" versus „Immer stellt sie mich bloß!") bestätigt wird.

3. Verbesserung der Kommunikation im Unterricht

Jede Kommunikation enthält – wie wir gesehen haben – über die reine Sachinformation hinaus auch einen Hinweis darauf, wie der Sender seine Botschaft verstanden haben will und wie er seine Beziehung zum Empfänger sieht, also welcher emotionale Bezug gesetzt wird. Die Art der Beziehung zwischen zwei Kommunikationspartnern ist deshalb für das gegenseitige Verständnis von grundlegender Bedeutung.

Wie lässt sich – von dieser Annahme ausgehend – Kommunikation verbessern? Professionelle Helfer – und Lehrerinnen und Lehrer sind in diesem Sinne „Helfer" – müssen in der Lage sein, eine gute und tragfähige Beziehung zu ihrem Gegenüber aufzubauen. Ihre Professionalität beginnt erst mit der Einsicht, dass es genau diese Beziehungsfähigkeit ist, mit der Lehrerinnen und Lehrer ihren Beruf darbringen. Was für den Juristen sein Gerechtigkeitsempfinden und für den Arzt sein diagnostisches Geschick, ist für Lehrpersonen ihre Beziehungsfähigkeit. Diese ist es, mit der sie letztlich die Voraussetzungen dafür schaffen, dass Schülerinnen und Schüler sich von innen heraus zu öffnen vermögen. Aus diesem Grunde müssen Lehrpersonen prinzipiell zugewandt und kundenorientiert reagieren, wobei der Begriff „Kunde" ungewöhnlich, aber durchaus treffend ist: Einem Kunden gegenüber bemüht man sich um eine gute Beziehung, und man weiß, dass dessen Zufriedenheit dafür ausschlaggebend ist, ob er mit einem in Kontakt bleiben möchte oder nicht. Ganz ähnlich ist es mit Kindern, Jugendlichen oder jungen Erwachsenen. Auch sie müssen Vertrauen fassen, um sich anstrengen oder gar verändern zu können. Dies können Lehrpersonen unterstützen, indem sie z. B.

- keinen Schüler oder keine Schülerin „aufgeben" oder innerlich abschließend be- oder verurteilen,
- immer wieder interessiert Kontakt aufnehmen und auch gezielt das Gespräch über nicht-schulische Anliegen, Hobbys oder Leidenschaften suchen,
- Schülerinnen und Schüler stets in einer Sprache ansprechen, in der sie auch von diesen angesprochen werden möchten, und
- auch körpersprachlich weder Kommunikationsbarrieren errichten noch Antipathie-Signale geben.

Ein solches In-Beziehung-Treten trägt der systemischen Einsicht Rechnung, dass man letztlich keinen Menschen in seiner Entwicklung oder bei persönlichen Veränderungsprozessen – und Lernen ist ein Veränderungsprozess – begleiten kann, wenn man dessen Ressourcen und Potenziale nicht wahrnimmt und wertschätzt.

a) Ruth Cohn: Themenzentrierte Interaktion

Ruth Cohn entwickelte im Rahmen ihres Konzeptes „Themenzentrierten Interaktion“ ein Modell, wie Kommunikation innerhalb von Lern- und Arbeitsgruppen verbessert und die Effektivität erhöht werden kann. Als Grundlage für ihr Modell dient ihr unter anderen folgendes Axiom:

„Der Mensch ist eine psycho-biologische Einheit. Er ist auch Teil des Universums. Er ist darum autonom und interdependent. Autonomie (Eigenständigkeit) wächst mit dem Bewusstsein der Interdependenz (Allverbundenheit)“ (Cohn 1990, S. 120).

Die TZI ist auf aktives, schöpferisches und entdeckendes Lernen und Arbeiten ausgerichtet. Sie strebt ein dynamisches Gleichgewicht an zwischen den Bedürfnissen der einzelnen Personen, der Gruppe, deren Aufgabe und dem Umfeld. Nach diesem Modell enthält jede Gruppeninteraktion drei Faktoren, die man sich bildlich als Eckpunkte eines Dreiecks vorstellen könnte:

1. das *Ich* (die Persönlichkeit)
2. das *Wir* (die Gruppe)
3. das *Es* (das Thema)

Dieses Dreieck ist eingebettet in eine Kugel, welche die Umgebung (Globe) darstellt, in der sich die interaktionelle Gruppe trifft. Diese Umgebung besteht aus Zeit, Ort und deren historischen, sozialen und teleologischen Gegebenheiten.

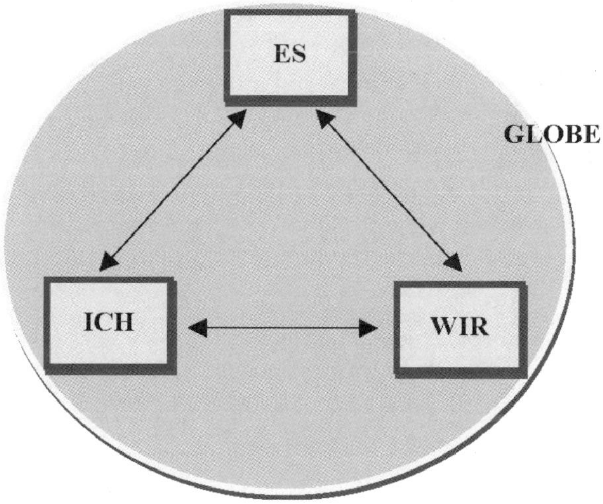

Abb. 21: TZI-Dreieck

Die thematische interaktionelle Gruppe versucht die Dreiheit von Ich-Wir-Es in dynamischer Balance zu halten:

„Ausbildung wird als kommunikativer Prozess gleichwertiger Partner verstanden. Dabei werden folgende auf den Ausbildungsprozess energetisch und formbildend einwirkende Faktoren berücksichtigt:

- die Persönlichkeit jedes Auszubildenden und der Ausbilder;
- die Gruppe als System aufeinander bezogener und interagierender Individuen;
- der Ausbildungsinhalt;
- das Umfeld der Gruppe.

Wenn diese Faktoren gleichwertig im Sinne einer 'dynamischen Balance' beachtet werden, wird sowohl auf der Inhaltsebene als auch auf der Beziehungsebene ausgebildet, indem jeder Teilnehmer seinen Bezug

- zur Sache, d. h. zum Ausbildungsinhalt,
- zu den anderen Teilnehmern,
- zu sich selbst herstellt.

Auf diese Weise erfolgt eine themen-, gruppen- und personenbezogene Ausbildung“ (Cohn/Terfurth 2001, S. 205/06).

Für die Praxis hat Ruth Cohn Hilfsregeln formuliert, die zugleich die jeweilige Arbeit und das Streben nach dem Bewusstsein von Autonomie und zwischenmenschlicher Verbundenheit fördern sollen, indem sie den ganzen Menschen, seine Gefühle und Gedanken, Gegenwart, Vergangenheit und Zukunft mit einbeziehen. Hier eine Auswahl der Hilfsregeln, die auch sehr gut im Unterricht eingeführt, erklärt und auf der Basis eines Commitments gelebt werden können:

- *„Vertritt dich selbst in deinen Aussagen; sprich per Ich und nicht per Wir oder Man.“*

  Hinter verallgemeinernden Wendungen mit „wir“ oder „man“ verstecken wir meist unsere individuelle Verantwortung. Solche Wendungen sind häufig ein Mittel, einen nicht bestehenden Konsens vorzutäuschen. Wer aber an seine eigene Aussage glaubt, braucht keine fiktive, quantitative Unterstützung durch andere. Zudem drücken wir mit „Ich“-Aussagen unser ganz eigenes Denken und Fühlen aus und verzichten damit auf Rechthaberei und Allgemeingültigkeit.

- *„Sei authentisch und selektiv in deinen Kommunikationen. Mach dir bewusst, was du denkst und fühlst, und wähle, was du sagst und tust.“*

  Diese Regel ist vor allem am Beginn eines Konfliktes hilfreich, denn ein Konflikt ist in der Regel ja dadurch gekennzeichnet, dass unterdrückte Emotionen in irgendeiner – meist unerklärlichen – Weise die Erreichung von Zielen verhindern. In solchen Situationen ist es besonders wichtig, die eigenen Gefühle bewusst wahrzunehmen und diese auch mitzuteilen.

  Um ein faires und vertrauensvolles Miteinander im Team zu erreichen, ist allerdings eine gewisse Filterung der eigenen Aussagen notwendig. Wer immer sofort alles sagt, was ihm in den Kopf kommt, wird unweigerlich auf Widerstand stoßen oder andere gar verletzen. Es ist deshalb wichtig, die eigenen Beiträge verantwortungsvoll auf das jeweilige Ziel der Interaktion hin zu überprüfen, ohne sich selbst zu verleugnen.

- *„Halte dich mit Interpretationen von anderen so lange wie möglich zurück."*

  In Lern- und Arbeitsgruppen werden oft Verhalten und Äußerungen von anderen interpretiert. Doch kaum jemand wird gerne interpretiert – und möglicherweise falsch gedeutet. Ein solches Vorgehen erregt deshalb beim Interpretierten meist Abwehr und verlangsamt den Kommunikationsprozess. Zudem haben Interpretationsversuche vor allem etwas mit dem Sprechenden selbst zu tun. Statt zu erklären, was andere gesagt oder gedacht haben, ist es angemessener, für sich selbst zu sprechen. Die einfache Grundregel lautet deshalb: Jeder spricht für sich selbst! Wenn wir nicht sicher sind, was der andere gesagt hat, können wir nachfragen.

- *„Sei zurückhaltend mit Verallgemeinerungen."*

  Verallgemeinerungen wie „Immer kommst du zu spät" oder „Du lässt mich nie ausreden" werden dem andern niemals gerecht: Sie legen ihn in derart absoluter Form fest, dass sie zwangsläufig zu Abwehrreaktionen oder Gegenangriffen führen und den Gruppenprozess unterbrechen, zumal sie häufig im Rahmen von kritischen Anmerkungen oder Vorwürfen geäußert werden.

- *„Seitengespräche haben Vorrang."*

  In dieser Regel geht es um Störungen wie z. B. Nebengespräche zwischen zwei Schülern. Ein solches Seitengespräch kann die Klasse stören, es kann aber auch ein Hinweis darauf sein, dass die Personen oder ein Thema nicht genug Raum in der Gruppe finden. Die Betroffenen können in solchen Situationen gefragt werden, ob das, worüber sie sich gerade unterhalten, in der Gruppe besprochen werden soll. Dies aber sollte nur als ein Angebot, nicht als Zwang formuliert sein.

  Schwätzen ist für den Lehrer oft Ausdruck einer Missachtung seiner Unterrichtstätigkeit. Hierbei sollten Sie sich fragen, inwieweit Sie persönlich davon betroffen sind. Geben Sie dieser Betroffenheit Ausdruck und überspielen Sie nicht Ihren Ärger durch eine scherzhafte oder ironische Bemerkung. Diskutieren Sie auch mit Ihren Schülern darüber, welche Möglichkeiten es gibt, dass alle bei der Sache sind. Besprechen Sie mögliche Ursachen und geeignete Bedingungen, damit solche Störungen eher selten auftreten.

b) Thomas Gordon: Lehrer-Schüler-Konferenz

In der gängigen Unterrichtspraxis senden die Lehrer und Lehrerinnen den Schülern oft Botschaften mit folgendem Inhalt: Die Schüler sollen aufhören, ein Problem zu haben, sie sollen das Problem wegstecken, damit der Unterricht weitergehen kann. Auf die Ursachen des Problems wird nicht eingegangen. Diese „Sprache der Nichtannahme" behindert nach Thomas Gordon nicht nur die

Kommunikation, sie verursacht auch weitere Probleme. Gordon nennt unter anderem folgende Kommunikationssperren:

- Befehlen: „Mach, dass du ...!"
- Drohen: „Wenn du nicht, dann ...!"
- Moralisieren: „Du müsstest...!"
- Raten: „Es ist gut für dich ..."
- Belehren: „Wir wollen den Tatsachen in die Augen sehen ..."
- Verurteilen/Bewerten: „Du bist faul!"
- Diagnostizieren: „Du bist so, weil ..."
- Ins Kreuzverhör nehmen: „War es gut so? Ist es so gewesen?"
- Ablenken: „Denk an was anderes!"

Als Alternative empfiehlt Gordon eine „Sprache der Annahme", die darauf basiert, den Menschen so anzunehmen, wie er ist, und offen zu sagen, was einem gefällt oder nicht gefällt.

Das aufrichtige Akzeptieren einer Person, wie sie ist, beeinflusst maßgeblich deren seelische Gesundheit und deren produktives Lernen.

Für Lehrer und Lehrerinnen stellt die Sprache der Annahme ein wichtiges Werkzeug beim sozialen Umgang in der Schule dar. Die folgenden Methoden der offenen Gesprächsführung lassen sich trainieren und werden im Unterricht immer wieder eingesetzt:

- *Passives Zuhören* (Schweigen)

  Schweigen kann eine überzeugende Botschaft sein, um dem Gegenüber das Gefühl von Annahme zu vermitteln. Oft geht es nämlich nicht darum, dem anderen etwas zu sagen, sondern ihn über das sprechen zu lassen, was ihm wirklich nahe geht. Dadurch kann eine Möglichkeit für ihn entstehen, in eine Art selbst eingeleitete konstruktive Problemlösung einzutreten.

- *Bestätigende Reaktionen*

  Für Gordon besitzt die Körpersprache eine besondere Wirkung, die sich gezielt einsetzen lässt: Zustimmendes Nicken und Lächeln zum Beispiel vermitteln dem Gegenüber, dass man ihm interessiert zuhört.

- *Türöffner*

  Türöffner sind zusätzliche Ermutigungen, die den Gesprächspartner zum Sprechen auffordern und dazu dienen, mehr über die Gedanken, Urteile und Empfindungen des anderen zu erfahren. Mit offenen Fragen wie „Möchtest du mehr darüber erzählen?" werden die eigenen Empfindungen und Gedanken aus dem Kommunikationsprozess herausgehalten, so dass kein Moralisieren, Belehren oder Raten erfolgen kann; der Schüler wird ermuntert, seine eigenen Gefühle und Empfindungen darzulegen. Er fühlt sich dadurch angenommen und als wichtige, bedeutende und interessante Person geachtet.

- *Aktives Zuhören*

Beim aktiven Zuhören versucht der Empfänger zu verstehen, was der Sender fühlt oder was seine Botschaft besagen soll. Dazu gibt er ständig Rückmeldungen und fragt nach, um Missverständnisse zu vermeiden. Dadurch wird der Gesprächspartner eingeladen, mehr zu sagen, tiefer zu gehen, seine Gedanken weiterzuentwickeln, was dazu beiträgt, dass der Empfänger sich mit den Gefühlen und Gedanken seines Gesprächspartners auseinander setzt, dessen Empfindungen annimmt und sie gemeinsam zu einem konstruktiven Lösungsansatz kommen. Zudem drückt aktives Zuhören Vertrauen in die Problemlösungskompetenz des andern aus, während ratende, logische oder belehrende Botschaften versuchen, dem Gegenüber die Lösung des Problems abzunehmen.

- *Ich-Botschaften*

Nicht jeder Satz, der mit „Ich“ beginnt, ist eine „Ich-Botschaft“. Eine Aussage wie „Ich finde dich faul und unzuverlässig“ kann der Schüler wohl nur schwer so interpretieren, dass der Sprecher hier nur seine eigene Befindlichkeit ausdrückt, ohne dass er selbst sich persönlich angegriffen fühlen muss. Das aber ist die Substanz einer echten „Ich-Botschaft“: Statt den anderen in die Enge zu treiben, teilen wir mit, was wir empfinden, was bei uns ausgelöst wird und welche Bedürfnisse wir haben. Solche Aussagen haben dann die Form von „Ich fühle, weil ich brauche“. Wenn wir uns so mitteilen, drücken wir unsere Gefühle nicht nur aus, wir übernehmen auch die Verantwortung für sie.

Thomas Gordon lehnt die Verhaltensmodifikation – also den gezielten Aufbau von erwünschtem Verhalten – radikal ab, da sie nur das äußere Verhalten misst und Denken und Fühlen dabei eine untergeordnete Rolle spielen. Gelernt wird nur als Reaktion auf Reize und die Verhaltensänderung wird durch Belohnung oder Bestrafung hervorgerufen. Das „Problem“ wird hierbei auf den Schüler beschränkt. In Wirklichkeit besitzt aber der Lehrer das Problem, weil er sich durch den Schüler gestört fühlt. Auch wenn der Schüler nachgibt, wehrt er sich meist innerlich dagegen und wartet auf die nächste Möglichkeit, seine Abneigung zu zeigen.

Übung: „Zuhören“

Überprüfen Sie anhand folgender Checkliste, wie es mit Ihrem eigenen Zuhören bestellt ist:

- Unterbreche ich die Sprecherin, den Sprecher?
- Lege ich meine Antwort bereits zurecht, während die andere Person noch spricht?
- Spreche ich die Sätze des Gesprächspartners “für ihn“ zu Ende, weil ich zu wissen glaube, was er sagen wird?
- Warte ich nur auf ein Stichwort, um selber zu reden?
- Lasse ich meine Gedanken abschweifen?
- Rede ich, während andere sprechen?
- Ist es mir egal, ob ich verstehe, was der andere sagt, oder frage ich nach?
- Bestätige ich mein Gegenüber durch meine Körpersprache, indem ich zum Beispiel zustimmend nicke oder lächle, und zeige ich ihm dadurch, dass ich ihm interessiert zuhöre?

Kommen wir nochmals auf unser Beispiel zurück. Wie hätte die Lehrerin anders auf die Schülerin zugehen können?

Mit einer authentischen Ich-Botschaft hätte sie ihre eigene Befindlichkeit ausdrücken können, indem sie beispielsweise sagt: „Ich ärgere mich, wenn du unvorbereitet in die Stunde kommst, weil wir so unnötig Zeit verlieren und nicht so vorankommen, wie ich es mir wünsche.“ Damit hätte sie zuerst einmal ihrem eigenen Ärger Ausdruck verliehen und die Schülerin müsste nicht erst den möglichen Inhalt herauszuhören versuchen. Bei der Frage „Hast du etwa die Hausaufgaben schon wieder nicht gemacht?“ hingegen war die Schülerin – wie wir gesehen haben – darauf angewiesen, die Worte der Lehrerin erstmal zu interpretieren, und diese Interpretation fiel je nach bevorzugter Hörweise und entsprechend der Art der Beziehung zur Lehrerin ganz unterschiedlich aus (s. S. 6).

Selbstverständlich hätte diese Ich-Botschaft alleine das „Problem“ noch nicht gelöst. Sie hätte aber die Basis geschaffen für einen Austausch. Du-Botschaften hingegen („Hast du etwa schon wieder …?“) beinhalten oft Herabsetzungen, indem sie den Charakter in Zweifel ziehen („Du bist unzuverlässig!“), die Unzulänglichkeiten betonen („Du machst dauernd die Hausaufgaben nicht!“) oder ein Urteil über die Persönlichkeit des anderen fällen („Du bist faul!“). Deshalb provozieren sie meist Widerstand und Rebellion. Es ist weit weniger bedrohlich, mit Hilfe von Ich-Botschaften aufrichtig die Wirkung von Verhalten auszudrücken. Dadurch kann die Lehrerin der Schülerin helfen, voranzukommen und Verantwortung für ihr eigenes Verhalten zu übernehmen.

Im Anschluss an die authentische Ich-Botschaft hätte die Lehrerin die Schülerin fragen können, warum sie die Hausaufgaben nicht gemacht hat. Ein solches Nachfragen hat aber nur dann eine positive Wirkung, wenn sie auf der Annahme beruht, dass die Schülerin gute Gründe dafür haben könnte. Es handelt sich dann nicht um eine inquisitorische Frage, die beabsichtigt, die Schülerin bloßzustellen und ihre „Schuld“ zu belegen, sondern um den Versuch, ihre Beweggründe zu verstehen und gemeinsam zu einer „Regelung“ zu gelangen, die für beide Seiten zufriedenstellend und „machbar“ ist.

Konflikttraining in der Schule

Konflikte gehören zum schulischen Alltag. Sie lauern überall – zwischen Schülern, Lehrern und Schülern, Lehrern und Eltern, aber auch im Lehrerkollegium. Konflikte sind grundsätzlich weder „gut" noch „schlecht" und ein Leben ohne sie wäre wohl ziemlich unlebendig, da sie oft der Motor für Veränderungen sind: Lässt sich ein Konflikt nämlich zur Zufriedenheit aller lösen, werden Entwicklung und Wachstum möglich.

Oft inszenieren Kinder und Jugendliche in den Konflikten, die sie im Klassenzimmer oder auf dem Schulhof austragen, ihre inneren Probleme. Wenn sich Lehrer und Lehrerinnen nicht in diese Inszenierungen verstricken lassen, sondern als „Regisseure" aktiv werden, dann helfen sie den Schülern bei ihrer Entwicklung und fördern ihre soziale Kompetenz. Oft ist das Bemühen von Lehrerinnen und Lehrern bei der Lösung von Konflikten deswegen so erfolglos, weil sich viele nicht klar darüber sind, dass auch ihre eigenen Bindungsmuster mit allen daran hängenden emotionalen Erlebnissen durch bestimmte Verhaltensweisen ihrer Schüler reaktiviert werden und somit das Gesamtgeschehen beeinflussen können. Nur wer bereit ist, sein emotional beeinflusstes Handeln mit einer kritischen Selbstreflexion zu verbinden, hat Aussicht auf erfolgreiche Interaktionen mit seinen Schülerinnen und Schülern. Professionell verhält sich ein Lehrer, wenn er sich in die Situation eines Schülers einfühlen kann, ohne die professionelle Distanz zu verlieren (vgl. Glasl 2004; 2006; Gordon 1977).

1. Die Entstehung von Konflikten

Konfliktsituationen – nicht nur zwischen Schülern, sondern auch allzu oft zwischen Lehrern und Schülern – sind in der Schule an der Tagesordnung. Sie treten immer dann auf, wenn mindestens zwei gegensätzliche Interessen, Meinungen oder Bedürfnisse aufeinander prallen. Nun sind aber Differenzen die natürlichste Sache der Welt: Wir alle nehmen nämlich die Welt um uns herum unterschiedlich wahr. Und wir interpretieren das, was wir wahrnehmen, innerhalb des Rasters, das unsere Weltsicht determiniert, das heißt, wir ordnen neue Erfahrungen immer in die bereits gemachten Erfahrungen ein. Das bestätigt unsere Weltsicht und gibt uns Sicherheit. Doch leider vergessen wir als Lehrer dabei nur allzu leicht, dass es unseren Schülerinnen und Schülern nicht anders geht, dass diese aber in ihrem Leben andere Erfahrungen gemacht haben und deshalb die Dinge auch anders wahrnehmen und interpretieren. Um aber die vorschnelle, oft von Vorurteilen und Feindbildern oder von emotionaler Betroffenheit geprägte Interpretation und die damit verbundenen Zuschreibungen von Eigenschaften, Überzeugungen und Handlungsabsichten durchschaubar zu machen, sollten wir uns den Prozess der Wahrnehmung in Konflikten bewusst machen.

Die bloße Existenz von Differenzen kann nicht zu Konflikten führen. „Ein Konflikt entsteht erst, wenn zu den widersprüchlichen Interessen ein Einigungszwang hinzutritt (...) und/oder eine der beteiligten Personen sich durch die Konfliktpartner bzw. den Konfliktpartner in der Realisierung des eigenen Handlungswunsches beeinträchtigt fühlt“ (Herrmann 2006, S. 1049). Anders ausgedrückt: Es braucht ein Verhältnis der Abhängigkeit, damit das Vorhandensein von Unterschiedlichkeit zum Problem werden kann. Nur wenn die Erfüllung meines Bedürfnisses resp. die Berücksichtigung und Umsetzung meiner Interessen zumindest teilweise in der Hand meines Gegenübers liegt und ich befürchten muss, er missachte oder verweigere mir, was ich brauche, nur dann fühle ich mich genötigt zu kämpfen. Konflikte entstehen somit zumeist in Situationen, denen man nicht ausweichen kann, da man z. B. zum Verbleib in der Institution und zur Wahrnehmung einer bestimmten Rolle (als Schüler oder Lehrer) verpflichtet ist.

Beispiel: „Skifreizeit oder Paris-Fahrt?“

Herr Klein, Sportlehrer in einer 10. Klasse, hat als begeisterter und erfahrener Skifahrer für seine Schüler eine 10-tägige Skifreizeit geplant. Dies ist bei ihm bereits zur Routine geworden: Es ist bereits das vierte Mal, dass er mit „der Zehnten“ – wie er sagt – eine solche Freizeit plant. Sein Hauptargument ist, dass er den Schülerinnen und Schülern, bevor ein Teil von ihnen die Schule verlässt, dadurch nochmals die Gelegenheit bietet, ihre soziale Kompetenz im Rahmen eines erlebnispädagogischen Angebots zu entwickeln. Mit diesem Argument wirbt er auch im Rahmen eines Elternabends. Einigen Eltern sind jedoch die 210.- Euro für diese Freizeit einfach zu viel Geld, zumal ihr Kind nicht Ski fahren kann und dies bislang auch nicht wirklich lernen wollte.

Eine Junge Kollegin, erst seit kurzem die Französischlehrerin der Klasse, bietet spontan an, mit denjenigen Kindern, die nicht in die Skifreizeit mitfahren wollen, in derselben Zeit – und für wesentlich weniger Geld – nach Paris in eine Jugendherberge zu fahren. Die Resonanz auf diesen Vorschlag ist groß: Am Ende melden sich 14 Schülerinnen und Schüler für die Paris-Variante an, während nur 7 mit Herrn Klein zur Skifreizeit wollen.

Herr Klein ist fürchterlich enttäuscht. Mit dem Argument, dass mit 7 Teilnehmern seine Kostenkalkulation nicht aufgehe, zieht er seinen Vorschlag beleidigt zurück. Der Kollegin wirft er in einem Gespräch Unkollegialität vor und hört auf, sie zu grüßen, wenn er sie auf dem Gang oder im Schulhof trifft. Er kann es ihr insbesondere nicht verzeihen, dass sie ihm in der Diskussion mit den Eltern vorgeworfen hat, sein Hobby für alle Schüler und Schülerinnen verpflichtend machen zu wollen.

Ein wesentlicher Grund dafür, dass aus unterschiedlichen Haltungen oder Interessen ein Konflikt entsteht, sind die negativen Gefühle, die von uns Besitz nehmen und unser Verhalten bestimmen. Wenn wir uns nämlich über unsere „Wirklichkeiten“ austauschen und dann darauf beharren, dass nur die eigene der „Wahrheit“ entspricht, fühlt sich der andere zwangsweise bedroht: Er muss sich entweder behaupten oder untergehen. Es ist dann nicht mehr möglich, die unterschiedlichen Standpunkte ganz sachlich und kooperativ zur Sprache zu bringen und trotz – vielleicht sogar grundlegender – Differenzen Lösungen für ein gemeinsames Vorgehen zu suchen. Es geht ja schließlich um die „Wahrheit". Jede Sachlichkeit und Kooperationsbereitschaft scheint wie weggewischt. Aus inhaltlichen Differenzen werden dann Differenzen zwischen Menschen, wie das Beispiel zeigt. Diese wiederum wirken sich auf die Art, wie wir miteinander kommunizieren, aus: Polemik, Angriffe und Verletzungen sind dann oft unvermeidbar und eine gegenseitige Verständigung wird zunehmend verunmöglicht, weil die Debatte emotionalisiert wird.

Es sind nicht die Differenzen an sich, die zu Konflikten führen, sondern es ist die Art, wie wir mit diesen Differenzen umgehen, welche Konflikte heraufbeschwört.

Es gibt jedoch nicht nur die Konflikte zwischen Kollegen, sondern auch solche zwischen Lehrern und Schülern. Viele dieser Konflikte sind systemischer Art, d. h. sie sind durch die Schule selbst und durch Strukturen angebahnt, welche die Schwachen fortgesetzt kränken und sie einer „Entmutigungs-Didaktik" (Singer 2008) oder einer Disziplinzumutung um jeden Preis (vgl. Arnold 2007b) aussetzen. Die wesentlichen systemischen Auslöser von Konflikten auf der Interaktionsebene zwischen Lehrern und Schülern sind:

- Die Betonung und die Durchsetzung von Prinzipien stehen oft im Mittelpunkt des Erziehungshandelns von Lehrpersonen.
- Eher fachsystematisch abgeleitete Lehrpläne verhindern den Lebens- und Erfahrungsbezug („Das hat mit mir etwas zu tun!"). Dies kann die Schüler langweilen, enttäuschen und zu Frustrationen führen.
- Leistungsdruck, Angst, unzureichende individuelle Förderung und Überforderung können Gegenwehr und Aggression hervorrufen.
- Prüfungen und mündliches Abfragen erschweren angstfreies Lernen. Angst wiederum drückt sich oft in Wut aus.
- Stundenlanges Still-sitzen-Müssen blockiert körperliche und geistige Eigen-Aktivität und fördert innere Unruhe und Gereiztheit.
- Statt ganzheitlich und vertieft zu arbeiten, lernen die Schüler im zerstückelten 45-Minuten-Takt, was zu Frustration und Überforderung führen kann.
- Ein undemokratisches Schulleben, in dem Schüler nicht wirklich über wesentliche Belange mitbestimmen dürfen, fördert keine eigenverantwortliche Mitgestaltung. Schüler nehmen sich als unwirksam wahr und suchen auch deshalb bisweilen nach Möglichkeiten, die eigene Stärke und Macht zu zeigen.

- Konflikte entstehen aber oft auch dadurch, dass sich Lehrer unter Zeitdruck setzen, weil sie glauben, ihren Stoff unbedingt durchbringen zu müssen. Dadurch entsteht eine unruhige, oft gehetzte Unterrichtsatmosphäre, in der es leicht zu Auseinandersetzungen kommen kann.

Da Lehrerinnen und Lehrer in der Regel dazu neigen, die Kinder zu „erziehen“ statt die Beziehung zu klären, dienen oft Vorwürfe, Machtdemonstrationen und Strafandrohungen dazu, die „Ordnung“ im Klassenzimmer wiederherzustellen. Lehrer und Lehrerinnen glauben meist, sie müssten mit den Schülern etwas tun, über sie verfügen oder ihnen ein bestimmtes Verhalten vorschreiben. Dabei vergessen sie oft sich zu fragen, was sie tun können und wollen, um die Beziehung zu verbessern, wie sie für die Schüler mit ihren Wünschen deutlich werden können und wie echte Verständigung möglich wird. Statt jedoch auf Kinder und Jugendliche einzuwirken, gilt es, Räume zu schaffen, in denen es den Schülerinnen und Schülern möglich ist, die eigenen Wünsche auszudrücken, Freude oder Ärger mitzuteilen, Hoffnungen auszusprechen. Nur wenn sich Lehrer zeigen, haben Kinder und Jugendliche eine Chance, auf sie einzugehen und sie zu verstehen.

Beispiel: „Klaus ist ein Störenfried!“

Die Lehrer der Klasse sind sich einig: Klaus ist eine wirkliche Belastung im Unterricht. Es gibt Tage, da scheint er es regelrecht darauf angelegt zu haben, die Lehrerinnen und Lehrer zu provozieren. Schon längst hat er aufgehört, sich an irgendwelche Regeln zu halten, Hausaufgaben macht er seit einiger Zeit keine mehr, und auch am Unterricht beteiligt er sich kaum. Gestern allerdings kam es zum Eklat. Mitten in der Stunde des Klassenlehrers Paul Suter rief er plötzlich in den Raum: „Ich finde das wirklich blöd, dass wir jetzt alle nach Paris fahren müssen, nur weil Frau Schneider diese Schnapsidee hatte. Wir wurden da gar nicht gefragt. Wir sind ja auch nur Insassen, wie im Gefängnis!“

Einige Schülerinnen und Schüler grölten, dankbar für die Unterbrechung des Unterrichts. Klaus freute sich über diese Anerkennung und lief zur Hochform auf: „Meinen Sie eigentlich, das, was Sie hier im Unterricht veranstalten, würde irgendeinen interessieren? Die hören doch nur zu, wenn Sie ihnen Angst machen und mit einer Prüfung drohen! Ich sag ja: Wie im Gefängnis.“ Herr Suter war konsterniert und er reagierte in der einzigen Art und Weise, die ihm in diesem Augenblick möglich war: „So, du packst jetzt deine Sachen und verlässt meinen Unterricht, ich möchte dich heute nicht mehr sehen!“ Unter Gejohle seiner Mitschülerinnen und Mitschüler verließ Klaus den Saal.

2. Verhalten in Konflikten

Wie erwähnt erleben wir eine Situation nur dann als Konflikt, wenn die Erfüllung unserer Bedürfnisse oder die Berücksichtigung unserer Interessen von unserem Gegenüber – von dem wir uns in irgendeiner Art abhängig fühlen – bedroht scheint. Bedrohung aber löst Angst aus und auf Angst reagieren wir instinkthaft mit Gegenwehr oder mit Flucht. Glauben wir Aussicht auf Sieg zu haben, nehmen wir – archaischen Mustern folgend – den Kampf auf und wir fliehen oder stellen uns „tot“, wenn wir uns als schwächer und unterlegen einschätzen. Diese instinkthaften Reaktionen sind uns aber keineswegs immer bewusst, d. h. wir entscheiden uns im Augenblick einer als bedrohlich wahrgenommenen Situation nicht dafür, uns so und nicht anders zu verhalten, sondern wir reagieren in Bruchteilen von Sekunden in der Art, wie wir es gewohnt sind und wie es bisher unser „Überleben“ gesichert hat.

Übung: „Mein Konfliktverhalten“

Denken Sie an verschiedene Konflikte in Ihrem Leben:

- Welche Gefühle nehmen Sie in solchen Situationen am stärksten bei sich wahr (Wut, Enttäuschung, Trauer, Verachtung etc.)?
- Welche körperlichen Symptome gehen mit diesen Gefühlen einher? Welche Körperhaltung nehmen Sie ein?
- Wie reagieren Sie typischerweise, wenn Sie sich angegriffen fühlen (schreien, klagen, weinen, drohen, weglaufen etc.)?
- Neigen Sie in solchen Situationen dazu, sich oder Ihr Gegenüber abzuwerten?
- Welche Vorwürfe haben Sie üblicherweise an Ihren „Gegner“? Wie sehen Sie ihn in Konfliktsituationen?
- Bemühen Sie sich in Konflikten um schnellen Frieden oder warten Sie lieber ab, bis der andere den ersten Schritt tut?

Das Konfliktgeschehen selbst verläuft in verschiedenen Phasen, die von den Konfliktparteien in der Regel sehr unterschiedlich wahrgenommen werden. Doppler und Lauterburg (2002, S. 414 ff) beschreiben vier Stufen der „Eskalationsdynamik“ (Herrmann 2006, S. 1056):

Stufe 1: *Die Diskussion*

Zunächst steht die kontroverse Beurteilung einer Sachfrage im Raum. Es kommt natürlich auch vor, dass sich hinter einer scheinbar sachlichen Kontroverse ein bereits länger schwelender Beziehungskonflikt verbirgt.

Stufe 2: *Die Überlagerung*

Gekränkte und/oder emotionale Reaktionen führen dazu, dass bald jede sachliche Ebene verlassen wird und man wechselseitig recht deutliche Vorstellungen von der „Verrücktheit“ oder den niederen Motiven des anderen entwickelt.

Stufe 3: *Die Eskalation*

Spätestens dann, wenn man sich seine wechselseitigen Verdächtigungen ungefiltert sagt, ist eine Eskalationsspirale in Gang gesetzt, aus der es nur schwer ein Zurück gibt.

Stufe 4: *Die Verhärtung*

Im schlimmsten Fall redet man nicht mehr miteinander oder torpediert die jeweiligen Vorschläge und Vorstellungen des anderen.

Sobald wir eine Situation als Konflikt erleben, werden negative Gefühle ausgelöst, die äußerst unangenehme Symptome hervorrufen: Das Herz beginnt schneller zu schlagen, wir verkrampfen uns, der Magen zieht sich zusammen und wir befinden uns in höchster Alarmbereitschaft, wobei sich die Aufmerksamkeit selektiv darauf richtet, ob und wie wir angegriffen werden. Entsprechend nehmen wir nur noch wahr, was der momentanen Verfassung entspricht. Das Gute und Versöhnliche hören wir nicht mehr, weil ganz bestimmte Denkmuster aktiviert werden, die verhindern, dass wir das Gehörte sachlich verarbeiten können. Vielmehr interpretieren wir alles, was der andere sagt, als persönlichen Angriff, und wir haben meist nur noch negative Erklärungen für das Verhalten des anderen. Da wir – nicht nur, aber vor allem in solchen Situationen – unsere Vermutungen und Annahmen für Tatsachen halten, glauben wir natürlich, was wir da hören und fühlen, das sei die Wahrheit und der andere verfälsche nur die Wirklichkeit. Entsprechend vehement setzt man sich zur Wehr und verteidigt sich und seinen Standpunkt – oder man versucht das Gegenüber zu beschwichtigen, um eine Eskalation zu vermeiden, oder zieht sich gar zurück (vgl. Klein 2006).

In unserem Beispiel „Skifreizeit" lässt sich leicht erkennen, wie unterschiedliche Standpunkte aufgrund von Interpretationen, die dem Gegenüber Negatives unterstellen (Unkollegialität der Lehrerin versus Dominanz des Lehrers, der „sein Hobby für alle Schüler und Schülerinnen verpflichtend machen will"), dazu führen, dass beide Seiten sich beleidigt zurückziehen und ein gegenseitiger Austausch zunehmend verunmöglicht wird.

Konfliktlösende Interventionen „entlang der Konflikteskalation" (Herrmann 2006, S. 1059) werden deshalb von Stufe zu Stufe schwieriger:

„Die Stufe 2 (Emotionale Überlagerung) verdient besonderes Augenmerk. Hier ist eine Intervention zur Konfliktlösung oft noch gut möglich, wenn nämlich die emotionale Überlagerung wahrgenommen und berücksichtigt, ggf. auch offen angesprochen oder bearbeitet wird. Eine Intervention in den Phasen 3 (Eskalation) und 4 (Verhärtung) ist bedeutend schwieriger: In der angeheizten Stimmung der Phase 3 sind die Beteiligten erst einmal nicht bereit, über emotionale Aspekte und die damit verbundenen Verletzungen und Kränkungen zu reden, da jede persönliche Öffnung der anderen Seite ja wieder Material zur Schlacht liefert.

Hier hilft nur geduldiges Moderieren, mit dem beide Seiten erst einmal wieder Vertrauen in einen Lösungsprozess gewinnen. Dies gelingt oft nur in sehr kleinen Schritten gegenseitigen Entgegenkommens" (Doppler/Lauterburg 2002, S. 1059).

Was aber könnte dieses „geduldige Moderieren" in der skizzierten Lehrer-Schüler-Eskalation bedeuten? Worum geht es wirklich bei Klaus, dem Störenfried? Es ist bestimmt nicht leicht, sich als Lehrer angesichts solcher chronischer Konfliktlagen angemessen zu verhalten. In diesen geht es kaum um die Klärung jeweils unterschiedlicher Interessenlagen oder Standpunkte, sondern sie sind Ausdruck komplexer Individuallagen und Beziehungsschicksale, die sich in dem Verhalten des Schülers oder der Schülerin ebenfalls artikulieren. Lohnt es sich wirklich, den aktuellen Konflikt zu moderieren oder geht es nicht um etwas ganz Anderes, viel Grundsätzlicheres, dem man sich zunächst gezielt stellen müsste? Viele Undiszipliniertheiten sind Hilferufe, welche die Konfliktinszenierung als Artikulationsfläche benutzen. Nur wenn Lehrer und Lehrerinnen dann bereit sind, den aktuellen Konflikt als ein Signal für tiefer liegende Beziehungsbedürfnisse der Kinder oder Jugendlichen zu entschlüsseln, haben sie die Möglichkeit, adäquat zu reagieren.

Die Art, wie Lehrer und Lehrerinnen in schulischen Konfliktsituationen reagieren, hängt eng mit der Lehrer-Identität zusammen: „Lehrerinnen und Lehrer, die ihr Ich-Ideal bewahren und es der Wirklichkeit annähern, haben in Konfliktsituationen einen sicheren Stand. Die von ihnen ausgehende Echtheit erleichtert es, Problemsituationen zu klären und zu bearbeiten" (Singer 2008).

3. Vom konstruktiven Umgang mit Konflikten

Ungelöste Konflikte können das Lernen und das Schulleben empfindlich stören und individuell belastend wirken. Manche Lehrer neigen deshalb dazu, aus Angst vor einer undisziplinierten Klasse Konflikte vorbeugend zu unterdrücken. So versuchen sie sich zum Beispiel durch Strenge „Autorität" zu verschaffen: In Konfliktsituationen denken sie schnell an Strafandrohung und „Vergeltung" wie Nachsitzen, Strafaufgaben oder unangekündigte Proben. Dieses Vorgehen bewirkt in erster Linie eine gespannte Atmosphäre im Klassenzimmer. Lernen können Schüler aber nur, wenn Spannungen und beherrschende negative Gefühle ausgeräumt sind, wenn es also auch keine schwelenden Konflikte gibt. Doch Konflikte lösen sich nicht auf, wenn man sie ignoriert oder gar unterdrückt. Vielmehr gilt es, diese aufzugreifen, um gemeinsam konstruktive Konfliktlösungsstrategien zu erlernen und so eine Konfliktkultur zu entwickeln, die von Toleranz und gegenseitigem Respekt getragen ist (vgl. Hugo-Becker 2004; Kreyenberger 2005; Mahlmann 2000). Wirklich erfolgreich ist eine Konfliktkultur jedoch nur, wenn die Schüler und Schülerinnen das Anliegen von kooperativer Konfliktlösung und gewaltfreier Atmosphäre zu ihrer eigenen Sache machen. Konflikte in einer Form zu bewältigen, die nicht auf Sieg und Niederlage zielt, ist allerdings ausgesprochen anspruchsvoll. Die dazu notwendigen Kompetenzen müssen deshalb auch im schulischen Rahmen vermittelt werden.

Wenn wir davon ausgehen, dass – wie dies in zahlreichen Publikationen immer wieder beschrieben und in empirischen Analysen bestätigt worden ist – kein Schüler- oder Klassenverhalten sich losgelöst vom Lehrerverhalten und dem institutionellen Kontext sinnvoll verstehen lässt (vgl. Grell 1995), dann stellt sich natürlich die Frage, welche Kompetenzen und Haltungen seitens der pädagogischen Fachkräfte notwendig sind, um die Beziehungsverhältnisse innerhalb der Schule so zu gestalten, dass Störungen in den unterrichtlichen Beziehungen Vorrang vor didaktischen Belangen haben.

Will man als Lehrer oder Lehrerin konstruktiv mit Konflikten in der Schule umgehen können, dann braucht es dazu die Fähigkeit,
- eigene Gefühle und Bedürfnisse zu verstehen,
- sich in die Situation der anderen Partei einzufühlen und auf die Empfindungen und Bedürfnisse anderer Menschen angemessen zu reagieren,
- die eigenen Anteile am Konfliktgeschehen zu erkennen,
- dem andern aufmerksam zuzuhören sowie
- die eigenen Ziele und Sichtweisen so darzustellen, dass andere Menschen sie verstehen können.

- *Die eigenen Gefühle und Bedürfnisse verstehen*

Die Vermeidung einer Konflikteskalation ist nur möglich, wenn man anerkennt, dass man sich seine Gefühle selbst erschaffen hat, denn wir reagieren bekanntlich nur auf das, was wir fühlen (Angst, Zorn, Scham etc.), aber nicht fühlen wollen, „und nicht auf das, was real geschieht, oder gar auf das, was andere sagen" Klein 2006). Es ist deshalb wichtig, einen guten Zugang zu den eigenen Gefühlen zu bekommen. Auch Lehrergefühle wie Empörung, Wut und Angst gehören in die Auseinandersetzung, denn es verschärft die Aggressivität und führt zu Dauerspannungen, wenn wir sie unterdrücken. Wie aber können wir diese Gefühle zulassen, sie ernst nehmen und gleichzeitig in Beziehung zu den Kindern und Jugendlichen bleiben? Wie wird es möglich, die eigenen Gefühle verständlich zu machen und – mehr noch – sie zur Verständigung zu nutzen (vgl. Rhode u. a. 2004)?

Beispiel: „Klaus kann (manchmal) ärgern."

Das provozierende Verhalten von Klaus, dem Störenfried, wirkt nicht per se provozierend, sondern nur, wenn der angesprochene Lehrer sich provozieren lässt. Klaus versuchte dies insbesondere durch die abfälligen Kommentare zum Unterricht des Klassenlehrers zu erreichen. Und diese waren es auch, die letztlich bei Herrn Suter das entschiedene Verhalten gegenüber diesem Störversuch auslösten: Er war gekränkt, da er sich Mühe gegeben hatte, die Versuchsanordnung im Physikunterricht interessant zu gestalten – und dann kam Klaus und machte ihm (einmal mehr!) alles kaputt.

Was er aber zu diesem Zeitpunkt nicht wusste: Klaus hatte es an diesem Tag schon einmal mit derselben Provokation versucht, und zwar bei der Sozialkundelehrerin. Frau Kalovsky reagierte aber ganz gelassen und ungekränkt: „Weißt du was, Klaus, das gehört jetzt nicht hierher. Die Sache mit der Skifreizeit besprichst du bitte mit deinem Klassenlehrer. Was aber deinen Kommentar über den Unterricht anbelangt, da schlage ich dir vor, dass wir beide uns mal in Ruhe unterhalten. Ich möchte deine Meinung dazu wirklich kennen. Lass uns im Anschluss an diese Stunde miteinander reden." Und dann setzte sie einfach ihren Unterricht fort. Klaus war verblüfft. Sie nahm doch tatsächlich ernst, was er so fallen gelassen hatte, und spielte ihm den Ball wieder zu, aber ohne jede Aggression und ohne jeden Vorwurf. Eines stand fest: Der Versuch, sie zu provozieren oder gar aus der Fassung zu bringen, war ihm nicht geglückt. Stattdessen war er aufgefordert, mit ihr zu reden, aber nicht, um sich zu entschuldigen oder zu rechtfertigen, sondern um seine Meinung mitzuteilen.

Dieser Konflikt zeigt: Hinter jedem Gefühl liegt ein Bedürfnis. Wenn wir das, was wir brauchen, bekommen, fühlen wir uns gut, zufrieden und glücklich – und wenn nicht, eben schlecht, enttäuscht oder gar wütend. So auch der Lehrer, der sich Mühe gegeben hatte und sich wünschte, sein Einsatz und seine gute Absicht würden von den Schülern gesehen, der aber bestimmt auch grundsätzlich das Bedürfnis hat, von seinen Schülern anerkannt und respektiert zu werden. Den Angriff und die abfälligen Bemerkungen von Klaus wusste er in dieser Situation nicht anders zu interpretieren als so, dass Klaus ihn nicht respektiere und das, was er als Lehrer leistet, abwerte. Seine Reaktion auf diese Interpretation ist deshalb auch durchaus verständlich: Er fühlte sich gekränkt und enttäuscht und handelte entsprechend, indem er Klaus anwies, das Klassenzimmer zu verlassen, da er ihn „nicht mehr sehen" wolle – deutlicher Ausdruck emotionaler Betroffenheit.

Oft ist uns aber gar nicht bewusst, was wir eigentlich wollen, und erst die Heftigkeit unserer Reaktionen zeigt uns, dass wir offenbar Bedürfnisse haben, die wir nicht erfüllt sehen. Deshalb müssen wir uns ganz konkret mit unseren – zum Teil verborgenen – Wünschen auseinander setzen. Nur wenn wir selbst verstehen, was uns gerade treibt, was wir brauchen und um was wir uns gerade betrogen fühlen, erst dann wird es uns möglich, die Verantwortung für diese Gefühle ganz zu uns zu nehmen: Wir nehmen uns und unsere Gefühle ernst, erkennen aber auch, dass unser Gegenüber nicht „schuld" ist an diesen Gefühlen – mit einer anderen Interpretation des Geschehenen hätten wir ja auch ganz anders reagieren können auf das, was er oder sie gesagt oder getan hat. Und wir hätten anders fühlen können – ganz so wie auch Frau Kalovsky ganz anders fühlt und reagiert als ihr Kollege, obwohl ihr im Außen ja dieselbe Situation begegnet.

Nur wenn wir die eigenen Gefühle verstehen und die darunterliegenden Bedürfnisse erkennen, können wir diese konkret formulieren, und zwar in einer Form, die nicht das Gegenüber verantwortlich dafür macht, dass genau diese Gefühle in uns wach geworden sind. Sich gewaltfrei auseinander zu setzen (vgl. Rosenberg 2005; 2006) und auszudrücken, was man fühlt und was man sich vom Gegenüber wünscht, mildert die Anspannung und erleichtert die Problemlösung.

Übung: „Die eigenen Gefühle verstehen“

Denken Sie an einen Konflikt mit einem Schüler/einer Schülerin, bei dem starke Emotionen in Ihnen aufkamen:

- Was hat der Schüler/die Schülerin getan oder gesagt, was Sie aufgebracht hat?
- Wie haben Sie die Worte/das Verhalten interpretiert?
- Welche Emotion wurde von dieser Interpretation ausgelöst?
- Welches nicht erfüllte Bedürfnis lag hinter diesem Gefühl?
- Welche Bedeutung hat dieses Bedürfnis in Ihrem Leben?

- *Sich in den anderen hineinversetzen*

Wenn wir uns unserer eigenen Gefühle und Bedürfnisse bewusst sind und die Verantwortung dafür ganz zu uns nehmen, ist zwar unser Selbstwertgefühl gestärkt und wir sind uns und unseren Gefühlen ganz nah – aber wir werden Gefahr laufen, am anderen vorbei zu reden, da uns die Auseinandersetzung mit ihm und dem, was in ihm vorgehen mag, fehlt. Der andere fühlt nämlich (immer!) anders und wenn wir – gestärkt durch ein vertieftes Verständnis für uns selbst – die Andersartigkeit vergessen und von uns auf unser Gegenüber schließen, wird das jedes Verstehen verunmöglichen. Verstehen aber bedeutet, auf den anderen zuzugehen, und zwar offen und mit dem Wunsch zu erfahren, was er fühlt und braucht. Das ist mit Sicherheit nicht immer leicht – schon gar nicht, wenn wir uns angegriffen fühlen. Doch selbst wenn der andere uns anschreit oder beschimpft, verbergen sich hinter diesen Angriffen auch nur Gefühle und Bedürfnisse, denn es ist letztlich die Angst, die eine Person im Konflikt zur Demonstration der eigenen Stärke und zur Verletzung des „Gegners“ verleitet.

Beispiel: „Klaus hat Bedürfnisse.“

„Nun erzähl doch mal, wie du dich in meinem Unterricht so fühlst!“ Klaus ist verblüfft, die Lehrerin scheint das wirklich zu interessieren. Zunächst stottert er herum, doch dann wird deutlich, dass er durchaus klare Vorstellungen darüber hat, wann ihn der Unterricht anspricht und wann nicht. Die Lehrerin macht sich Notizen, und sie gibt Klaus auch einige Hinweise, wie er das mit den Vorbereitungstexten, die sie zum Lesen aufgegeben hat, besser schaffen könnte. „Ich vergesse alles, was ich gelesen habe, bereits auf der folgenden Seite.“ Sie bietet an, einen Text einmal mit ihm zusammen oder – noch besser – mit der ganzen Klasse durchzuarbeiten, um zu zeigen, wie man erreichen kann, dass man nicht alles wieder vergisst, was man gelesen hat.

Übung: „Sich in den anderen hineinversetzen“

Denken Sie nochmals an den Konflikt aus der Übung „Die eigenen Gefühle verstehen“ und fragen Sie sich, wie Ihr Schüler/Ihre Schülerin den Konflikt wohl einem Freund/einer Freundin schildern würde.

- Was denkt der Schüler/die Schülerin wohl über Sie und Ihr Verhalten?
- Was will er/sie?
- Wie hat er/sie sich gefühlt?
- Was erwartet er/sie von Ihnen oder was hat er/sie zu jenem Zeitpunkt von Ihnen erwartet?

- *Die eigenen Anteile am Konfliktgeschehen sehen*

Wenn zwei Menschen aufeinander treffen, dann ist das, was zwischen ihnen passiert, immer mehr als die Summe der beiden einzelnen Verhalten. Wenn man nämlich auf das Problem schaut und die Erklärung dafür im Verhalten des Einzelnen sucht, wird man der Komplexität des Geschehens niemals gerecht. Interaktionen zwischen Menschen verlaufen niemals linear, sondern kreisförmig (vgl.Schulz v. Thun 2000):

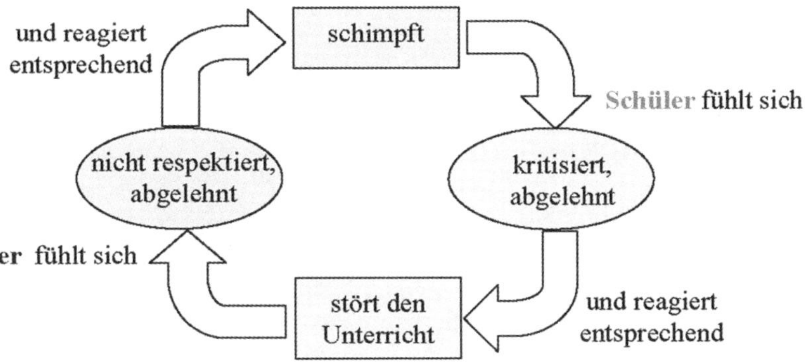

Abb. 22: Zirkularität der Kommunikation

Jeder Versuch, in Kausalketten zu denken, muss deshalb scheitern. Wir hängen aber in der Regel dem linearen Kausaldenken an und formulieren deshalb Vorwürfe wie „Weil du ..., darum habe ich ...“ Wir legen also die Interpunktion individuell fest und definieren den Beginn der Interaktion so, dass der andere zuerst etwas getan hat und wir nur darauf reagiert haben. Doch unserem Gegenüber geht es nicht anders, und deshalb ist es unmöglich, uns einig zu werden, denn wir sehen die Dinge ja vollkommen verschieden.

Beispiel: „Es geht auch anders!“

Im Gespräch mit einer Kollegin berichtet die Lehrerin über ihre Reaktion auf die Provokationen von Klaus. „Ich bin richtig stolz, dass ich nicht eingestiegen bin. Fast habe ich den Eindruck, es ist mir endlich gelungen, das alte Muster zu durchbrechen, indem ich meiner ersten spontanen Regung – nämlich ihn verärgert zurechtzuweisen – nicht gefolgt bin! Und das Erstaunlichste war: Im Anschluss an die Stunde war Klaus ganz nett und umgänglich – keine Spur seiner gewohnten provozierenden Haltung.“ Die Kollegin hört interessiert zu uns sagt: „Vielleicht sollten wir mal mit den anderen Lehrerinnen und Lehrern darüber reden, ich weiß, dass alle von den üblichen Eskalationsspiralen, in die wir uns immer wieder hineinfallen lassen, recht müde sind. Irgendwie ist es wirklich egal, wer angefangen hat oder wer „schuld“ ist an der misslichen Situation mit Klaus. Entscheidend ist doch, dass wir, die Verantwortlichen, aus solchen Spiralen auszusteigen lernen.“

Übung: „Die eigenen Anteile am Konfliktgeschehen erkennen“

Stellen Sie sich vor, Sie seien ein unbeteiligter Dritter, der Ihren Konflikt beobachtet hat.

- Was würde er über den Konflikt denken? Was könnte ihm auffallen?
- Wie würden Sie beide auf ihn wirken?
- Worüber könnte er lachen?
- Was könnte er Ihnen vorwerfen? Was würde er Ihnen empfehlen?

4. Kooperative Konfliktlösung

Soziale Kompetenz beinhaltet einerseits den bewussten und verantwortungsvollen Umgang mit den eigenen Gefühlen und Bedürfnissen, andererseits die respektvolle und interessierte Bewegung hin zum andern Menschen. Dies ist eine Grundhaltung, die nicht die Befriedigung der eigenen Bedürfnisse über die Anliegen der anderen stellt, sondern die – gerade weil sie das Eigene ernst nimmt – auch das Fremde respektiert. Einzig und allein auf dieser Basis lassen sich Lösungen für Konflikte finden, die wirklich tragfähig sind. Denn nur eine Begegnung, die auf dem Gedanken der Subjektgebundenheit von Wirklichkeit basiert, der Überzeugung also, dass es keinen „richtigen“ oder „falschen“ Standpunkt in Konflikten gibt, bietet die Chance für neue Erkenntnisse und die Möglichkeit gemeinsamer Entwicklung. Der Grundsatz lautet somit: „Niemand hat Recht, aber jeder hat Bedürfnisse.“

Was bedeutet das für den konkreten Konfliktfall? Die Durchsetzung eigener Interessen ohne Wertschätzung des Konfliktpartners ist autoritär und konfrontativ; die Wertschätzung fremder Interessen ohne den Wunsch, eigenen Bedürfnissen gerecht zu werden, ist Flucht und Selbstverleugnung. Kooperation im Konflikt aber bedeutet, Durchsetzungsfähigkeit mit Wertschätzung des Gegenübers zu verbinden (vgl. Passameras/Diemer 2005). Deshalb gilt es, sich einerseits der eigenen Wünsche und Bedürfnisse bewusst zu sein, diese ernst zu nehmen und sie authentisch zu kommunizieren, andererseits mit Interesse dem andern zu begegnen und empathisch auf dessen Gefühle und Bedürfnisse einzugehen, damit gemeinsame Lösungen gefunden werden können, bei denen es keine Verlierer, sondern nur Gewinner gibt.

- *Authentisch sprechen*

Ob wir unseren Konfliktpartnern sozial kompetent begegnen, zeigt sich in der Art, wie wir mit ihnen kommunizieren. Soziale Kompetenz beginnt – wie wir gesehen haben – mit der Bewusstheit der eigenen Gefühle und Bedürfnisse. Es gilt deshalb, diese authentisch zu kommunizieren, damit unser Gegenüber die Möglichkeit hat, uns zu begegnen und zu verstehen, was in uns vorgeht. Nur so können wir die Gefahr verringern, dass er unsere Aussagen als Kritik an ihm interpretiert und sich gezwungen sieht, sich zu verteidigen (vgl. Schulz von Thun 1981; 1989; 2000).

Die Forderung nach Ich-Botschaften haben wir bereits im letzten Modul ausführlich begründet. Doch leider wird dieser Begriff oft missverstanden: Nicht jeder Satz, der mit „Ich“ beginnt, ist eine Ich-Botschaft. „Ich finde dich gemein und ungerecht“ kann wohl nur schwer als eine Aussage interpretiert werden, bei welcher der Sprecher einzig seine eigene Befindlichkeit ausdrückt und das Gegenüber sich nicht persönlich angegriffen fühlen muss. Das aber ist die Substanz einer echten Ich-Botschaft: Statt den anderen in die Enge zu treiben oder gar abwertende Du-Botschaften zu formulieren, teilen wir mit, was wir empfinden, was bei uns ausgelöst wird und welche Bedürfnisse wir haben. Solche Aussagen haben dann die Form von „Ich fühle, weil ich brauche“. Wenn wir uns so mitteilen, drücken wir unsere Gefühle aus, statt sie auszuagieren, und wir übernehmen auch die Verantwortung für sie. Also: „Ich ärgere mich, wenn du deine Arbeit nicht machst, weil ich darauf gezählt habe und nun nicht weiß, wie wir die Sache noch fertig bekommen.“ Jeder Angriff ist dann verschwunden und der Gesprächspartner sieht sich dann nur noch mit dem Ausdruck von Gefühlen und Bedürfnissen konfrontiert.

- *Authentisch zuhören*

Es reicht aber nicht, nur die eigenen Gefühle und Bedürfnisse zu kommunizieren. Unser Gegenüber will auch gehört und gesehen werden. Es ist deshalb sehr wichtig, dem Schüler in Ruhe zuzuhören, ihn ausreden zu lassen und genau nachzufragen, wie er den Konflikt sieht, woran ihm liegt, was er sich wünscht. Nur wenn Lehrer das Problem des Schülers kennen und Anteil nehmen an seinen Ängsten, Schwierigkeiten, an Wut und Enttäuschung, können sie mit ihm gemeinsam den Konflikt regeln. Wenn der Schüler erlebt, dass man ihm aufmerksam zuhört, fühlt er sich ernst genommen; das stärkt sein Selbstwertgefühl. Deshalb ist schon das Zuhören allein eine konfliktlösende Kraft.

Doch selbst wenn wir aufrichtig darum bemüht sind, den anderen zu verstehen und ihm vorurteilslos zuzuhören, laufen wir Gefahr, durch unsere eigenen Verhaltensmuster so sehr eingeschränkt zu sein, dass wir vorschnell auf das Gehörte reagieren. Zu diesen Fallen gehören (vgl. Rhode u. a. 2004, S. 104):

- Bagatellisierungen („Ist doch nicht so schlimm!")
- Beruhigungen („Ärgere dich doch nicht!")
- Moralisierungen („Das kannst du doch nicht so sehen!")
- Belehrungen („Du weißt, dass zu einem Konflikt immer zwei gehören!")
- Beschuldigungen („Das hast du aber selber provoziert!")
- Lösungen (Versuch doch mal ...!")
- Analysen („Wenn du mich fragst, ist das so und so!")

Authentisch zuhören aber bedeutet, sich auf den andern einzulassen und seine Wahrnehmung der Dinge, seine Gefühle und Bedürfnisse ernst zu nehmen. Nur so drücken wir den Wunsch nach Begegnung und Kooperation aus: Durch verbale und nonverbale Reaktionen können wir dem Schüler zeigen, dass wir aufmerksam sind, ihn zu verstehen versuchen und Interesse an dem haben, was in ihm vorgeht. Nonverbal zeigen wir dies durch eine zugewandte Körperhaltung und durch Blickkontakt, verbal, indem wir das Gehörte (wo angebracht) zusammenfassen und nachfragen, um uns zu vergewissern, dass wir ihn richtig verstanden haben. Authentisches Zuhören basiert aber nicht nur auf der korrekten Anwendung von Fragetechniken, wie sie oft im Zusammenhang mit der Forderung nach „aktivem Zuhören" vermittelt werden, sondern auf einer inneren Haltung des Zuhörens, die einerseits vom Wunsch getragen ist, den Konfliktpartner zu verstehen, und andererseits von der Gewissheit, dass auch er über Lösungen verfügt.

- *Gemeinsame Lösungen suchen*

Tragfähig ist eine Lösung nur dann, wenn sie das Ergebnis kooperativer Bearbeitung ist und jeder Konfliktpartner auch von der Bedürfnisbefriedigung des anderen profitiert: Indem wir uns unserer eigenen Wünsche und Ziele bewusst sind, diese authentisch mitteilen und den Bedürfnissen unseres Konfliktpartners mit Interesse und Respekt begegnen, wird es möglich, gemeinsame Lösungen zu suchen, die für beide Seiten einen Gewinn darstellen. Wertschätzend mit dem Konfliktpartner umzugehen setzt aber voraus, die eigenen Gefühle, Bedürfnisse und Wünsche ernst zu nehmen, sie dem Konfliktpartner mitzuteilen und gleichzeitig die Bedürfnisse des andern zu respektieren, damit ein gemeinsamer Weg gefunden werden kann, bei dem beide sich als Gewinner fühlen (vgl. Thomann 1998).

Das eigentliche Ziel kooperativer Konfliktbewältigung ist deshalb nicht das Einnehmen und Verteidigen von Standpunkten, sondern die Auflösung der Erstarrung beider Konfliktpartner hin zur gemeinsamen Begegnung. Diese bietet die

Chance neuer Erkenntnisse und die Möglichkeit gemeinsamer Bewegungen und Entwicklungen. Da es für Jugendliche sehr wichtig ist, mit Konflikten umgehen zu lernen, sollten ihnen Möglichkeiten geboten werden zu erfahren (vgl. Singer 2008),

- wie sie aus dem Machtkampf heraustreten können, statt immer der Stärkere sein zu müssen,
- wie es ihnen gelingt, sich in ihrem Denken und Fühlen begreifen zu lassen, statt Überzeugungs-Machtkämpfe zu führen,
- dass Gewalt nicht mit Gegengewalt beantwortet werden muss und dass wechselseitiges Verstehen an die Stelle von Vergeltung treten kann,
- dass es nicht darum geht, zu siegen und andere zu Verlierern zu machen, sondern darum, Verständigung anzustreben und im Kontakt zu bleiben.

Jede Lösung in einem Konflikt ist nur so gut wie der Weg dorthin: Wenn die Lösung durch Kampf entstanden ist, kann sie nicht tragfähig sein. Wird nämlich ein Konflikt dadurch beendet, dass der eine sich dem andern unterwerfen muss, weil er entweder hierarchisch schwächer, sozial oder emotional abhängig oder in seiner Persönlichkeit zu wenig selbstsicher ist, um sich für seine Bedürfnisse einzusetzen, dann kann die erzwungene „Lösung“ nicht von Dauer sein: Sachlich scheint zwar alles geklärt, auf der persönlichen Ebene aber bestehen Differenzen, die jederzeit – und nun noch verstärkt – wieder zu einem Konflikt führen können.

Sehr oft ist es so, dass eine Auseinandersetzung schneller eskaliert, als wir es merken. Sobald die Emotionen dann brodeln, ist es nur schwer möglich, kooperativ nach gemeinsamen Lösungen zu suchen. Gelingt es in dieser Situation nicht, zur inneren Ruhe zurückzukehren, um ohne Vorwürfe und Verletzungen in einer wertschätzenden Form miteinander umzugehen, ist es besser, das Gespräch zu vertagen und sich in aller Ruhe mit dem auseinander zu setzen, was geschehen ist – in uns, zwischen uns und um uns herum. Erst im Anschluss an eine Reflexion des Konfliktes in der Art, wie wir sie hier erarbeitet haben, kann ein Klärungsgespräch angegangen werden. Selbstverständlich kann ein solches Gespräch auch im Klassenverband geführt werden. Dies ist vor allem dann sinnvoll, wenn der Konflikt die Klasse als Ganzes tangiert und alle Schüler in der oben beschriebenen Weise von der Erfahrung der konstruktiven Konfliktlösung lernen können.

Die wichtigsten Schritte in einem Klärungsgespräch sind (vgl. dazu auch Kreyenberger 2005):

Persönliche Beweggründe darlegen

Wenn wir versuchen, einen aufkeimenden oder bereits ausgebrochenen Konflikt konstruktiv zu lösen und deshalb den Konfliktpartner zu einem Klärungsgespräch einladen, ist es wichtig, diesem darzulegen, warum wir das Gespräch wünschen, welche Hoffnungen wir damit verbinden und welche Ziele uns dabei wichtig sind.

Bedürfnisse und Befindlichkeiten der Konfliktpartner erfragen

Jede Person, die am Konflikt beteiligt ist, sollte die eigenen Befindlichkeiten und die darunterliegenden Bedürfnisse darlegen, ohne den anderen die Schuld zu geben oder sie anzuklagen. In dieser Phase ist es wichtig, gemeinsam festzulegen, dass keiner den anderen unterbricht, sondern vielmehr aufmerksam zuhört und interessiert nachfragt.

Die eigene Problemsicht aufzeigen

Jeder Konfliktpartner beschreibt, wie er das Problem sieht. Wird der Konflikt in der Klasse besprochen, kann diese dabei helfen, eine Problembeschreibung zu finden, welche die Bedürfnisse beider Personen berücksichtigt, aber niemandem die Schuld gibt. Die Personen, die der Konflikt betrifft, müssen dieser Definition zustimmen.

Gemeinsam nach Lösungen suchen

Die Konfliktpartner versuchen, eine Lösung für die als problematisch erlebte Situation zu finden, die beiden Seiten gerecht wird. Dazu werden in einem ersten Schritt mögliche Lösungen gesammelt, ohne diese zu kommentieren oder zu bewerten. Erst in einem zweiten Schritt geht jede Partei des Konflikts die verschiedenen Alternativen durch und sagt, welche Lösungen für sie akzeptabel wären. Schließlich einigt man sich auf einen Lösungsweg, wobei man sichergehen sollte, dass beide Parteien zustimmen und ihre Bemühungen zur Lösung des Konflikts anerkennen.

Überprüfung der Lösung

Sinnvoll ist es abzusprechen, wie die Lösung zu bewerten ist resp. wie man beurteilen will, ob diese Lösung den gewünschten Erfolg bringt. Die Bewertung kann am nächsten Tag stattfinden, in der nächsten Woche oder in einem Monat. Wichtig ist nur, dass man gleich beim Klärungsgespräch vereinbart, wann man gemeinsam die unternommenen Lösungsversuche besprechen will. Nur so kann gewährleistet werden, dass die im Konflikt ausgebrochenen negativen Emotionen so weit ernst genommen werden, dass man auch nachträglich noch die dahinterliegenden Bedürfnisse beider Seiten berücksichtigt und allenfalls notwendige neue Lösungsversuche angeht.

Beispiel: „Mit Klaus kann man reden."

Die Provokationen von Klaus sind einmal mehr Gesprächsthema im Lehrerzimmer – diesmal aber auch die unterschiedlichen Formen, darauf zu reagieren. Der Klassenlehrer, der selber nicht wirklich stolz darauf ist, wie leicht er sich auch diesmal wieder von Klaus hat provozieren lassen, hört aufmerksam zu, als Frau Kalovsky von ihrer angenehmen Unterredung mit Klaus berichtet, und er nimmt sich vor, mit Klaus einmal ernsthaft zu reden, um herauszufinden, was da eigentlich läuft und wie es für alle in Zukunft besser werden könnte.

Zu Hause redet Paul Suter mit seiner Frau darüber. „Was ich nicht verstehe", sagt sie, „ist, dass du dich von einem Siebzehnjährigen dermaßen provozieren lässt. Was geht denn in solchen Augenblicken in dir vor?" Suter versucht sich seine Gefühle zu ver-

gegenwärtigen. „Ich bin empört darüber, dass dieser Flegel die Frechheit hat, meinen Unterricht so abzuwerten", sagt er schließlich. Doch wie gewohnt gibt sich seine Frau damit nicht zufrieden und bohrt nach: „Empört? Warum denn empört? Und inwiefern wertet er deinen Unterricht ab?" Suter merkt, wie es bereits wieder in ihm zu kribbeln beginnt. Offenbar versteht ihn seine Frau nicht, ja, sie nimmt seine Gefühle der Empörung nicht ernst und hinterfragt sogar deren Berechtigung. Fast scheint es ihm, als wolle sie den Jungen verteidigen, statt sich in ihn hineinzuversetzen und zu verstehen, wie verletzend es ist, in seinen Bemühungen, ja in seiner Leistung nicht anerkannt zu werden. Ein Junge, der ihm, dem Lehrer, sagt, dass sein Unterricht schlecht ist, und dass dieses Urteil von allen geteilt wird! Von allen! Er ist also der Versager, der schlechte Lehrer, dem man nur aus Angst folgt? Und seine Frau? Sie versteht nicht, dass er empört ist?

Noch während die Gefühle in ihm brodeln, hört er seine Frau sagen: „He, du bist ein so guter Lehrer. Hat sich nicht kürzlich erst ein Vater bei dir dafür bedankt, dass du seiner Tochter mit so viel Geduld immer und immer wieder die gleiche Aufgabe erklärt hast, bis sie sie endlich verstanden hat? Du weißt doch im Grunde deines Herzens, dass deine Schüler dich mögen und dass die Provokationen von diesem Jungen nichts mit dir zu tun haben. Er macht das doch bei allen Lehrern – oder?" Suter schaut seine Frau verwundert an und er spürt, wie unsagbar gut es ihm tut, dieses Lob von ihr zu hören. Gleichzeitig aber nagt in ihm auch ein leichter Zweifel an dem, was sie sagt. Meint sie es ernst oder will sie ihn nur beruhigen? „Weißt du, Paul, ich frage mich immer wieder, warum du so schnell daran zweifelst, dass du ein guter Lehrer bist und deine Schüler gerne zu dir in den Unterricht kommen." Suter sagt nichts, aber er merkt, dass sie den wunden Punkt getroffen hat. Ja, man kann ihn ganz schnell verunsichern und dann bleibt nichts oder kaum mehr etwas übrig von seinem Selbstbewusstsein. Das war schon immer so: Kritik – zumal unberechtigte – bedeutet für ihn Ablehnung. Und wer ihn ablehnt, mag ihn nicht. Und mit Menschen, die ihn nicht mögen, will er nichts zu tun haben. Lieber zieht er sich dann enttäuscht zurück, obwohl er sich das genaue Gegenteil davon wünschen würde, nämlich Nähe und ein vertrauensvolles Miteinander. Das ist sein Interaktionsmuster und es ist ihm nicht neu. Dass es aber auch im Klassenzimmer so dominant wirkt, war ihm bisher nicht aufgefallen. Fast muss er ein wenig lächeln, als ihm klar wird, mit welcher Bedeutung er den „armen Klaus" damit behaftet hat. Es dauert nicht lang, und er ist imstande, ohne Empörung auf den Vorfall mit Klaus zu schauen und durchaus einzuräumen, dass Klaus ihm vielleicht gar nicht persönlich auf die Füße treten wollte. Warum dann verhält sich Klaus immer so, dass man sich über ihn ärgern muss? Noch bevor er zu Bett geht, entdeckt er etwas Neues in sich: Er ist tatsächlich neugierig darauf zu erfahren, was in Klaus vorgeht.

Da das Thema „Klaus" seiner Meinung nach die ganze Klasse betrifft, nimmt sich Suter vor, das Thema auch mit der ganzen Klasse zu besprechen. Allerdings will er vorher mit Klaus reden, um zu vermeiden, dass dieser sich bloßgestellt fühlt und glaubt, sich verteidigen zu müssen. Für Suter steht fest: Er will Klaus verstehen und erfahren, warum er sich so verhält und was er sich wünscht. Er will Klaus aber auch klar aufzeigen, was dessen Verhalten bei ihm auslöst und dass er solche Situationen in Zukunft nicht mehr will. Zusammen mit der Klasse soll dann anschließend besprochen werden, wie die Mitschüler die Situation erleben und welche Möglichkeiten es gibt, künftig anders miteinander umzugehen.

Teamentwicklung – Der Königsweg der Schulentwicklung?

„You cannot understand a system unless you change it“
(Kurt Lewin).

1. Was heißt „Teamentwicklung“?

Teamentwicklung rückt die Kollegialität in den Fokus einer modernen Personalentwicklung und Personalförderung. Die Organisation Schule gerät dabei als ein sozialer Raum der Interaktion und Kommunikation in den Blick, der durch Konzepte und Strategien gezielt kooperativer und effektiver gestaltet werden kann. Im Vordergrund steht das Bemühen der Verantwortlichen, aus Individuen (Stichwort: Einzelkämpfer) und den mehr oder weniger regelmäßig tagenden Lehrergruppen (z.B. Fachkonferenzen, Steuerungsgruppen) Teams werden zu lassen. Claus G. Buhren und H.-G. Rolff stellen hierzu fest:

„Gruppen zu Teams weiterzuentwickeln ist deshalb ein wichtiger Weg, vielleicht sogar der Königsweg zur Kollegiumsentwicklung. (...) Zunächst bedeutet Teamentwicklung, Gruppen arbeitsfähig zu machen“ (Buhren/Rolff 2002, S. 122).

Für die Teamentwicklung ist die Unterscheidung einer Sach- und einer Beziehungsebene hilfreich. Zur Sachebene gehören die Zielorientierung und die Aufgabenbewältigung, während der Zusammenhalt im Team sowie die Verantwortungsübernahme durch die Teammitglieder eher von den Beziehungen und der Beziehungsqualität im Team abhängig sind. Das Zusammenwirken von Sach- und Beziehungsebene in Organisationen wird gerne mit dem Eisbergmodell veranschaulicht, wofür man auch die Bezeichnung „Titanic-Phänomen“ (ebd., S. 123) verwendet: Die Sache, um die es geht, ist häufig mehr oder weniger klar, doch ist diese nur die Spitze des Eisbergs; der bei weitem größere Teil des Organisationslebens ist unsichtbar und kann unter der Oberfläche destruktiv wirken. Es sind die Ängste, Einstellungen, Vorbehalte und (negativen) Erfahrungen, die ein Projekt scheitern lassen können.

Beispiel: „Wir gestalten unser Schulprogramm.“

Im Rahmen eines Schulentwicklungsprojektes wurden während eines Studientages auch Projektgruppen gebildet, deren Aufgabe es sein sollte, arbeitsteilig jeweils einen der fünf Wandlungsbereiche, die man gemeinsam für den „Weg zu einer gewaltfreien und humanen Schule“ identifiziert hatte, auszugestalten. In der Gruppe, die sich mit dem Bereich „Gewaltprävention“ beschäftigen wollte, kam die Arbeit nicht recht in Gang. Von Anfang an konkurrierten zwei rivalisierende Fraktionen miteinander: Die einen wollten die Präsenz der Lehrkräfte auf dem Pausenhof intensivieren, um bei jeder kleinen Rempelei sofort zugegen sein zu können, die anderen pochten auf ihr Recht auf „Erholung und Regeneration“, wie sie es nannten. Schnell landete man bei persönlichen

Angriffen wie „Letztlich geht es euch doch nur um euer Wohlbefinden!" oder „Man sollte auch nicht jede Schulsituation pädagogisieren!" Die Wortführer der beiden Fraktionen entstammten zudem ganz unterschiedlichen Lagern im Kollegium: Während der Vertreter der Erholungsinteressen der Lehrkräfte auch als Personalratsvertreter stets die Standesinteressen in den Vordergrund zu rücken suchte, war der Repräsentant des Konzeptes „Präsenz auf dem Pausenhof" als engagierter und aufstrebender Pädagoge bekannt, der in fast jeder Diskussion für grundlegende Veränderungen und Verbesserungen der Unterrichts- und Schulpraxis eintrat. Rasch hatten alle Beteiligten den Eindruck, dass sich in ihrer Projektgruppe eine Konstellation wieder aufbaute, die ihnen nur allzu bekannt war, und sie glaubten nicht daran, sich wirklich zielorientiert einigen zu können.

Teams benötigen zwar eine klare Aufgabe sowie gemeinsam Ziele, die sie anstreben (hier bleibt manches oft im Diffusen), doch garantiert ein professionelles Projektmanagement allein keinen Erfolg. Teams müssen vielmehr auch ein Wir-Gefühl sowie geeignete Formen der Kommunikation und der Konfliktansprache sowie der Konfliktbewältigung üben. Teamentwicklung ist auf die Entstehung und Reifung einer Kooperationskultur angewiesen, die möglichst wenig im Verborgenen lässt und auf den vier Säulen der Ziel- und Aufgabenklarheit einerseits sowie des Zusammenhalts und der Verantwortungsübernahme andererseits beruht. Es ist eine zentrale Aufgabe von Führungskräften, auf die Entwicklung und Förderung einer entsprechenden Kooperationskultur in der Organisation zu achten und diese gezielt zu unterstützen (vgl. Philipp 1998; Langmaack/Braune-Krickau 1985). Dadurch kann viel bewegt werden. So zeigen z. B. neuere Forschungsergebnisse, dass die Beschäftigung von Lehrkräften mit Fragen der Veränderung ihrer Kooperation in der Schule deutlich positive Auswirkungen auf die Einschätzung der eigenen diesbezüglichen Ressourcen und Möglichkeiten hat (vgl. Märki 2007): Lehrerinnen und Lehrer, die konkrete Strategien zum Umgang mit Konflikten und Stress sowie zur Förderung der eigenen Ressourcen – der persönlichen und der des Kollegiums – gesammelt haben, sind eher motiviert, die Kooperation in der Schule zu verbessern und die Entwicklung ihrer Schule zu optimieren. Teamentwicklung erweist sich zugleich auch als eine wichtige Bedingung für einen wirklichen Erfolg didaktischer Innovationen (vgl. Tenberg 2006).

Claus G. Buhren und Hans-Georg Rolff schreiben:

„Auf der Sachebene geht es darum, Vorgehensweisen und Methoden zu entwikkeln oder auszuwählen und eine für die Aufgabenerfüllung zweckmäßige Arbeitsteilung und Arbeitsorganisation zu finden. Die Formulierung des Sachproblems und erst recht seine Lösung ist jedoch erst möglich, wenn eine gewisse Vertrauensbasis vorhanden ist; denn oft sind mit einem Problem und seiner Benennung sensible Personen besonders betroffen, fühlen sich bedroht und kritisiert. Vertrauen und Sicherheit auf der Beziehungsebene sind eine wichtige Voraussetzung für die Sacharbeit. Die Teammitglieder müssen also zusätzlich zur Sachkompetenz auch die Sozialkompetenz pflegen und weiterentwickeln.

Auf der Beziehungsebene muss jedes Team passende Normen und Werte für die Zusammenarbeit finden. Sie wird mit unterschiedlichem Status und unterschiedlichen Rollen bewusst umgehen müssen, da weder eine Gleichmacherei noch eine zementierte Hackordnung das Team weiter bringt. Mut und Angst, Sympathie und Antipathie sind neben den eben genannten Aspekten weitere Elemente, die das Geschehen auf der Beziehungsebene des Teams bestimmen. Sozialkompetenz bedeutet dabei, die Prozesse auf dieser Ebene zu sehen, sie in ihren Auswirkungen einschätzen und sie beeinflussen zu können“ (Buhren/Rolff 2002, S. 124).

Für den Erfolg einer Teamentwicklung ist die gezielte qualitative Gestaltung der Sach- und der Beziehungsebene der Teams in einer Organisation notwendig. Die Teamentwicklung ist auf das Bemühen der Führungskräfte, gezielt die Kooperationskultur in der Organisation zu fördern, angewiesen.

Im konkreten Fall kam der Schulleiter in eine der ersten Projektsitzungen und moderierte die Konfliktlösung, indem er zunächst beide Seiten ihre Argumente vortragen ließ und darauf achtete, dass dabei wertschätzend und sachbezogen miteinander umgegangen wurde. Schließlich gelang es ihm, eine Kompromissformel zu entwickeln, der zufolge die zusätzliche Belastung der Lehrkräfte durch eine Präsenz-auf-dem-Pausenhof-Regel überschaubar blieb. Man einigte sich zunächst auf eine Verdoppelung der aufsichtsführenden Lehrkräfte. Zugleich verabredete man, konkrete Interventionsformen bei Rempeleien und Raufereien auf dem Schulhof zu definieren, entsprechende Gewaltinterventionstechniken zu trainieren und auch ältere Schülerinnen und Schüler in die Mediation bei Konflikten einzubinden. Zwei Lehrkräfte der Gruppe erklärten sich bereit, ein geeignetes Mediatoren-Training für Schülerinnen und Schüler als Team zu entwickeln und anzubieten.

2. Der Teambildungsprozess

Erfolgreiche Teamentwicklung setzt nicht nur eine Kooperationskultur voraus, es ist auch notwendig, Schritt für Schritt vorzugehen und nicht alles auf einmal zu erwarten. Gruppen benötigen Zeit, um sich zu Teams zu entwickeln. Diese Entwicklung ist üblicherweise krisenhaft, d. h. es kommt immer mal wieder zu Uneinigkeit und auch zu Konflikten. Nur durch die erfolgreiche Bewältigung dieser Krisen gelingt es den Gruppen, zu einer weiteren Reifungsstufe voranzuschreiten. W. Staehle referiert eine bewährte Phaseneinteilung der Gruppenentwicklung, die auch geeignet ist, schulische Teamentwicklungen zu beschreiben:

Phase	Gruppenstruktur	Aufgabenbearbeitung
1. Forming	Unsicherheit, Abhängigkeit von einem Führer, ausprobieren, welches Verhalten in der Situation akzeptabel ist.	Mitglieder definieren Aufgaben, Regeln und geeignete Methoden.
2. Storming	Konflikte zwischen Untergruppen, Aufstand gegen den Führer, Polarisierung der Meinungen, Ablehnung einer Kontrolle durch die Gruppen.	Emotionale Ablehnung der Aufgabenorientierung.
3. Norming	Entwicklung von Gruppenkohäsion, Gruppennormen und gegenseitiger Unterstützung; Widerstand und Konflikte werden abgebaut bzw. bereinigt.	Offener Austausch von Meinungen und Gefühlen; Kooperation entsteht.
4. Performing	Interpersonelle Probleme sind gelöst, Gruppenstruktur ist funktional zur Aufgabenerfüllung, Rollenverhalten ist flexibel und funktional.	Problemlösungen tauchen auf, konstruktive Aufgabenbearbeitung, Energie wird ganz der Aufgabe gewidmet (Hauptarbeitsphase).

Abb. 23: Phasen der Gruppenentwicklung nach Tuckman (zit. n. Staehle 1989, S. 256).

Die Projektgruppe „Gewaltprävention" drohte bereits in der Stormingphase stecken zu bleiben, bei vielen Teilnehmenden war bereits eine „emotionale Ablehnung der Aufgabenorientierung" feststellbar. Durch die Moderation der Schulleitung sowie die Einführung einer Kommunikationsregel – „Wir kommunizieren grundsätzlich wertschätzend und aufgabenbezogen!" – konnte es gelingen, ein Kompromissmodell und arbeitsteilig zu klärende Aufgaben zu verabreden.

Um die Phasen einer Teamentwicklung erfolgreich durchlaufen zu können, ist es notwendig, die Rollenverteilung zu klären und auch gezielt den Gruppenzusammenhalt zu fördern. Hierzu sind klare Absprachen, eine gewisse Regelmäßigkeit der Zusammenkünfte, die deutliche Rahmung dieser Zusammenkünfte (Leitung bzw. Moderation, Tagesordnung, Protokoll etc.) sowie ggf. die Durchführung besonderer Teambildungsveranstaltungen von grundlegender Bedeutung. Zudem ist der Umgang mit Konflikten zu üben, da sich in diesen Beziehungsprobleme ungefiltert austoben, was die Entwicklung des Teams negativ beeinflussen kann. Im Anschluss an Friedrich Glasl lassen sich drei Empfehlungen für einen kooperationsförderlichen Umgang mit Konflikten definieren:

- *Einseitig Ich-Botschaften aussprechen*, um eigene Wahrnehmungen und Beurteilungen ohne Wertung zu artikulieren, statt diese zu verschweigen oder Vorwürfe („Du-Botschaften") zu artikulieren,

- *Unerwünschtes („Non-Values") ansprechen* (verdeutlichen, was man nicht will) und schließlich
- *beginnende Konflikte in der Gruppe frühzeitig ansprechen*, um beginnende soziale Irritationen oder gar Systemwiderstände rechtzeitig „behandeln" zu können (zit. nach Philipp 2006, S. 740).

Bei einer Teambildung bilden sich in der Regel typische Rollen heraus, von denen die des Moderators oder die des Strategen oder des Gestalters die bekanntesten sind. Es gibt aber auch die Rolle des Bedenkenträgers oder die des Agenten der Leitung, um nur zwei weitere Rollen ins Spiel zu bringen. In der Praxis der Teamentwicklung kommt es darauf an, die positiven Rollen angemessen zu besetzen und die negativen Rollen, d. h. die, die das Wir-Gefühl der Gruppe unterminieren können, bewusst zu machen.

Die Projektgruppe „Gewaltprävention" verabredete auf Vorschlag eines Mitgliedes zudem, sich selbst zunächst auch noch stärker mit funktionierenden Anti-Gewalt-Konzepten im schulischen Kontext zu befassen. Alle stimmten der Idee zu, eine für ihr Anti-Gewalt-Programm bekannte Schule in einer benachbarten Stadt zu besuchen und dort gewissermaßen aus erster Hand im Gespräch mit Lehrkräften sowie Schülerinnen und Schülern zu erfahren, wie dieses Programm funktioniert und mit welchen Schwierigkeiten bei der Einführung eines entsprechenden Konzeptes im Schulalltag zu rechnen sei. Diese gemeinsame Aktion war zugleich ein erster Schritt für die Entstehung eines Wir-Gefühls in der Projektgruppe: Die gemeinsame Aufgabe trat in den Vordergrund und half, anfängliche Interessengegensätze und persönliche Vorbehalte zu überwinden.

3. Professionelle Gemeinschaften

Der Ansatz der „professional learning communities" (Fullan 1999) stellt die Selbstverantwortung der Professionals für die Unterrichts- und Schulentwicklung in den Vordergrund. Während die Schulleitungen für die Förderung der Kollegialität zuständig sind, nehmen die fachlich dafür qualifizierten Lehrkräfte die Ausgestaltung der inhaltlich zu bewältigenden Aufgaben selbst in die Hand und bearbeiten diese in sogenannten „Professionellen Lerngemeinschaften" (PLG). Grundlage ist eine „Deprivatisierung der Lehrerrolle", was – wie Philipp es ausdrückt – „ein verändertes mentales Modell voraussetzt. In diesem Sinne gilt die Entwicklungsempfehlung: Von der Ich-AG, die den Lehrerberuf ja traditionell prägt, zur PLG" (Philipp 2006, S. 738). Dabei wird keineswegs dafür plädiert, neue und zusätzliche Gremien im Schulalltag zu etablieren,

„(...) vielmehr geht es darum, die vorhandenen schulischen Fachkonferenzen, Jahrgangsteams etc. auf den Qualitätsgedanken hin zu orientieren. Systematisch gesehen bilden die PLGs die Nahtstelle zwischen Personal- und Unterrichtsentwicklung, in denen Lehrer/innen lernen, um das Lernen der Schüler/innen zu verbessern" (ebd.).

Professionelle Lerngemeinschaften (PLGs) sind somit die andere Seite eines Schulentwicklungsprozesses, in welchem die Leitung sich auf die systemische Gewährleistung der Prozesse beschränkt und damit den Professionals die Verantwortung für die inhaltliche Gestaltung der Prozessaktivitäten und für die professionelle Weiterentwicklung der Schule selbst überlässt.

In diesem Sinne lebt die systemische Schulentwicklung von einer Teamentwicklung, durch welche Einzelkämpfer und Gruppen sich zu professionellen Lerngemeinschaften entwickeln können. Lehrkräfte benötigen für die PLG-Arbeit methodische sowie soziale und kommunikative Kompetenzen (z. B. zum Sitzungsmanagement sowie zum Ansprechen und zur Bearbeitung von Konflikten), während die Schulleitungen sich in erster Linie als Ermöglicher und nicht als Kontrolleure im Prozess der Schulentwicklung zu verhalten lernen müssen. Modernes Schulmangement einerseits sowie PLG-Arbeit andererseits sind die beiden Zahnräder, die ineinandergreifen müssen, damit Schulentwicklung nachhaltig gelingt (vgl. Arnold/Griese 2005).

Mögliche Inhalte einer PLG-Arbeit

- Herausfinden von best practice
- Austausch von Erfahrungen
- Anbahnung und Auswertung von Hospitationen
- Entwicklung und Austausch von Arbeitsmitteln
- Organisation und Auswertung von Schülerfeedback
- Klärung und Überprüfung der Leistungsstandards
- Austausch von Klassenarbeiten und Paralellarbeiten
- Systematische Fort- und Weiterbildung

Abb. 24: Mögliche Inhalte einer PLG-Arbeit (Philipp 2006, S. 738)

4. Teamentwicklung als Teil der Schulentwicklung

„Schulentwicklung“ hat sich im europäischen Rahmen seit dem Ende der 60er Jahre als ein eigenständiges Feld der wissenschaftlichen Forschung und der professionellen Gestaltung herausgebildet. Seine Wurzeln liegen – folgt man H. G. Rolff, dem großen deutschen Schulentwickler – in der Implementationsforschung und in der Einzelschulorientierung (Rolff 2007, S. 11). Erstere lieferte die Einsichten in die Nicht-Linearität von Reformvorhaben einerseits und die Unmöglichkeit einer kontrollierenden und interventionistischen Schulaufsicht andererseits. Man begann sich umzusehen und die Organisations- sowie Teamentwicklungskonzepte der angewandten Psychologie zu adaptieren, woraus ein sich zunehmend ausdifferenzierendes Steuerungswissen erwuchs, das mittlerweile auch in eigenständigen Studienangeboten gebündelt und in der Ausbildung professioneller Leitungskräfte vermittelt wird[1]. Damit vollzog auch die herkömmliche Pädagogik eine Blickausweitung von der Schulpädagogik zur Organisationspädagogik: Es waren nicht mehr nur die Erziehung und der Unterricht, welche im Fokus von Forschung und Theoriebildung standen, man öffnete den Blick vielmehr auch für die Fragen nach den Formen und Möglichkeiten einer professionellen Gestaltung von Organisation, Führung und Kooperation (bzw. Teamentwicklung) sowie Qualitätssicherung im schulischen Kontext.

Einen wichtigen Schritt vollzog die Schulentwicklungsdebatte dabei durch ihre allmähliche Lösung von der Staatsperspektive. Zwar benötigt Bildung eine öffentliche Verantwortung, weshalb der Staat Standards definieren und Ressourcen bereitstellen soll, doch was vor Ort möglich ist, ist nicht von zentralen Vorgaben und der Rigidität der Kontrolle, sondern von der Selbstorganisation und einer sozialen Systemik abhängig, welche von den Führungskräften zwar aktiviert und gebündelt, aber kaum außer Kraft gesetzt werden können. Aus diesem Grunde gerieten verstärkt die Strategien eines partizipativen Managements in den Blick. Schulische Führungskräfte mussten lernen, dass

- es von ihrem Geschick und Know-how abhängt, ob Innovationen in ihrer Schule „greifen" können oder im Widerstand des Systems erstickt werden,
- man durch Zielvereinbahrungen und Feedback-Formen Kollegien motivieren und Entwicklungen in Gang setzen kann,
- Schule klare Vorstellungen von der Qualität ihrer Angebote braucht, um diese überprüfen und optimieren zu können,
- solche Optimierungsvorhaben ein Projektmanagement benötigen, das von klaren Zuständigkeitsverteilungen, Terminvereinbarungen sowie Evaluationsmechanismen „lebt",
- Leitung im Sinne einer „Prozessbegleitung" eine höherstufige Steuerung umfasst, die sich nicht mehr um Details, sondern um Zielerreichungen und die Transformation des Ganzen kümmert, und
- Schulleitung nicht nur Administration bedeutet, sondern auch die Personalentwicklung als Führungsaufgabe umfasst.

In diesem Sinne ist Schulentwicklung heute in vielfacher Hinsicht ein Changemanagement im Kontext einer öffentlichen Einrichtung, die keine Produkte herstellt, sondern Lern-, Bildungs- sowie Erziehungsprozesse professionell gestaltet. Sie ist für eine Dienstleistung in öffentlicher Verantwortung zuständig, wobei es sich um eine Dienstleistung der besonderen Art handelt. Unterricht und Erziehung können nämlich keine Erfolge garantieren, sie können nur das Erforderliche gewährleisten. Lernen muss das Subjekt selbst. Aus diesem Grunde be-

[1] Zu erwähnen ist insbesondere der Master-Fernstudiengang „Schulmanagement" von Rolf Arnold und H.-G. Rolff an der TU Kaiserslautern (www.zfuw.de) oder auch das Angebot „Systemische Schuleentwicklung" des Netzwerkes systhemia (www.systhemia.com).

misst sich die Qualität der Schulentwicklung auch nicht in erster Linie nach den tatsächlichen Erfolgen der Schülerinnen und Schüler, sondern zunächst einmal nach den ihnen gebotenen Möglichkeiten und den Zugängen inhaltlicher und didaktischer Art.

Moderne Schulpädagogik muss heute Vielfalt offerieren – in ihren Programmen und Lernformen selbst, aber auch in dem professionellen Vermögen der Lehrerinnen und Lehrer. Diese können sich ihren Schülerinnen und Schülern nicht länger bloß einfach „zumuten“, vielmehr müssen sie professionelle Reaktionen garantieren.

Damit ist ein wesentlicher, vielleicht auch noch etwas ungewöhnlicher Aspekt der schulischen Personalentwicklung angesprochen: Der Lehrerberuf entwickelt sich mehr und mehr zu einem Beratungsberuf, während die Lehrfunktion allmählich zurücktritt bzw. sich wandelt. Inhalte werden in der Wissensgesellschaft omnipräsent und das Lernen wird uns lebenslang abverlangt, weshalb Schule nicht mehr die Vermittlung von Inhalten gewährleisten, wohl aber auf den Umgang mit deren eskalierender Fülle vorbereiten muss. Der damit verbundene Wandel der Lehrerrolle ist noch kaum im Bewusstsein der Lehrkräfte, aber auch nicht in den Personalentwicklungsvorstellungen der Schulleitungen und der Schuladministration angekommen.

Die Zuwendung der Pädagogik zu den institutionellen Besonderheiten der Gestaltungseinheit „Einzelschule“ in den 1980er Jahren war ein notwendiger Schritt, um sich von den vielfach überschätzten bildungspolitischen Vorstellungen von den Möglichkeiten aktiver Schulreform zu lösen und sich den konkreten – kleinräumigeren – Formen einer nachhaltigen systemischen Innovation wirklich zuwenden zu können. Die Schulentwicklung wurde dadurch systemischer und folgte in ihren Konzepten mehr und mehr den neueren systemischen Managements- und Kommunikationskonzepten (vgl. Senge 1997).

Der Satz von H.-G. Rolff „Wer den Unterricht verändern will, muss mehr als den Unterricht verändern“ (Rolff 2007, S. 15) steht für diese Öffnung, markiert aber zugleich das Verbindungsstück zwischen der Pädagogik einerseits und der Schulentwicklungstheorie als einer allenfalls organisationspädagogischen Konzeption andererseits. Geht es der Schulentwicklung um die erfolgreiche Gestaltung organisationaler Systemiken, so ringt die Unterrichtstheorie, also die Didaktik, ebenfalls um Formen und Verfahren, um die Aneignungsbereitschaft sowie die Aneignungsleistungen im Unterricht zu optimieren. Dass die neuere Didaktik dabei ebenfalls auf systemisch-konstruktivistische Konzepte zurückgreift, um die methodische Gestaltung sowie das Arrangement und die Wirkungsdimensionen eines selbstgesteuerten Lernens (vgl. Arnold 2007a; Reinmann-Rothmeier/Mandl 1997) auszuloten und allmählich zu stärker methoden-

Fokus: Die Einzelschule

Steuerungswissen	**E:Organisations-entwicklung**	Leitfragen: Für welche Ziele (Leitbild, Schulprogramm) stehen wir? Wie muss sich die Organisation wandeln, um diese Ziele zu erreichen?
Kooperationswissen	**C: Teament-wicklung**	*Leitfrage:* Welche Kompetenzen benötigt die Schule, um ihr Programm zu realisieren, und durch welche Maßnahmen können diese bei den Kollegen und in den Teams gewährleistet werden? ***(Was bedeutet der Satz: „Führungskräfte führen durch die Weiterbildung und Vernetzung ihrer Mitarbeiter für die Schulentwicklung?)***
Didaktikwissen	**B: Unterrichts-entwicklung**	*Leitfrage:* Wie müssen wir unseren Unterricht verändern, damit sich *die* Kompetenzen entwickeln können, die unsere Schülerinnen und Schüler benötigen, um die Situationen ihres späteren Lebens „regulieren" zu können (wie es im ersten Nationalen Bildungsbericht heißt)? ***(Was bedeutet der Satz: „Der Kern der Schulentwicklung ist die Unterrichtsentwicklung"?)***
Erziehungs-wissen	**A: Erziehungs-entwicklung**	*Leitfragen:* Wie können wir gewährleisten, dass unsere Beziehung zu den Schülerinnen und Schülern so gestaltet ist, dass wir auch und gerade mit den als schwierig empfundenen oder gar gefährdeten Kindern und Jugendlichen in Kontakt bleiben? Wie können wir gewährleisten, dass wir uns unserer Klientel nicht einfach nur zumuten (entrüstet, verärgert, überfordert oder anfallsartig), sondern in der Art unserer Reaktion auch die Einsichten der systemisch-konstruktivistischen Kommunikationskonzepte berücksichtigen?

Fokus: Das Subjekt

Abb. 25: Die vier Stufen der Schulentwicklung

orientierten Formen der Gestaltung von Lehr-Lern-Prozessen zu gelangen, ist bemerkenswert, eröffnet sich doch dadurch mehr und mehr die Chance, Schulentwicklung „aus einem (theoretischen) Guss" zu gestalten.

Der Satz „Wer den Unterricht verändern will, muss mehr als den Unterricht verändern" (Rolff 2007, S. 15) könnte allerdings auch noch für eine weitere Öffnung stehen[2]: die Öffnung hin zur ursprünglichen pädagogischen Zuständigkeit, nämlich der Erziehung unserer Kinder und Jugendlichen. Ohne Erziehung gelingt Unterricht ebenso wenig, wie ohne die adäquaten Rahmenbedingungen.

---

[2] Diese Auslegung ist ganz im Sinne von Rolff, der in einem persönlichen Gespräch genau diese zukünftig notwendige Doppelperspektive „Unterrichten & Erziehen" betonte, weshalb in Zukunft damit zu rechnen sein dürfte, dass nicht der Unterricht allein, sondern der Unterricht und die Erziehung in den Fokus der Schulentwicklung rücken werden.

Allerdings wissen Lehrerinnen und Lehrer oft ebenso wenig wie die Eltern, was angesichts wirkungsloser Erziehungsbemühungen wirklich zu tun ist; sie reagieren vielfach ohne die zugrunde liegenden Systemiken des Subjekts wirklich zu verstehen, tragen durch ihre Aktionen oft ungewollt zur weiteren Eskalation der Erziehungskommunikation bei und konnten noch keine wirkliche Beziehung zu ihren eigentlichen Klienten, den schwierigen und oft auch vielfach gefährdeten Kindern und Jugendlichen entwickeln. Dies zu verändern, ist eine – erst in Ansätzen in den Blick gerückte – Basisaufgabe moderner Schulentwicklung.

Schulleitungen müssen ihre Organisations- und Personalentwicklung nicht bloß an didaktischen Konzepten orientieren, sondern auch mehr und mehr an schulischen Erziehungskonzepten, die von einem professionelleren Zuschnitt sind als die in der Öffentlichkeit häufig anzutreffenden Schlichtparolen, die z. B. Disziplin fordern, wo In-Beziehung-Treten pädagogisch notwendig ist und deshalb auch von den schulischen Professionals erwartet werden muss (vgl. Arnold 2007b). Wer Schulen entwickeln möchte, benötig somit beides: einerseits die Hinorientierung zu den Fragen, mit denen uns eine schulische Organisations-, Team- und Programmentwicklung konfrontiert, andererseits die Rückwendung zum Subjekt, das uns mit seinem Verhalten und seiner Orientierungslosigkeit und Gefährdung oft aufregt, überfordert und verärgert. Nicht nur die Lehrkräfte, sondern auch die Schulklassen müssen sich zu Teams entwickeln lernen (vgl. Weeber 2005; Klippert 1998); dies ist eine Form, den Erziehungsauftrag von Schule modern und wirkungsvoll aufzugreifen. Professionelle Schulentwicklung muss aus dieser Lähmung gegenüber dem angeblichen Erziehungsnotstand heraustreten und mutige Konzepte einer systemisch nachhaltigen Erziehungsintervention entwickeln und erproben, stets um die Paradoxie wissend, dass Kinder und Jugendliche bzw. Schülerinnen und Schüler zwar erziehbar sind, aber nicht erzogen werden können.

Übung: „Teamcheck“

Bearbeiten Sie den folgenden „Teamdiagnosebogen“. Überlegen Sie bei den unbefriedigenden Noten 2–3 konkrete Maßnahmen, um in dem jeweiligen Kriterienbereich innerhalb der nächsten 3 Wochen deutliche Verbesserungen erreichen zu können:

Team-Check: Teamdiagnose-Bogen
(erweitert nach: Philipp 2006, S. 734)

	1	2	3	4	5	6	
Zielorientierung							
1. Uns sind die Ziele des Teams unklar.							Die Ziele unseres Teams sind uns klar.
2. Ich identifiziere mich nicht mit den Zielen des Teams.							Ich identifiziere mich mit den Zielen des Teams.
3. Unsere Ziele sind unrealistisch und unerreichbar.							Unsere Ziele sind realistisch und erreichbar.
Aufgabenbewältigung							
4. Die Teammitglieder wissen nicht genau, was sie zu tun haben.							Die Teammitglieder kennen ihre Aufgaben.
5. Informationen werden oft zu spät ausgetauscht.							Informationen werden rechtzeitig ausgetauscht.
Zusammenhalt							
6. Einige denken zu viel an sich selbst.							Das Team steht im Mittelpunkt und nicht der Einzelne.
7. Es gibt Konkurrenz zwischen den Teammitgliedern.							Konkurrenz zwischen den Teammitgliedern ist kein Thema.
8. Wir reden nicht offen und frei miteinander.							Wir reden offen und frei miteinander.
9. Wir behalten wichtige Informationen für uns.							Wir bringen alle wichtigen Informationen in unser Team ein.
Verantwortungsübernahme							
10. Wir denken selten über Verbesserungen nach.							Wir denken ständig über Verbesserungen nach.
11. Die Teammitglieder vermeiden es, Verantwortung zu übernehmen.							Die Teammitglieder übernehmen Verantwortung.
Strategische Personalentwicklung							
12. Wir verfügen über keine konkreten Visionen und Strategien unserer Schulentwicklung.							Wir verfügen über konkrete Visionen und Strategien unserer Schulentwicklung.
13. Wir arbeiten nicht auf der Basis klarer Kompetenzanforderungen an unsere Lehrkräfte zusammen.							Wir arbeiten auf der Basis klarer Kompetenzanforderungen an unsere Lehrkräfte zusammen.
Einzelschulorientierung							
14. Wir verändern kaum unseren Unterricht gezielt.							Wir verändern unseren Unterricht gezielt.
15. Wir verändern nicht mehr als den Unterricht.							Wir verändern mehr als den Unterricht.

Übung: „Rollen im Team“

Kreuzen Sie in der folgenden Übersicht die max. drei Rollen an, die Sie in einem Team schon einmal gespielt haben. Markieren Sie die Rolle, die Ihnen am meisten liegt.

Identifizieren Sie die Rollen, die in Ihren Teams unbesetzt sind. Wer nimmt diese Funktionen stattdessen (mit) wahr oder werden sie nicht wahrgenommen?

Rollentypen in erfolgreichen Teams
(Philipp 2006, S. 736)

Typ		Typische Eigenschaften	Positive Qualitäten
St	Der Stratege/ die Strategin (strategist)	weitblickend, mutig, tatkräftig, ideenreich, konzeptionell	denkt über den Tellerand hinaus, erkennt Kraftfelder in Systemen, Interesse an Erneuerung
Id	Der Ideengeber/ die Ideengeberin (plant)	individuell, ernsthaft, unorthodox, vom Herkömmlichen abweichend	Innovative Begabung, Vorstellungskraft, Intellekt, Wissen, visionär
Ak	Der Aktivierer/ die Aktiviererin (ressource-investigator)	extrovertiert, enthusiastisch, neugierig, wissbegierig, kommunikativ	besitzt die Eigenschaft, Kontakt zu Personen aufzunehmen und alles Neue zu erforschen, kann Herausforderungen annehmen
Ge	Der Gestalter/ die Gestalterin (shaper)	geht aus sich heraus, dynamisch, zielorientiert, setzt sich durch	hat den Willen und die Bereitschaft, die Trägheit, Ineffektivität, Selbstgefälligkeit oder Selbsttäuschung zu bekämpfen
Mo	Der Moderator/ die Moderatorin (chairman/ coordinator)	ruhig, selbstsicher, beherrscht, defensiv, steuernd	besitzt die Eigenschaft, potenzielle Mitarbeiter/innen mit ihren Werten und Verdiensten ohne Vorurteile aufzunehmen, einzubinden und mit ihnen umzugehen, starke Wahrnehmung für objektive Gegebenheiten
Tw	Der Teamworker/ die Teamworkerin (teamworker)	sozial orientiert, freundlich	besitzt die Fähigkeit, auf Menschen und Situationen einzugehen und den Teamgeist zu fördern
Qu	Der Qualitätssicherer/ die Qualitätssicherin (completer-finisher)	sorgfältig, gewissenhaft, fleißig, eifrig	besitzt die Eigenschaft, Dinge durchzuziehen, Perfektionismus, Liebe zum Detail
Sy	Der Systematiker/ die Systematikerin (monitor evaluator)	nüchtern, besonnen, vorsichtig, logisch	Beurteilung, Diskretion, Nüchternheit, Praxis, stabile Klarheit
Zu	Der/ die Zuverlässige (company worker/ implementer)	konservativ, vorsichtig, loyal, pflichtbewusst	organisieren, praktisch gesunder Menschenverstand, hart arbeitend, selbstdiszipliniert, verantwortlich

Die Qualitätskonzepte und ihre schulische Bedeutung

„Qualität ist kein Zufall,
sie ist immer das Ergebnis
angestrengten Denkens“
(John Ruskin 1819–1900).

1. Was ist pädagogische Qualität?

Seit Mitte der 90er Jahre des letzten Jahrhunderts geistert ein Begriff durch die Bildungslandschaft, der bisweilen mehr zu versprechen scheint, als er tatsächlich zu halten vermag: Es ist der Begriff der Qualität. Ursprünglich entstammt dieser Begriff den kundenorientierten Ansätzen der Warenproduktion, denen es darum ging, im Wettbewerb die Erwartungen und Bedürfnisse der Abnehmer möglichst vollständig zufrieden zu stellen. Der durchschlagende Gedanke dabei war der, dass es darum gehe, eine „Null-Fehler-Toleranz“ zu realisieren, damit z. B. Kunden nicht nur ein Auto, sondern alle ihre Autos bei ein und derselben Marke kaufen. Ziel war die Kundenbindung durch die Produkt-, aber auch die Service-Qualität zu intensivieren.

Um dieses Ziel zu erreichen, wurde es notwendig, die einzelnen Schritte und Schnittstellen im Produktionsablauf genauer zu analysieren. Jeder Mitarbeiter sollte die volle Verantwortung für den Schritt im Ablauf übernehmen, für den er zuständig ist. Hierfür mussten deutliche Kriterien und Kennzahlen definiert werden, mit deren Hilfe jeder beurteilen konnte, ob seine Arbeitshandlung den Qualitätsansprüchen entspricht oder nicht. Sein „Kunde“ war der Kollege oder die Kollegin, die das Produkt weiterbearbeitete. „Qualität“ wurde dadurch eine Anforderung an jeden einzelnen Akteur, und es verbreitete sich in den Unternehmen eine Feedback-Kultur, die es jedem Einzelnen ermöglichte, die Qualität seiner eigenen Handlungen kritisch unter die Lupe zu nehmen und zu verbessern. Die Förderung des Qualitätsbewusstseins aller Akteure im System wurde zu *der* Leitmaxime einer modernen Unternehmenssteuerung.

Die Übernahme entsprechender Steuerungskonzepte in die Bildungspraxis von Schule, Ausbildung und Weiterbildung ging nicht geräuschlos vonstatten (vgl. Arnold/Gómez Tutor 2006). Es wurde von den Lehrerinnen und Lehrern vielfach als eine Provokation empfunden, plötzlich alle Bildungsbemühungen unter dem Gesichtspunkt einer oft diffusen Qualitätsüberprüfung zu beurteilen, und man war auch unsicher, ob und inwieweit Bildung dadurch nicht zu einem Produkt gemacht werde, was sie ja ganz offensichtlich nicht ist.

Beispiel: „Lehrer diskutieren über Qualitätsentwicklung."

In einer Schule fand sinngemäß folgender Dialog statt:

Lehrer A: „Das Gerede um Qualität und Qualitätssicherung geht mir irgendwie auf den Geist. Als hätten wir so nicht schon genug zu tun. Außerdem klingt das, was unsere Kultusminister vorhaben, irgendwie so, als sei das alles schlecht, was wir seit vielen Jahren im Unterricht machen. Ich fühle mich wie unter einem Generalverdacht und nicht gewürdigt in meiner Arbeit."

Lehrer B: „Mir geht es manchmal ähnlich, obgleich ich es schon legitim finde, wenn auch Schule sich über die Wirksamkeit ihrer Arbeit Rechenschaft abgibt. Ich wäre froh, wir hätten an unserer Schule einen wirklichen Dialog darüber, was wir erreichen wollen und welche Schritte wir dafür in Angriff nehmen. So wurstelt jeder vor sich hin. Was mich aber auch stört und sogar ärgert, ist die alte Kontrollmentalität, mit der die Schulaufsicht – schon diese Bezeichnung regt mich auf – sich immer feinere Kontrollmechanismen ausdenkt und nicht erkennt, dass das System 'Schule' sich nur von innen heraus ändern kann."

Lehrer C: „So einfach ist das nicht. Wie ihr wisst, bin ich ja an die Agentur für Qualitätssicherung abgeordnet und meine Aufgabe ist es, Schulen bei ihrem Prozess der Qualitätsentwicklung zu unterstützen. Meine Erfahrung ist, dass man, wo man hinkommt, nicht willkommen ist. Die Kollegien vor Ort behandeln einen fast feindlich und sie verstehen unseren Besuch als Eingriff in ihre Belange. So geht es auch nicht."

Lehrer B: „Aber genau da liegt doch das Problem! Man beteiligt die Lehrerinnen und Lehrer nicht wirklich. Sie bekommen Standards und Qualitätssicherungsverfahren vorgesetzt, die sie dann – bitte schön – systemisch umsetzen sollen. Die Bildungspolitik hat ihre Lektion noch nicht gelernt, sie kann die Selbstorganisation der Schulen vor Ort noch nicht wirklich aushalten."

Lehrer C: „Was soll das denn heißen? Ohne einen gewissen Druck geht es nicht, das weiß ich aus eigener Erfahrung. Wenn man die Schulen nicht knallhart mit Vorgaben konfrontiert, verändert sich nichts und es bleibt alles beim Alten. Und das ist nicht mehr gut genug, wie uns die PISA-Studien deutlich vor Augen führen."

Lehrer B: „Irgendwie habt ihr beide Recht. Wir brauchen Vorgaben, besser noch Rahmenbedingungen. Aber gleichzeitig brauchen Lehrerinnen und Lehrer Wertschätzung und Vertrauen. Sie müssen in ihrer Kompetenz ernst genommen werden. Sie sind es letztlich, die ihre Schulen verändern können, sonst niemand. Oder glaubt ihr, dass ein Kulturminister Qualität ohne die Unterstützung der Lehrerinnen und Lehrer durchsetzen kann? Die Kollegien sind ja durchaus willig, wenn man ihnen nicht gleich mit Evaluierung kommt. Da wird das Pferd von hinten aufgezäumt, finde ich."

Lehrer C: „Oh, das ist ja nun wieder so was von allgemein. Ich nehme dich gerne mal mit auf eine meiner Evaluierungs-Einsätze vor Ort."

Lehrer B: „Nein danke! Wenn Du mich fragst, benötigen wir in den nächsten fünf Jahren keine Evaluierung, sondern eine echte systemische Entwicklungsarbeit. Das heißt ganz konkret: Wir brauchen Schulleiter-Fortbildungen, denn ohne die Akzeptanz und auch die Kompetenz der Verantwortlichen läuft gar nichts. Und natürlich müssen auch die

Lehrerinnen und Lehrer fortgebildet werden. Sie haben sich nur selten in ihrer Ausbildung mit den neuen Steuerungstechniken und den systemischen Formen der Kooperation und Unterrichtsentwicklung beschäftigen können. Dies kann man nun nicht einfach voraussetzen, denn das löst Angst und Widerstand aus. Und schließlich benötigen wir einen Haltungswechsel bei allen Beteiligten.“

Lehrer A: „Na, dann lasst uns doch einmal bei uns selbst anfangen. Was können wir denn tun, um in unserer Schule – gewissermaßen in Selbsthilfe – solche Voraussetzungen zu schaffen?“

Bildung ist kein Produkt, Bildungsarbeit ist allenfalls eine besondere Dienstleistung. Während sich der Käufer eines Autos mit dem Gegenstand, den er erwirbt, gewissermaßen objektiv (als Gegenüberobjekt) auseinander setzen, ihn ausprobieren und benutzen oder auswechseln kann, ist Bildung ein Prozess, der sich im lernenden und sich entwickelnden Subjekt selbst vollzieht. Das Subjekt ist gewissermaßen an der Herstellung der Bildungsqualität beteiligt. Die Verantwortlichen können lediglich Voraussetzungen für eine gelingende Bildung schaffen, nicht jedoch gewährleisten oder gar verantworten, dass der gewünschte Effekt auch erreicht werden kann. Pädagogische Qualität kann somit allenfalls als eine Art Dienstleistungsqualität konzipiert, überprüft und beurteilt werden. Gleichzeitig ist aber auch für eine pädagogische Qualitätssicherung der Blick auf die wesentlichen Anspruchgruppen grundlegend:

„Qualität meint die bewertete Beschaffenheit eines Bildungssystems, einer Schule oder einer Klasse, gemessen an den in einem politischen Aushandlungsprozess gefundenen Ansprüchen und Zielvorstellungen aller am Bildungswesen interessierten Gruppierungen und Personen“ (Dubs 2006, S. 1213). Pädagogische Qualität ist Dienstleistungsqualität. Dieser geht es um die Klarheit der Zielsetzung, die Wirksamkeit der Umsetzungsmaßnahmen, die Transparenz nach innen und außen, die Stimmigkeit des internen Steuerungssystems, die wirksame Sicherung der Qualität sowie die Verfügbarkeit und Einbindung von Ressourcen (Schratz 2006).

2. Systemische Qualitätssicherung

Die vorliegenden Qualitätssicherungsansätze folgen überwiegen einer linear-mechanistischen Illusion. Nur vergleichsweise selten werden systemisch-konstruktivistische Begründungen für eine Bestimmung von Qualität und Qualitätssicherung zu Rate gezogen, die „einen anderen Umgang mit Pluralität“ (Holtz 2008, S. 14) nahe legen und auch zu einem gewandelten Verständnis des Verhältnisses von Wissenschaft und Praxis anregen. Legt man diese zugrunde, so kann man feststellen:

Qualität ist nur ein Wort, d.h. ein Konstrukt, unter dem sich unterschiedliche Beobachter Unterschiedliches vorstellen (können). Bevor der Qualitätsbegriff für die Pädagogik „entdeckt“ wurde, gab es andere Begriffe und Konzepte, mit denen der Erfolg und die Wirksamkeit von Bildung beschrieben wurde. „Neu“ an den Qualitätskonzepten ist das systemische Anliegen der Konsens- und Transparenzorientierung.

Qualität ist ein Impact-Begriff. Er beschreibt die Wirkungen einer systemischen Interdependenz vieler Bedingungen und Faktoren, die nicht intentional „gemanagt“, sondern bloß beobachtet und arrangiert werden können. Es ist deshalb zumeist kurzschlüssig, eine beobachtete Wirkung ausschließlich auf bestimmte Interventionen oder politische Maßgaben zurückzuführen. Gleichwohl können Rahmenbedingungen verändert sowie neue Sichtweisen, Visionen und Verfahrensweisen ins Spiel gebracht werden.

Systemische Qualität hat mehr mit der Anschlussfähigkeit von Interventionen an die Gegebenheiten eines Gegenübers zu tun als nur mit der Präzision von Standards oder der „Modernität“ von Steuerungsmechanismen. Wesentliche Voraussetzungen für erfolgreiche Qualitätssicherung sind die Wertschätzung und die verantwortliche Einbindung der Akteure (Lehrerinnen und Lehrer, Eltern sowie Schülerinnen und Schüler) sowie das Commitment aller Beteiligten mit dem Qualitätsprogramm.

„In letzter Konsequenz sind alle für die Qualität verantwortlich: die Schulleitung, das Kollegium, aber auch die Schülerinnen und Schüler sowie die Eltern. Denn die Schülerinnen und Schüler sind als Koproduzenten des Lernens oder Lernpartner zu verstehen. Lernen setzt Eigenaktivität voraus; Schüler sind nicht als Schwämme, die Wissen bloß aufsaugen, was für ‘Verstehen’ ohnehin ganz unmöglich wäre, sondern eher als Konstrukteure ihrer ‘Wissensbasis’ und als Interpreten von Sinn und Bedeutung zu begreifen. Sie haben also ein eigenes Interesse an der kontinuierlichen Verbesserung der Qualität des Unterrichts. Wichtig ist, dass die Qualitätsstandards gemeinsam besprochen werden – zwischen Schülern und Lehrern, zwischen Leitungen und Kollegium, zwischen Behörden und Leitungen – und Ausdruck im Schulprogramm finden. Nur so werden sie zum Eigentum und erlangen Klarheit, Akzeptanz und Überprüfbarkeit“ (Kempfert/Rolff 1999, S. 29).

Die wesentlichen Elemente einer pädagogischen Qualitätssicherung sind somit:

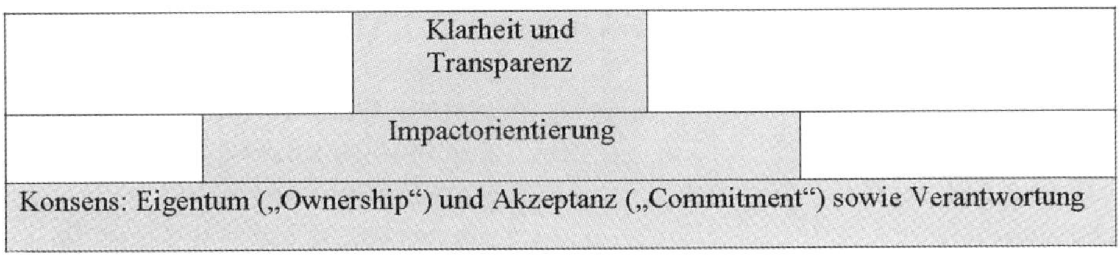

Abb. 26: Aspekte einer pädagogischen Qualitätssicherung

Nimmt man die Konzepte einer pädagogischen Qualitätssicherung in den Blick, so kann man feststellen, dass diese in unterschiedlicher Weise diese Aspekte aufgreifen und in ihren Strategien berücksichtigen. Seltener noch findet man eine wirkliche Berücksichtigung der Überlegung, dass das Anliegen der Qualitätssicherung eine „Vorsorge-Perspektive" (Arnold/Faber 2000, S. 12) voraussetzt, da „wer ständig in den Rückspiegel schaut, Gefahr (läuft) das Steuern in die richtige Richtung zu vernachlässigen" (ebd.). Aus systemischer Sicht geht es bei der Qualitätssicherung letztlich darum, „die Auswahl geeigneter Selbstbeobachtungen" (Krusche 2008, S. 168) zu organisieren und so alle Beteiligten auch zu einer Art „gemeinsamen Führungsleistung" (ebd., S. 170) zu führen. Nur indem man sich bewusst ist, auf welche Kennzahlen bzw. Kriterien des Erfolges man hinarbeitet, kann das Bemühen um Qualitätssicherung eine wirkliche Nachhaltigkeit entfalten.

Aus diesem Grunde greifen auch alle Qualitätssicherungskonzepte, die Schule und Unterricht lediglich besser beurteilbar gestalten wollen, zu kurz. Sie übersehen den notwendig systemischen Charakter der Qualitätssicherung, deren Substanz und Tragfähigkeit sich allein aus der Dynamik sowie den Potentialen und der Energie des Systems selbst ergeben können. Alle Versuche der Etablierung eines verfeinerten Systems der Kontrolle, Beurteilung und Steuerung sind demgegenüber – auch wenn sie unter der Flagge der Qualitätssicherung daherkommen – nicht wirklich geeignet, die Schulen zu entwickeln, „(…) weil sie nicht funktionieren, weil sie nicht akzeptiert werden und weil sie für die meisten Einzelschulen nicht passen. Anstelle dessen treten mehr und mehr Selbstorganisation in Form von Eigeninitiative und situationsangemessene Lösungen in lokaler und regionaler Schulentwicklung, die allerdings überlokale Unterstützung benötigen" (Rolff 1993, S. 9).

Maßgebend für eine solche systemische Sicht der Dinge ist die Frage nach der Nachhaltigkeit, d. h. das Bemühen, tatsächliche Veränderungen im System zu erreichen und sich dabei auch von den vertrauten Konzepten wie dem der Schulaufsicht mehr und mehr zu lösen. Qualitätssicherung als eine wichtige Komponente der Schulentwicklung geht deshalb auch mit einer veränderten Aufgabenzuschneidung für die Schulaufsicht einher. Diese versucht nicht mehr länger über detaillierte Vorgaben die Entwicklungen in der Einzelschule zu steuern, sondern gibt lediglich den Rahmen vor. Hierzu entwickelt sie ein regionales Schulentwicklungsprogramm, welches jede einzelne Schule in einem eigenen Schulprogramm dann für sich selbst konkretisiert. Es kommt einer dezentral orientierten Schulaufsicht nicht länger darauf an, dass Schulen nur die Vorgaben umsetzen, sondern vielmehr ihrer eigenen Entwicklung selbst Vorgaben geben. Schulprogrammarbeit ist so gesehen für die Einzelschule der zentrale Ansatzpunkt für eine pädagogische Qualitätssicherung.

	Zentrales Steuerungsmodell	Dezentrales Steuerungsmodell
Die Schulaufsicht	... vermittelt Vorgaben an Schule ... stellt Anforderungen an Schule ... definiert Expertise ... trifft Entscheidungen aufgrund von aktuellen Vorkommnissen ... sucht Fehler und ahndet Verfehlungen	... entwickelt ein regionales Schulentwicklungsprogramm ... betreibt regionales Management ... nimmt Einfluss auf die Rahmenbedingungen schulischer Initiativen ... evaluiert ihre eigene Arbeit ... betreibt externe Metakommunikation
Die Schule	... setzt Vorgaben von oben um ... passt Unterricht an Erwartungen an ... richtet sich am Expertenmodell aus ... sucht Wege zur Vermeidung von Fehlern ... vermeidet, vertuscht Fehler	... entwickelt ein regionales Schulprogramm ... betreibt lokales Management ... definiert Erfolgskriterien und setzt Maßnahmen (Schulprogramm) ... formuliert Erfolgskriterien ... evaluiert ihre eigene Arbeit ... reflektiert die Qualität der Selbstevaluation

Abb. 27: Vom zentralen zum dezentralen Steuerungsmodell schulischer Qualitätssicherung (vgl. Rosenbusch 2004)

3. Qualität entwickeln – aber wie?

Qualitätssicherung fällt nicht vom Himmel. Sie setzt vielmehr eine absichtsvolle und professionelle Steuerung und Kooperation – eine „gemeinsame Führungsleistung" (Krusche 2008, S. 170) – voraus. Dafür sind die Führungskräfte ebenso gefragt wie die Teams (Kollegien, Steuergruppen, Projektgruppen) einer Schule oder die einzelnen Lehrerinnen und Lehrer. Alle sind durch eine einigende Vision zu verbinden, d. h. es bedarf eines Konsenses zu der Frage nach dem Leitbild („Wer sind wir? Was ist uns wichtig?") und des Schulprogramms („Wo wollen wir hin?"). Auf einer solchen Basis kann eine systematische Qualitätssicherung gestaltet werden.

Die wesentlichen Dimensionen, die bei der Umsetzung einer entsprechenden Qualitätssicherung in Angriff zu nehmen sind, umfassen die folgenden Aspekte (nach: Arnold/Faber 2000, S. 104 f):

Unterrichtsentwicklung

„Gibt das Qualitätssystem Hinweise zur Entwicklung eines modernen Unterrichts? Inwieweit werden innovative Unterrichtsmethoden, die Entwicklung von Schlüsselqualifikationen und Handlungskompetenzen sowie die Verbindung von Lernkultur und Sozialerfahrung berücksichtigt?"

Organisationsentwicklung

„Steht das Qualitätssystem im Kontext eines planvollen und systematischen Organisationsentwicklungsprozesses?"

Personalentwicklung

„Welche Bedeutung misst das Qualitätssystem personalen Komponenten bei? Inwieweit liefert es Hinweise für eine konzeptionell begründete Personalentwicklung (Personalauswahl, -planung, -führung und -förderung)?"

Evaluation

„Ist die Erhebung und Analyse von Daten und Informationen ein integraler Bestandteil des Qualitätssystems?"

Professionalität

„Gibt das Qualitätssystem Hinweise auf die notwendigen Kompetenzen von Schulleitung und Lehrerschaft im Rahmen des Organisations- bzw. Schulentwicklungskonzeptes?"

Pädagogisches Leadership

„Liegt dem Qualitätssystem ein modernes Führungsverständnis zugrunde, welches von einem grundlegenden Zusammenhang zwischen Führungsverhalten sowie Schul-/Organisationsentwicklung, Schulmanagement, Unterrichtsentwicklung und Evaluation ausgeht?"

Ganzheitlichkeit/Integrativität

„Liegt dem Qualitätssystem eine systemische Sicht einer Organisation zugrunde, welche dem Zusammenhang der einzelnen Kriterien/Elemente/Komponenten besondere Bedeutung beimisst? Kann von einem Stakeholder-Ansatz (Berücksichtigung aller Anspruchsgruppen) gesprochen werden?"

Diese Dimensionen werden von ganz unterschiedlichen Qualitätssicherungssystemen aufgegriffen. Zu unterscheiden sind technikorientierte Ansätze (z.B. DIN EN ISO 9000ff), marktorientierte Ansätze (z.B. Gütesiegelmodelle), Ansätze mit staatlichem oder gesetzlichem Einfluss (z.B. Fernunterrichtsschutzgesetz, auch Vorgabe zentraler Bildungsstandards (vgl. Ebner 2006)) sowie ökonomisch orientierte Ansätze (z.B. Balanced Scorcard) oder Modelle eines umfassenden (teilweise mit Qualitätspreisen operierenden) Qualitätsmanagement (z.B. EFQM). Mittlerweile ist neben diese klassischen Qualitätssicherungsverfahren eine wahre Flut von unterschiedlichsten, teilweise auch sehr spezifischen

Verfahren getreten. Insbesondere in der beruflichen Weiterbildung ist mittlerweile eine differenzierte Qualitätssicherungslandschaft entstanden, die auch die pädagogischen Zwischenrufe zur Frage der Messbarkeit von Qualität aufgegriffen hat. Teilweise sind auch explizit lernerorientierte Verfahren entwickelt worden wie die „Lernerorientierte Qualitätstestierung in der Weiterbildung" (LQW) (vgl. Markert 2006).

Fasst man die in diesen Bestrebungen um Qualitätssicherung gewonnenen Erfahrungen zusammen, so kann man feststellen, dass die professionelleren Bildungseinrichtungen (z.B. in der Weiterbildung) sich von der Suche nach einem One-best-Mode der Qualitätssicherung schon längst verabschiedet haben. Standard ist heute vielmehr die Erwartung (auch bei den SGB III-geförderten Weiterbildungsträgern), dass sie systematische Instrumente zur Qualitätssicherung anwenden und weiterentwickeln. Zudem werden Verfahren der Selbstevaluierung in der Regel mit externen Evaluierungsverfahren verbunden, um zu Qualitätsbeurteilungen zu gelangen, die auch dem Selbstanspruch der Akteure Rechnung tragen. In diesem Sinne unterscheidet auch H.-G. Rolff zwei unterschiedliche Konzepte zur Qualitätssteuerung: „das von der Zentrale her konzipierte QM und das von der Entwicklung von Einzelschulen her gedachte Modell" (Rolff 2007, S. 195), und er macht auch keinen Hehl aus der Frage, welchem Konzept er im Kontext von Schulentwicklungsvorhaben den Vorzug gibt. Er plädiert für ein „integriertes Qualitätsmanagement" (ebd.):

„Das von der Schule ausgehende Grundmodell A ist mit dem von zentralen Standards ausgehenden Modell B nicht unvereinbar. (...) Auch wissen wir aus der Organisationsentwicklung, dass Bottom-up-Ansätze und Top-down-Ansätze notwendig zusammengehören, wenn (Qualitäts-) Entwicklungen gelingen sollen. (...) Druck und Zug können zusammenkommen – Zug allerdings nur, wenn die beteiligten Länder entsprechende Unterstützungssysteme für die Einzelschulen aufbauen. Qualitätsmanagement kann nur durch Schulentwicklung realisiert werden. Die Schulen müssen lernen, ihr Qualitätsmanagement in die eigenen Hände zu nehmen" (Rolff 2007, S. 214 und 219).

Für die Praxis sind solche eher strategischen Überlegungen von zentraler Bedeutung, obgleich ihre verbindliche Präzisierung noch aussteht. Für diese gibt es mittlerweile zahlreiche Vorschläge – auch aus dem Kontext der Diskussion über die Frage „Was ist eine gute Schule?". Hierzu hat u.a. Helmut Fend sieben Merkmale zusammengestellt, die auch für die Qualität von Schulentwicklung von grundlegender Bedeutung sind:

- klare Konzeption pädagogischer Leitideen,
- effiziente Führung,
- hohe Erwartungen,

- gestaltete Schulumwelt
- bestmögliche Zeitnutzung
- Beobachtung von Lernfortschritten,
- förderliche Beziehungen zwischen Schule, Familie und Umwelt (Fend 2000, S. 60).

Diese Merkmale markieren auch die Handlungsbereiche, auf denen ein professionelles Schulmanagement deutliche Entwicklungen in Richtung auf klare Zielsetzungen initiieren sollte. Es ist – wie Sybille Rahm schreibt –

„(...) die Aufgabe des Schulmanagements, Qualitätsentwicklung auf allen Ebenen zu fördern. Dabei geht es nicht um die Erfüllung von Merkmalskatalogen, sondern um interaktiv erarbeitete Lösungen der professionellen Gemeinschaft. (...) Das Plädoyer für ein induktives Verfahren bei der Qualitätsdefinition zieht die Notwendigkeit einer breiten Dokumentation von Schulerneuerungsprozessen ebenso wie von Langzeitbeobachtungen nach sich. Schulen mit Gestaltungsautonomie werden damit in die Pflicht genommen, Qualitätsentwicklung nachzuweisen“ (Rahm 2005, S. 52f).

Solche Überlegungen schaffen in den Lehrerkollegien nicht immer Klarheit, Lehrerinnen und Lehrer wurden nur unzureichend in ihrer Ausbildung auf den Umgang mit Qualitätssicherungssystemen vorbereitet. Distanz und Zurückhaltung sind deshalb verständlich. Es bedarf eines pragmatischen Ansatzpunktes der Qualitätssicherung, und es bedarf einer Schulleitung, die mit ihrem Kollegium auch in der Schulentwicklung zu kooperieren vermag.

Beispiel: „Fortsetzung des Dialoges“

Lehrer A: „Also, ich weiß nicht, irgendwie blicke ich nicht durch bei all diesen Konzepten. Und „Qualitätssicherung“ – was heißt das schon? Welches System wollen wir nutzen? Wer entscheidet das, und ziehen wirklich alle an einem Strang, wenn eine solche Entscheidung einmal getroffen ist? Es gibt doch immer Meckerer, die das Ganze dann torpedieren.“

Lehrer B: „Soweit ich das verstanden habe, geht es nicht darum, sich für ein bestimmtes Verfahren zu entscheiden. Wichtig ist vielmehr, dass wir uns um die Qualität unserer Arbeit kümmern – und zwar in einer systematischen Weise, in der ein Schritt auf dem anderen aufbaut und wir arbeitsteilig die verschiedenen Merkmale unserer Qualität definieren und dann bestimmen, wie wir diese beurteilen möchten. Also mir geht es so, dass ich die Vorschläge von Fend sehr brauchbar finde.“

Lehrer C: „Brauchbar schon, aber noch sehr allgemein. Also, da sind wir in der Evaluierungsagentur wirklich schon entscheidend weiter. Ihr habt ja keine Ahnung, welch ausgefeilte Instrumente dort schon bereit liegen.“

Lehrer A: „Aber die will doch kein Mensch. Du hast doch gehört, dass es darauf ankommt, die Qualitätssicherung selbst in die Hand zu nehmen. Ich find, wir sollten uns einmal fragen, wie wir in unserer Schule in Bezug auf die Merkmale einer guten Schule von Fend wirklich dastehen.“

Lehrer B: „Ja, das finde ich eine gute Idee. Wir können das ja mal für die nächste Konferenz vorbereiten, indem wir z. B. alle Kollegen im Vorfeld befragen: Welches ist die pädagogische Leitidee unserer Schule? Wie effizient ist unsere Führung? Wer erwartet was von uns? In welchen Aspekten wollen wir die Schulumwelt bewusst verändern bzw. „gestalten“, wie es Fend ausdrückt? Wie effektiv nutzen wir die zur Verfügung stehende Zeit? Wie beobachten wir die Lernfortschritte, und welche Konsequenzen ziehen wir daraus? Was tun wir, um die Beziehungen zwischen Schule, Familie und Umwelt wie z. B. Betrieben förderlich zu gestalten? Wenn wir da eine ehrliche Antwort erhalten, haben wir schon viel Material, um mit der Entwicklung eines Qualitätssicherungssystems zu starten. Ihr habt doch gehört: Selbst machen ist angesagt.“

Lehrer A: „Ich habe nur Angst, dass das zu Streit und Abrechnung führt, wenn ich z. B. an die Frage nach der Effizienz der Führung denke. Da wird doch abgerechnet!“

Lehrer B: „Ja, vielleicht hast du recht. Deshalb sollten wir eine Arbeitsgruppe einrichten, die die konstruktiven Antworten zu den genannten Aspekten als Grundlage für einen gemeinsamen Workshop zusammenstellt, bei dem wir dann unsere Vorhaben auch zeitlich und im Hinblick auf die notwendige Arbeitsteilung genauer definieren. Das ist doch ein pragmatischer Vorschlag. Denkbar wäre natürlich auch, dass wir zunächst einmal mit einer State-of-the-Art-Analyse starten, wie sie Schratz vorgeschlagen hat.“ (vgl. dazu Schratz 2003, S. IXff)

Übung „Stand der Qualitätsentwicklung“

Überprüfen Sie anhand der folgenden Checkliste für Qualitätsprogrammarbeit von Michael Schratz den Stand der Entwicklung in Ihrer Schule. Entwickeln Sie danach drei konkrete Vorschläge, mit denen Sie den Qualitätsentwicklungsprozess in Ihrer Schule verstärkt in Gang bringen können.

Qualitätsstandards und -merkmale 1 = trifft in hohem Maße zu/2 = trifft zu einem erheblichen Teil zu/3 = trifft nur halbwegs zu/4 = trifft wenig oder kaum zu	**1**	**2**	**3**	**4**
Klare gemeinsame Zielsetzung Das zentrale Vorhaben und die wichtigsten Entwicklungsziele der Schule liegen schriftlich vor. Die Beteiligten können darüber Auskunft geben. Die positive Einstellung zu den gemeinsamen Zielen äußert sich in positiver Beteiligung bei der Umsetzung. In Konferenzen, Projektgruppen und Sitzungen mit Eltern und SchülerInnen hat die Verständigung über gemeinsame Ziele und Vorhaben inhaltlich Vorrang und zeitlich genügend Raum.				

Die Entwicklungsziele des Qualitätsprogramms beziehen sich auf die Pflichtpunkte der Qualitätsprogrammarbeit und berücksichtigen schulartspezifische und einzelschulspezifische Gegebenheiten. Die Weiterentwicklung des Unterrichts steht deutlich im Zentrum der schulischen Vorhaben.				
Wirksame Maßnahmen und Merkmale Die Maßnahmen sind pragmatisch so formuliert, dass ihre Umsetzung tatsächlich überprüfbar ist. Innerhalb der Maßnahmen sind Prioritäten gesetzt. Die Maßnahmen sind auf einen überschaubaren Zeitraum (etwa zwei Jahre) eingegrenzt. Die einzelnen Maßnahmen sind personell verbindlich zugeordnet. Eine dazu bestimmte Gruppe von Personen (je nach Größe der Schule) koordiniert die Umsetzung der Maßnahmen. Diese Gruppe ist dem Kollegium rechenschaftspflichtig. Es besteht ein verbindlicher Zeitplan für die Maßnahmen. Es ist zeitlich festgelegt, wann die Ziele erreicht sein bzw. evaluiert sein sollen.				
Transparenz nach innen und außen Die Arbeit am Qualitätsprogramm (Evaluation, Weiterentwicklung, Dokumentation) ist regelmäßig wichtiger Schwerpunkt in Konferenzen und Arbeitsgruppen der LehrerInnen, Eltern und SchülerInnen. Die gemeinsame Konsensfindung spiegelt sich in Arbeitsunterlagen (z. B. Flipchartprotokollen, Folien, Arbeitspapieren etc.) und Protokollen wieder. LehrerInnen, Eltern und SchülerInnen haben ein Exemplar des Qualitätsprogramms oder zumindest eine Kurzfassung davon erhalten.				
Stimmiges internes Steuerungssystem (sofern in der Schule eine Steuerungsgruppe gebildet wurde) Den am Schulleben aktiv beteiligten Personen sind die Steuergruppe, ihre MitarbeiterInnen und festgelegten Aufgaben und Kompetenzen bekannt. Die Steuergruppe ist über die für die Schulentwicklung bedeutsamen Prozesse informiert und bezieht sie in die Arbeit ein. Entscheidungen innerhalb der Steuergruppe werden zielgerichtet getroffen und transparent gemacht. Es gibt ein allen zugängliches Informationsmedium, das über aktuelle Entwicklungsfortschritte informiert (z. B. Infowand).				

Wirksame Qualitätssicherung Die zu überprüfenden Ziele/ Inhalte (Items) sind überprüfbar. Die Evaluationsmethoden sind zur Überprüfung der Ziele geeignet. Sie sind auch unter ökonomischen Gesichtspunkten (Zeit/Ressourcen) ausgewählt. Die Ergebnisse sind dokumentiert und jedem zugänglich, sensible Daten erhalten aber Schutz. Die Ergebnisse sind Ausgangspunkte zur Weiterentwicklung des Qualitätsprogramms. Eltern sowie Schülerinnen und Schüler sind in die Feedbackkultur einbezogen.				
Verfügbarkeit und Einbindung von Ressourcen Vorhandene Kompetenzen innerhalb der Schule sind ermittelt worden und im Qualitätsprogramm oder im schulinternen Arbeitsprogramm für die Umsetzung eingeplant. Es gibt einen Fortbildungsplan für die Schule, der sich gezielt auf die Vorhaben im Qualitätsprogramm bezieht. Die Vorhaben/Maßnahmen basieren auf einem Raumnutzungsplan.				

Abb. 27: Checkliste für Qualitätsprogrammarbeit (Schratz 2003, S. IXff)

Sicherung und Förderung der Unterrichtsqualität

„Unterrichtsentwicklung wird allerorts zum Zentrum von Schulentwicklung erklärt. (...) Dessen ungeachtet kommt die Praxis der Unterrichtsentwicklung nur mühsam voran“ (Rolff 2007, S. 131).

Spätestens durch die PISA-Studien geriet der Unterricht an den deutschen Schulen verstärkt in den Fokus der Schulpolitik der Länder. Fragen nach den fachlichen und pädagogischen Standards des Fachunterrichts gerieten dabei ebenso in die Debatte wie die ungewollten Nebenwirkungen eines Unterrichts, welcher der Selbstaktivität der Lernenden zu wenig Raum gibt. Gleichzeitig wurden die Stimmen lauter, die vom schulischen Unterricht auch eine Stärkung der Selbstlernkompetenzen von Schülerinnen und Schülern erwarteten. Schulen sahen sich plötzlich verstärkt mit der Anforderung konfrontiert, über die Wirksamkeit ihres Unterrichts Rechenschaft abzulegen. Plötzlich stand nicht mehr der Input (Curricula, Infrastrukturen, Kompetenzen von Lehrerinnen und Lehrern, realisierte Unterrichtsansätze etc.) im Zentrum der Erörterungen, sondern die nüchterne Frage nach der Wirksamkeit von Schule und Unterricht. In diesem Sinne schreibt der Unterrichtsforscher Andreas Helmke:

„Die Schule muss sich daran messen lassen, welchen Ertrag sie bei ihrer Klientel, den Schülerinnen und Schülern, erzielt“ (Helmke 2006, S. 1).

Dieser Trend von der Input- zur Output-Orientierung geht mit grundlegenden Anforderungen an die Eigenverantwortlichkeit und an das professionelle Handeln von Lehrerschaft und Schulleitungen, aber auch der regionalen und überregionalen Bildungspolitik einher. Diese sind aufgefordert, die „Verantwortung für sich selbst und das eigene Lernen“ (Höfer 2006, S. 753) zu tragen. Dies bedeutet, dass Lehrerinnen und Lehrer bewusst in die Rolle als Lernende wechseln, denn „nur Lehrerinnen und Lehrer, die sich dessen bewusst sind, dass sie selbst im Sinne eines kontinuierlichen Prozesses Neues lernen, die Aneignung von Neuem systematisch reflektieren müssen und dies am besten gemeinsam im Team mit anderen tun, werden den Ansprüchen an eine zeitgemäße Lehrerrolle gerecht und mit sich selbst und ihrer Arbeit zufrieden sein“ (ebd., S. 756).

Die Fokussierung auf die Unterrichtsentwicklung ist Ausdruck einer Konzeption von Schule, die letztlich davon ausgeht,

- dass die Lehrerinnen und Lehrer vornehmlich selbst für die Qualität und die Entwicklung ihres Unterrichts zuständig sind,
- dass diese Zuständigkeit auch als Kennzeichen einer Schulentwicklung angesehen werden kann, in welcher sich Schulen zu lernenden Organisationen wandeln,

- dass die Unterrichtsentwicklung den eigentlichen Kernbestandteil einer Schulprogrammarbeit darstellt und
- dass es letztlich eine vorrangige Aufgabe von Schulleitungen ist, sich um das In-Gang-Kommen und die Gestaltung der Unterrichtsentwicklung wirklich zu sorgen.

Leonard Horster und Hans-Günther Rolff definieren „fünf Basisprozesse der Unterrichtsentwicklung“ (Horster/Rolff 2006, S. 800), die im vorliegenden Kapitel ausführlicher dargestellt und im Hinblick auf konkrete Ansatzpunkte für eine strategische Unterrichtsentwicklung analysiert werden sollen. Die fünf Basisprozesse sind in der folgenden Abbildung dargestellt, wobei es sich um keine zwingende Reihenfolge handelt, da „prinzipiell mit jedem der fünf Basisprozesse begonnen werden (kann)“ (ebd., S. 801. Entscheidend ist lediglich, dass alle Basisprozesse in Angriff genommen werden und man sich nicht mit einem der Prozesse begnügt. Dies bedeutet aber auch, dass man durch eine Unterrichtsevaluation allein keinen Unterricht wirklich entwickeln kann.

Die fünf Basisprozesse der Unterrichtsentwicklung	**Erläuterungen**
1. „Sammeln von Daten“	Es geht darum, „(...) die mentalen Modelle des Kollegiums zu erheben, um sich einen Eindruck davon verschaffen zu können, welche unterschiedlichen Bilder von Unterricht im Kollegium existieren und in der alltäglichen Praxis die pädagogische Arbeit steuern“.
2. „Klären und Vereinbaren von Zielen“	Es geht darum, „(...) aus den unterschiedlichen Bildern von Unterricht ein gemeinsames Bild zu entwickeln und die Indikatoren zu verabreden, an denen man die Realisierung dieses Bildes ablesen kann“.
3. „Überprüfen und Anpassen der zur Verfügung stehenden Mittel“	Es geht darum, „(...) das im Kollegium etablierte Methodenrepertoire zu sichten und im Hinblick auf das vereinbarte Bild von Unterricht zu erweitern sowie die Aufbereitung der fachlichen Inhalte auf ihre Passung zum vereinbarten Bild von Unterricht zu überprüfen“.
4. „Planen und Umsetzen des Entwicklungsvorhabens“	Es geht darum, „(...) gemeinsam Unterrichtsvorhaben zu planen und durchzuführen, die dem im Kollegium verabredeten Bild von Unterricht entsprechen und sich an den hierfür besonders tauglichen Inhalten und Methoden zu orientieren.“
5. „Evaluation des Entwicklungsprozesses und seiner Ergebnisse“	Es geht darum, „(...) die gemeinsame Arbeit an neuen Unterrichtsvorhaben und deren Ergebnisse mit dem Blick auf weitere Revisionserfordernisse zu überprüfen“.

Abb. 28: Die fünf Basisprozesse der Unterrichtsentwicklung (nach: Horster/Rolff 2006, S. 800ff)

Dieser fünfdimensionale Ansatz zur Unterrichtsentwicklung beschreibt ein systemisches Konzept der Unterrichtsentwicklung. In diesem sind wichtige Leitsätze des Systemischen (vgl. 1) aufgegriffen: So findet „die Bescheidenheitsposition einer reflexiven Beobachtung" (erster systemischer Leitsatz) z. B. auch darin ihren Ausdruck, dass Horster und Rolff explizit von einer „reflektorischen Unterrichtsentwicklung" (ebd.) sprechen. Sie tragen damit der Tatsache Rechnung, dass Unterricht auch Ausdruck der von Lehrerinnen und Lehrern „mental gespeicherten Unterrichtsverläufe" (Rolff 2007, S. 140) ist. Eine wirksame Unterrichtsentwicklung muss diese aufgreifen und weiterentwickeln (vgl. Wahl 1991). Letztlich kann niemand von den Lehrerinnen und Lehrern erwarten, dass sie an ihren biographisch erworbenen und bewährten Skripts und subjektiven Theorien vorbei neue Unterrichtskonzepte in Angriff nehmen. Unterrichtsentwicklung muss diese mental verankerten Unterrichtskonzepte deshalb – wie H.-G. Rolff sagt – „(...) nicht nur ins Auge fassen, sondern auch Anlässe schaffen, die eine Veränderung von Skripts und subjektiven Theorien ermöglichen und unterstützen" (Rolff 2007, S. 140).

Dies ist leichter gesagt als getan, denn es geht auch um die Veränderung emotional verankerter Gewissheiten. Der systemische Leitsatz „Die Welt ist nicht nur so, wie ich sie fühle" (dritter systemischer Leitsatz) gilt auch für die schulische Welt: Lehrerinnen und Lehrer halten letztlich den Unterricht, den sie – vor dem Hintergrund dessen, was sie selbst erlebt und gelernt haben – auszuhalten vermögen. Wer den Unterricht entwickeln möchte, darf deshalb Lehrerinnen und Lehrer nicht nur kontrollieren und Neues von ihnen erwarten, er muss ihnen auch neue Erfahrungsräume ermöglichen und sie beim Versuch unterstützen, sich selbst und den Schülern und Schülerinnen Neues zuzutrauen. Aus diesem Grunde beschreibt die „reflektorische Unterrichtsentwicklung" ein notwendig partizipatives Vorgehen: Es lebt in erheblichem Maße von der Wertschätzung und Einbindung derer, die für den Unterricht auch verantwortlich sind, während die Kontroll-Perspektive deutlich zurücktritt. Zwar geht auch das Konzept der „reflektorischen Unterrichtsentwicklung" davon aus, dass „nur eine Schule, die ihre Arbeitsgrundlage und ihre Lernergebnisse fortlaufend überprüft, die ihre Stärken und Schwächen analysiert und diagnostiziert, ihren Unterricht im Sinne einer lernenden Schule selber weiterentwickeln (kann)" (Horster/Rolff 2001, S. 207), doch wenden sie sich dabei deutlich gegen die „von außen aufgesetzten" Evaluationsverfahren und plädieren für die systematische Förderung und Entwicklung einer „Evaluationskultur", an deren Entstehen die Schulleitungen maßgeblich beteiligt sind.

Beispiel: „Initiierung einer schulweiten Unterrichtsentwicklung"

Dem neuen Schulleiter des Hegendorfer Gymnasiums eilten schon lange vor seiner Berufung zahlreiche Gerüchte voraus: Einigen war zu Ohren gekommen, er mische sich in alles ein. An seiner alten Schule habe er sich sogar um den Unterricht der Lehrerinnen und Lehrer kümmern wollen und alle drei Monate das gesamte Kollegium zu so genann-

ten „Retreats" zusammengerufen, in denen es immer und immer wieder um das Thema Unterrichtsentwicklung ging. Andere hatten gehört, er versuche neue Methoden im Unterricht zu verbreiten und bestehe auch auf einem deutlich höheren Grad an Selbsttätigkeit der Schülerinnen.

Als Herr Düffels – so hieß der neue Schulleiter – dann zu Schuljahresbeginn seinen Dienst antrat, rief er erst seine beiden Konrektoren zusammen und erläuterte ihnen, dass er diese Schule systematisch zu entwickeln gedenke. Dabei wolle er die Unterrichtsentwicklung in das Zentrum seiner Bemühungen stellen und in den nächsten zwölf Monaten erreichen, dass sich einiges ändere. Mit Hilfe eines Moderators wolle er zunächst herausarbeiten, welches gemeinsame Bild von Unterricht die Lehrerinnen und Lehrer dieser Schule verbindet. „Unsere Kolleginnen und Kollegen gehen da ganz unterschiedlich vor, jeder hat so seine Vorlieben und Talente", begann der erste Konrektor. „Ja, genau darum geht es mir: Gemeinsam sind wir variantenreicher als jeder Einzelne für sich. Warum können wir diese Erfahrungen denn nicht teilen und auch mal schauen, ob es nicht ein Paar alte Zöpfe gibt, die wir bei dieser Gelegenheit abschneiden können? Bei mir ist das so: Wenn ich mich nicht regelmäßig mit anderen austausche, bin ich – eh ich mich versehe – so was von festgefahren, dass ich es selbst kaum noch merke. Deshalb bitte ich Sie, einen Termin für einen ganztägigen Workshop in vier Wochen zum Thema 'Wie sehen wir unseren Unterricht?' zu organisieren."

1. Sammeln von Daten: Wie sehen wir unseren Unterricht?

Wenn das Unterrichtshandeln der Lehrerinnen und Lehrer durch ihre „Skripts" und „subjektiven Theorien" geleitet wird (Rolff 2007, S. 140), dann kommt es darauf an, diese impliziten Deutungs- und Emotionsmuster am Beginn eines Innovationsvorhabens zum Ausdruck kommen zu lassen. Hierfür sind kreative Verfahren besonders geeignet. Durch Visualisierung kann sichtbar werden, was die Handelnden an Erwartungen, Erfahrungen, Ansprüchen, aber auch Träumen und Hoffnungen in sich tragen. Indem man von den Deutungs- und Emotionsmustern der Lehrerinnen und Lehrer ausgeht, wird der systemischen Einsicht Rechnung getragen, dass Organisationen und Kooperationen nicht „gegen" die gewachsenen Sichtweisen der Akteure entwickelt werden können. Schul- und Unterrichtsentwicklung setzen letztlich in den Köpfen und Herzen der Beteiligten an (vgl. Arnold 1985), und eine wirkliche Weiterentwicklung der bisher bewährten Deutungs- und Emotionsmuster kann nur gelingen, wenn die Akteure an die Ziele und Konzeptionen, die ihre Schule verfolgt, anknüpfen können. Gleichzeitig werden dabei die Potenziale und Erfahrungen der Beteiligten sichtbar und man kommt sich auch didaktisch näher.

Beispiel: „Wir verständigen uns über unsere Vorstellungen von Unterricht."

Auf dem anberaumten Workshop rechneten alle damit, dass sie ihre bisherige Unterrichtspraxis verteidigen müssten, weshalb sich einige auch besonders gut gewappnet hatten. Doch es kam ganz anders: Ein externer Moderator begann mit der Metaphernübung (Anhang 1), indem er die Lehrerinnen und Lehrer aufforderte, möglichst offen ihre bildhaften Assoziationen zum Satz „Unterricht sollte sein wie ...“ auf Karten zu notieren. Durch Sammlung, Ordnung, Verdichtung und Ergänzung dieser Assoziationen wurden erste Unrisse der im Kollegium lebendigen Vorstellungen von Unterricht deutlich. Es entstand ein angeregter Austausch, in dessen Verlauf aus den bildhaften Assoziationen mehr und mehr auch greifbare Orientierungen für ein gemeinsames Projekt der Unterrichtsentwicklung sichtbar wurden.

2. Klären und Vereinbaren von Zielen: Wir vereinbaren Kriterien und Indikatoren

Ziele gewinnen an Präzision, wenn sie mit Hilfe von Kriterien genauer beschrieben werden. In einem weiteren Schritt wird mit Hilfe von Indikatoren genau festgelegt, anhand welcher Aktivitäten sich feststellen lässt, ob ein Kriterium erfüllt werden konnte oder nicht. Leonhard Horster und Hans-Günther Rolff berichten über die Ergebnisse einer Kollegiumsgruppe, welche ihre gemeinsame Vorstellung von Unterricht mit Hilfe der folgenden Kriterien präzisierte. Sie legten fest: „Unterricht sollte

- Transparenz im Hinblick auf Ziele und Methoden aufweisen,
- einen Bezug zur Erfahrungswelt der Schüler/innen besitzen,
- die Leistungsbereitschaft der Schüler/innen wecken,
- die Eigentätigkeit der Schüler/innen fördern,
- offen sein für individuelle Einsichten und Zugänge,
- Fehler als Lerngelegenheiten nutzen,
- Interaktionen innerhalb der Lerngruppe fördern“ (Horster/Rolff 2001, S. 78).

Zu jedem dieser Kriterien lassen sich nun Indikatoren definieren, die eine differenzierte Einschätzung des Zielerreichungsgrades im Hinblick auf jedes einzelne Kriterium erlauben (vgl. Anhang 2). Dieses Verfahren mutet etwas technologisch an, scheint es doch den Eindruck zu stärken, die so präzisierten Ziele seien auch tatsächlich herstellbar und kontrollierbar. Diese Absicht steht bei der Unterrichtsentwicklung jedoch nicht im Vordergrund; es geht vielmehr darum, Prozesse für die Beteiligten transparent und in ihren Wirkungen beobachtbar zu gestalten, um aus dem Erreichten oder nicht Erreichten die für die weitere Prozessgestaltung wichtigen Informationen ziehen zu können. Es geht deshalb bei der Indikatoren-Bestimmung auch nicht

„(...) um den Anspruch, vollständige Listen zusammenzustellen, sondern sich über diejenigen 'Anzeiger' zu verständigen, die die Mitglieder der Gruppe im Hinblick auf das jeweilige Kriterium für belangvoll und aussagekräftig halten. Buhren und Rolff (1995, S. 12) fordern von den Indikatoren, dass sie, bezogen auf das jeweilige Kriterium, durch Befragung, Beobachtung oder Beschreibung validiert, also bewertet werden können“ (Horster 2006, S. 848).

Insofern dienen Zielklarheit und Zielpräzisierung (Kriterien, Indikatoren) der Optimierung des professionellen Handelns. Unterrichtsentwicklung wird so als ein gemeinsamer Erprobungs-, Beobachtungs- und Lernprozess gestaltet. Es geht ihr nicht um die Umsetzung irgendwelcher von außen an die Schule herangetragener Konzepte und Entwürfe, sondern um die Stiftung und Präzisierung eines gemeinsamen didaktischen Leitbildes der für den Unterricht an der Schule zuständigen Professionals.

Ein solches von den beteiligten Akteuren akzeptiertes didaktisches Leitbild ist die Grundlage eines allmählichen Wandels der unterrichtlichen Lernkultur (vgl. Arnold 2008b). Durch die skizzierten Schritte der Unterrichtsentwicklung wird der Lernkulturwandel konkret und es zeigt sich, dass wirkliche Veränderungen ein absichtsvolles, koordiniertes und schrittweises Vorgehen erfordern. Dabei wächst den Schulleitungen die neue wichtige Funktion zu, „(...) die Unterrichtsentwicklung überhaupt erst einmal zu initiieren, dann die bestehenden Arbeitsstrukturen für die Umsetzung und Institutionalisierung zu nutzen und schließlich für eine Evaluations- und Reflexionskultur zu sorgen“ (Horster/Rolff 2006, S. 802).

Dies ist nicht einfach, da die im Rahmen einer Unterrichtsentwicklung anstehenden Schritte und Maßnahmen nicht einfach von oben angeordnet werden können. Doch „wenn sich Lehrpersonen solche Entwicklungsvorhaben nicht zu Eigen machen können oder wollen, ‘tauchen sie drunter hinweg‘ oder konstruieren sie so um, dass sie einfach in die Alltagsroutine eingebaut werden, ohne diese zu verändern“ (ebd.).

Ein wirksames Management der Unterrichtsentwicklung muss deshalb konzeptionell orientieren, integrieren, aber auch intervenieren und verbindliche Vorgaben definieren und kontrollieren.

Übung: „Veränderungsrolle der Schulleitung“

Welche Kompetenzen benötigen Schulleiterinnen und Schulleiter, um ihre veränderungsinitiierende und -begleitende Rolle wirksam ausüben zu können?

Erstellen Sie (ggf. im Team) eine Liste der Veränderungskompetenzen eines konzeptionellen, integrierenden, intervenierenden Schulmanagements.

Beispiel: „Der mühsame Weg der Präzisierung“

Die Bündelung der vielen Assoziationen und Bilder der Metaphern-Übung gelang erstaunlich gut. Es zeigte sich, dass die unterschiedlichen Bilder sich verknüpfen ließen und die Vielfalt der didaktischen Vorstellungen im Kollegium durchaus überschaubar war. Es kristallisierten sich dabei zunächst drei Lager heraus, deren Anhänger sich auch sofort in „Ja-aber“-Dialogen verhakten. Durch das Geschick des Moderators konnte allerdings ein Auseinanderfallen der Gruppen vermieden werden, und es gelang ihm immer wieder, alle dafür zu begeistern, dass es darum gehe, ein didaktisches Leitkonzept zu entwickeln, in dem alle sich wiederfinden konnten. Gleichzeitig gelang es ihm aber auch zu verdeutlichen, dass es dabei nicht um einen lauwarmen Konsens gehe, sondern letztlich auch um Entscheidungen, die für alle bindend sein sollten.

Die drei didaktischen Leitkonzepte, die sich im Kollegium abzeichneten, waren:
„Unterricht soll zur Leistung (ver)führen“,
„Unterricht soll selbständiges Lernen einüben“ und
„Unterricht soll die unterschiedlichen Kompetenzen der Beteiligten entfalten helfen“.

Es gelang, diese Leitkonzepte zur folgenden Aussage zu bündeln: „In unserer Schule sollen Schülerinnen und Schüler in ihrer Leistungsfähigkeit gefördert werden. Wir setzen darauf, dass es dabei gleichermaßen um die Entfaltung fachlicher, sozialer sowie methodischer und personaler Kompetenzen geht. Gleichzeitig soll der Unterricht unserer Schule das selbständige Lernen einüben“.

In einem weiteren Schritt wurden insgesamt neun Kriterien definiert, die diese noch etwas holprig formulierte Zieldefinition weiter präzisierten (vgl. Horster 2006, S. 847). Zu diesen Kriterien wurden in neun Arbeitsgruppen Indikatoren entwickelt, die dann im Gesamtplenum nochmals diskutiert, verändert und erweitert wurden. Eine weitere Arbeitsgruppe war für die „mitreißendere“ Formulierung des Leitziels zuständig.

Übung: „Unterrichtsziele“

Definieren Sie Ihre ganz persönlichen Ziele von Unterricht und präzisieren Sie die Kriterien und Indikatoren, die Ihnen helfen, die Umsetzung dieser Ziele in ihrer Unterrichtspraxis begründet zu beurteilen.

3. Überprüfen und Anpassen der zur Verfügung stehenden Mittel: „Die didaktisch-methodische Umsetzung ist zentral!“

Bei der „Überprüfung und Anpassung der zur Verfügung stehenden Mittel“ (Horster/Rolff 2006, S. 800) geht es um die eigentliche innere Veränderung des Unterrichts an einer Schule. Lehrerinnen und Lehrer müssen zunächst eine Vorstellung von den Möglichkeiten zur Veränderung ihrer eigenen täglichen Unterrichtspraxis haben, um sich dann Schritt für Schritt der Entwicklung einer neuen Form der kooperativen Gestaltung ihres eigenen Unterrichts zuwenden zu können. Der erste Schritt zur Kooperation ist mit der Verständigung über gemeinsame Ziele, Kriterien und Indikatoren bereits getan; jetzt steht die Einleitung konkreter Schritte für eine Umsetzung an. Diese sind ohne einen nüchternen Blick auf die vorhandenen didaktisch-methodischen Mittel nicht wirklich möglich. Dabei geht es darum, „das im Kollegium etablierte Methodenrepertoire zu sichten und im Hinblick auf das vereinbarte Bild von Unterricht zu erweitern sowie die Aufbereitung der fachlichen Inhalte auf ihre Passung zum vereinbarten Bild von Unterricht zu überprüfen“ (ebd.).

Dies ist leichter gesagt als getan, verbirgt sich hinter dieser Umschreibung doch der eigentliche Kern der Unterrichtsentwicklung: die Konkretisierung des didaktischen Leitkonzeptes durch neue Formen der didaktischen Zusammenarbeit und des Austauschs zwischen Lehrerinnen und Lehrern. Unterrichtsentwicklung ist ein kooperativ zu gestaltender Prozess. Deshalb muss vielerorts der Aufbau professioneller Learning Communities auch mit einem Kommunikationstraining für Lehrerinnen und Lehrer einhergehen. Denn diese haben keine andere Wahl: Sie sind auf die Zusammenarbeit angewiesen, wenn sie wirklich überzeugend den Unterricht ihrer Schule weiterentwickeln wollen. L. Horster und H.-G. Rolff schreiben:

„Die Notwendigkeit, die Qualität von Schule und Unterricht kooperativ zu gewährleisten, verlangt eine Arbeitsorganisation, die einerseits ökonomisch mit der Zeit der Lehrkräfte umgeht, andererseits aber auch sicherstellt, dass Kooperation nicht vom guten Willen einzelner Personen und zufälliger Zeitbudgets abhängig bleibt“ (Horster/Rolff 2001, S. 82).

Worauf es bei dieser Kooperation ankommt und welche Schritte dabei in Angriff zu nehmen sind, kann hier nicht im Einzelnen dargestellt werden. Hierzu gibt es mittlerweile umfangreiche Ausarbeitungen, denen allen eines gemeinsam ist: Sie fokussieren auf die Planung und Gestaltung gemeinsamer Unterrichtsvorhaben (vgl. Emer/Lenzen 2002), die sich nicht nur auf ein effektiveres fachliches Lernen beschränken, sondern darüber hinaus auch gezielt die sozialen und methodischen sowie Selbstlernkompetenzen der Lernenden zu entwickeln versuchen. Beispielhaft sind in der folgenden Übersicht die professionellen Aufgaben aufgelistet, die sich dabei stellen.

Übersicht über konkrete Ansätze einer Unterrichtsentwicklung: Gemeinsam Unterrichtsvorhaben planen und gestalten	
Fachunterricht weiterentwickeln	Es geht um eine allmähliche Ablösung der häuslichen Unterrichtsvorbereitung durch kooperative Formen der Unterrichtsplanung. Hierfür sollten die jetzt bereits vorhandenen „Kooperationsanlässe“ entsprechend genutzt werden.
Fächerverbindenden Unterricht kooperativ in Projekten planen	Nutzung der in einem Team vorhandenen unterschiedlichen Fachkompetenzen und Überwindung der „fachegoistischen“ Perspektive in der kooperativen Planung und Gestaltung fächerverbindender bzw. fächerintegrierender Projekte.
Vereinbarungen treffen zur Förderung der Methodenkompetenz von Schüler/innen	Systematische Entwicklung und Förderung der methodischen und kommunikativen Kompetenzen der Lernenden (z. B. durch ein Methodentraining sowie durch Integration des Methodentrainingsaspektes in den Unterricht selbst).
Das Lernen lernen	Es geht darum, systematisch bestimmte Lernstrategien zu definieren (nach Möglichkeit fächerübergreifend), im Unterrichtsprozess auch gezielt anzuwenden und so zur Habitualisierung dieser Lernstrategien beizutragen
Das Methodenrepertoire erweitern	Es gibt zahlreiche unterschiedliche Methoden für ein selbstgesteuertes und kooperatives Lernen, aber auch für ein angeleitetes Lernen, die zwar bekannt sind, aber nur vergleichsweise selten praktiziert werden.
Flexible Strukturen kooperativer Schülerarbeit einüben	Es geht weder darum, den Frontalunterricht abzulösen, noch seine Dominanz in den unterrichtlichen Lernkulturen zu erhalten. Notwendig ist die Einübung einer flexiblen Mischung der unterrichtlichen Arbeitsformen, die auch dem kooperativen Lernen Raum geben.
Die Inhalte verändern: sinnhaftes und effizientes Lernen ermöglichen	Unterricht wird effizienter, wenn das Vorverständnis der Schülerinnen und Schüler integriert sowie nach Möglichkeit der Lerngegenstand in einen lebensweltlichen Bezug gestellt wird. Auch die Arbeit an authentischen und offenen Problemen, das Setzen auf die Selbstverantwortlichkeit der Lernenden sowie Formen der Kooperation, Kommunikation und des Disputs erhöhen die Effizienz des Lernens im Unterricht.

Abb. 29: Die Mittel zur unmittelbaren Veränderung des Unterrichts (nach: Horster/Rolff 2001, S. 80ff)

4. Kooperative Unterrichtsentwicklung: „Planen und Umsetzen des Entwicklungsvorhabens“

Unterrichtsentwicklung als ein kooperativer Prozess steht und fällt mit der Planung und Durchführung gemeinsamer Unterrichtsvorhaben, die nachvollziehbar den verabredeten Zielen und Kriterien eines Kollegiums entsprechen. Unterrichtsentwicklung geht somit deutlich über den Unterricht der einzelnen Lehrkraft hinaus. Ohne konkrete gemeinsame Unterrichtsvorhaben bleibt Unterrichtsentwicklung ein leeres Konzept. Deshalb sind Schulleitungen und Steuergruppen gehalten, auf die Entstehung entsprechender Kooperationsvorhaben hinzuwirken, die arbeitsteilig und mit einer gewissen Öffentlichkeit (unter Einbindung und Information der Fachkollegen und Fachkonferenzen) in festgelegten Zeitrahmen entwickelt werden.

Die Schilderung von Madelung und Weisker verdeutlicht in diesem Zusammenhang, dass eine solche kooperative Unterrichtsentwicklung zugleich eine das ganze Kollegium einbeziehende didaktische Kompetenzentwicklung beinhaltet:

„Im Mittelpunkt steht ein ständig in der Entwicklung begriffenes Konzept, das sich an ganze Kollegien richtet, die nach und nach in Teams daran teilnehmen. Die Erfahrung hat gezeigt, dass die noch immer üblichen Einzelfortbildungen zumeist keine systematische Wirkung entfalten, die über den Unterricht eines einzelnen Lehrers hinausgeht. Die Lehrerinnen und Lehrer arbeiten innerhalb von etwa zwei Jahren in drei aufeinander aufbauenden Fortbildungsbausteinen und anschließend in fachbezogenen Workshops. Ziel ist es, den Erwerb von Schlüsselkompetenzen fächerübergreifend zu systematisieren, um so das Lernen der Schüler/innen – sowohl bezogen auf fächerübergreifende als auch auf fachbezogene Kompetenzen – zu unterstützen und zu verbessern.

Die von den Lehrer/innen in diesen Fortbildungen erworbenen und erprobten Kenntnisse und Strategien sollen in einem zweiten Schritt systematisch in den Fachunterricht übertragen und integriert werden. Die Lernfähigkeit der Schülerinnen und Schüler soll so über die Jahrgänge und über die Fächergrenzen hinweg systematisch entwickelt werden; und dies erfordert eine systematische Teamentwicklung im gesamten Kollegium“ (Madelung/Weisker 2006, S. 16f).

Dieser Bericht verdeutlicht, dass konkrete Unterrichtsentwicklung einen kollegialen Lernprozess beinhaltet. H.-G. Rolff spricht deshalb von der „Unterrichtsentwicklung als Training des ganzen Kollegiums“ (Rolff 2007, S. 141). Lehrerfortbildungseinrichtungen entwickeln deshalb vermehrt Konzepte einer mehrstufigen Prozessbegleitung für einzelne Schulen, in denen neben der Anbahnung einer kooperativen Gestaltung von Unterrichtsvorhaben auch die Aspekte Methoden, Teamentwicklung sowie Kommunikationsförderung (vgl. ebd.) deutlich im Zentrum stehen (vgl. Anhang 4).

Auch die Ausbildung von Lern- und Teamberatern folgt dieser Intention (vgl. Herold/Landherr 2003; Pätzold 2004). Ihnen kommt als internen Change-

Agents eine wichtige Rolle im Prozess der Transformation der unterrichtlichen Lernkultur ihrer Schulen zu. Ihre teilnehmende Position im Kontext ihrer Schule ist allerdings mit Vor- und Nachteilen verbunden, gilt doch auch ein didaktischer Prophet in der Regel wenig „im eigenen Land". Damit interne Lern- und Teamberater ihre Unterrichtsentwicklungsrolle wirksam entfalten können, ist ihre Einbindung in den Prozess der Schul- und Unterrichtsentwicklung vor Ort von grundlegender Bedeutung. Sie müssen die Akzeptanz der Kolleginnen und Kollegen und nicht nur die der Schulleitungen genießen. Zudem ist über die Möglichkeiten ihrer tatsächlichen Wirkungen nach innen noch genauer nachzudenken. Als „internal Consultants" brauchen sie Räume für den Dialog und die Beratung im Kollegenkreis, aber auch Zugänge zu externen Unterstützungssystemen für die von ihnen mitgestalteten Entwicklungsvorhaben.

5. Evaluation des Entwicklungsprozesses und seiner Ergebnisse: „Wer nicht weiß, wo er hin will ..."

Unterrichtsentwicklung lebt von der Kooperation zwischen allen Beteiligten, aber auch von der Transparenz und der Systematik des Vorgehens. Dieses hat sie durchaus mit der Unterrichtstechnologie gemeinsam, allerdings entspringen ihre Vorgaben einem klärenden Diskurs zwischen den Akteuren und nicht den wie auch immer zustande gekommenen Vorgaben einer Bildungsadministration. Gleichwohl lassen sich auch heute noch eher unterrichtstechnologische Konzepte der Schulentwicklung (u. a. Helmke 2006) deutlich von den in diesem Kapitel beschriebenen eher systemischen Zugängen zur Unterrichtsentwicklung unterscheiden.

Während die unterrichtstechnologischen Konzepte der Evaluation eine überzogene Bedeutung zuschreiben und im Trend der internationalen Vergleichstudien (TIMMS, PISA etc.) liegen, messen die systemischen Konzepte (vgl. Balgo/Lindemann 2006; Voß 2005) der Evaluierung des Unterrichtsprozesses eine andere Funktion zu. Ihnen geht es eher um die Prozessbeobachtung als um die Einordnung der Schule in ein System standardisierter Leistungskontrollen. Deshalb steht der Feedbackaspekt deutlich im Vordergrund der systemischen Evaluierungsansätze. „Kollegiale Hospitationszirkel" (eine schulbezogene Form von Qualitätszirkeln[1]) bzw. „Feedback auf der Grundlage von gegenseitigen Unter-

[1] Rolff beschreibt die Qualitätszirkel-Idee mit den Worten: „Qualitätszirkel sind eine neue Form der Gruppenarbeit. Die Idee entstand in den USA und wurde zuerst in Japan auf breiter Basis realisiert. Nach Engel und Schubert gelten für die Qualitätszirkel die folgenden Kennzeichen:
- Es handelt sich dabei um eine Gruppe von 5–10 Mitarbeitern,
- die aus demselben Arbeitsbereich stammen,
- sich regelmäßig treffen,
- um Arbeitsprobleme, besonders auf dem Gebiet des Qualitätsmanagements, gemeinsam zu besprechen und
- realisierbare Lösungen zu entwickeln" (Rolff 1998, S. E2.8).

richtsbesuchen“ (Horster/Rolff 2001, S. 161 f) und die Erhebung der Einschätzungen von Schülerinnen und Schüler sowie ggf. auch Eltern (vgl. Anhang 3 und 4) sind wichtige systemische Verfahren für die Evaluierung der Unterrichtsentwicklung.

Übung: „Metaphern“
(nach: Horster/Rolff 2001, S. 72 und S. 77)

1. Suchen Sie bitte 3 Metaphern oder Vergleiche, in denen sich Ihrer Meinung nach am besten ausdrücken lässt, wie Unterricht sein sollte, z. B. wie ein Ausflug in unbekannte Regionen, wie ...
2. Notieren Sie jede der Metaphern auf einer Karte (Einzelarbeit)
3. Tauschen Sie sich mit einer Partnerin/einem Partner über Ihre Metaphern und Vergleiche aus:
   - Was entdecken Sie in den Metaphern der/des anderen über den Unterricht?
   - Was ist an Ihren eigenen Metaphern über den Unterricht wichtig?
   - Liegen Ihre Metaphern nahe beieinander oder betonen sie eher unterschiedliche Aspekte?
4. Veröffentlichen Sie Ihre Metaphern durch Aushängen der Karten im Plenum und sortieren Sie die Karten dann nach Ähnlichkeit der Vorstellungen von Unterricht.
5. Untersuchen Sie die Bilder im Hinblick auf ihre Konsequenzen für
   - die Rolle der Schülerinnen und Schüler,
   - die Rolle der Lehrerin/des Lehrers,
   - das Verständnis von Lernen,
   - den Umgang mit Fehlern,
   - die Art der Kommunikation,
   - den Umgang mit Konflikten.
6. Diskutieren Sie im Plenum folgende Fragen:
   - Können wir uns auf der Grundlage der von uns vorgestellten Bilder von Unterricht auf ein gemeinsames Verständnis von Unterricht einigen?
   - Welche der in den Bildern vorhandenen Elemente von Unterricht sollten in diesem gemeinsamen Verständnis auf jeden Fall enthalten sein?
   - Gibt es Aspekte, über die wir uns in der Gruppe nicht einigen können?

Übung: „Schülerbefragung“

Setzen Sie den nachfolgenden Fragebogen zur Schülerbefragung in Ihrer Klasse ein und besprechen Sie die Ergebnisse mit den Schülerinnen und Schülern.

Interviewen Sie dann zwei Kollegen oder Kolleginnen mit Hilfe des „Fragebogens zur Reflexion von Unterricht“ und vergleichen Sie die Antworten im Hinblick auf Gemeinsamkeiten bzw. Gegensätze.

	Zustimmung			Ablehnung	
	5	4	3	2	1
Ich lerne Neues in dieser Klasse.					
Lernen ist nicht zu schwer oder zu leicht.					
Ich weiß, was ich tun muss.					
Ich kann den Lehrer verstehen.					
Das Lerntempo in dieser Klasse ist nicht zu schnell oder zu langsam.					
Ich kann üben, was ich gelernt habe.					
Ich bekomme Hilfe, wenn ich sie brauche.					
Ich kann das, was ich lerne, auch außerhalb der Schule anwenden.					
Der Stundenplan ist für mein Lernen hilfreich.					

(Peterson, zit. nach: Horster/Rolff 2001, S. 171)

Transfer und Nachhaltigkeit in der Schulentwicklung

Im gelingenden Transfer und in der Nachhaltigkeit von neuen Einsichten, Fähigkeiten und Fertigkeiten zeigt sich für viele der Nutzen von Wissenschaft und Weiterbildung. Warum Neues lernen, wenn es nicht anwendbar ist und nicht unmittelbar zur Verbesserung der Schul- und Unterrichtspraxis beiträgt (vgl. Reinmann/Kahlert 2007)? Warum sich mit Innovationen abmühen, wenn die Rahmenbedingungen eine Anwendung des Neuen nicht zulassen oder die Betroffenen gar nichts ändern wollen? Das Bekannte ist das Vertraute, und von diesem Vertrauten geht eine Macht des Faktischen aus, die das Neue zunächst einmal unter einen starken Begründungszwang stellt, wobei wir oft so tun, als funktioniere das Vertraute schon so, dass wir uns zufrieden zurücklehnen könnten. Es fällt uns schwer, zunächst einmal grundsätzlich alles in Frage zu stellen, wenn wir weiterhin jeden Tag in die Schule gehen und dort unser Bestes geben. Und wir erleben es auch als kränkend, wenn unsere Bemühungen in internationalen Vergleichsuntersuchungen nicht zum Ausdruck kommen. Was hat das mit uns zu tun, wenn das deutsche Bildungswesen in diesen Untersuchungen eher mittelmäßig abschneidet? Welchen Anteil haben unsere Bemühungen an dem ärgerlichen Sachverhalt, dass dieses Bildungswesen einen zu hohen Prozentsatz an sogenannten „Bildungsverlierern“ produziert, d. h. Jugendlichen, die ohne einen Schulabschluss das Bildungswesen verlassen? Finden wir uns nicht oft in der Situation, dass wir in bester Absicht und mit großem persönlichen Einsatz am Funktionieren eines Systems beteiligt sind, dessen Erfolge uns nicht zufrieden stellen?

Im folgenden Kapitel wird grundsätzlich über den Transfer und die Nachhaltigkeit in der Schulentwicklung nachgedacht. Dabei wird u. a. darauf hingewiesen, dass der Erfolg der Anwendung von neuen Kenntnissen, Fähigkeiten und Fertigkeiten mehr vom Anwendungskontext als vom Herstellungskontext (Motto: „Die sollen doch praxisorientierter arbeiten!“) abhängig ist. Die Entwicklung der Schulen zu Lernenden Organisationen trägt diesem Sachverhalt Rechnung und kann als das Bemühen verstanden werden, aus Misserfolgen zu lernen und die Schulen für Neues zu öffnen.

1. Transfer

Transfer bezeichnet die Bewegung von einem Ort oder Kontext zu einem anderen. Der Transferpassenger ist noch nicht am Ziel angekommen, sondern wird weitergeleitet. Auch in den Sozialwissenschaften spricht man von einem Transfer (oder einer Implementierung) der Ergebnisse, wenn es darum geht, Forschungsergebnisse praktisch werden zu lassen. Durch den Transfer soll Wissen „aktiv“ werden, d. h. sich als wirksam in den praktischen Kontexten erweisen. Was nicht transferiert werden kann und somit nicht praxistauglich ist, verliert unter dem Transfergesichtspunkt seine Relevanz.

Transfer bezeichnet die – gelingende – Anwendung des Wissens und Könnens aus einem Kontext (Herstellungskontext) in einem anderen (Anwendungskontext).

Grundlegend ist in diesem Zusammenhang die Forderung nach Praxisbezug bez. Nützlichkeit von Forschung, Ausbildung und Konzeptentwicklung. Diese sollen sich an den Möglichkeiten und Bedingungen der Praxis orientieren und anwendbar sein, wobei man oft übersieht, dass es die gegebene Praxis ist, die letztlich darüber entscheidet, was für möglich gehalten wird und Wirkungen entfalten kann (vgl. Besser 2004).

Beispiel: „Diskussion am pädagogischen Stammtisch"

Lehrerin A: „Also, ich kann mir nicht helfen, meine Referendarin erzählt mir da immer Theorien – angeblich neuere Einsichten und Modelle –, die sie auf der Universität gelernt hat. Die haben mit unserer Praxis einfach nichts zu tun. Wieso lernen die einen solchen Blödsinn? Wenn die von der Uni kommen, sind sie erst einmal pädagogische Spinner. Kein Wunder, dass die am Anfang erst einmal rumrudern."

Lehrer B: „Das ist bei den Entwürfen, die unser Ministerium so ins Spiel bringt, nicht viel anders, finde ich. Wenn ich das Wort „Qualitätssicherung" schon höre! Ja, was glauben die denn, was wir hier so machen mit den Auszubildenden oder den Jugendlichen in den Berufsvorbereitungs-Maßnahmen? Die sollten mal zwei Wochen bei uns Unterricht halten und dann erst Minister, Staatssekretär oder Schulaufsichtsbeamter werden dürfen. Gleiches würde ich auch für die Universitäten vorschreiben: Dort sollte keiner Lehrer und Lehrerinnen ausbilden, der nicht selbst mindestens fünf Jahre selbst als Lehrer vor einer Klasse gestanden hat."

Lehrer C: „Nun ja, vielleicht ist das ja sinnvoll – bei den meisten Universitäten ist das auch so. Andererseits weiß ich nicht, ob das wirklich viel bringt. Es muss auch Neues entstehen können. Wenn wir ständig im Saft unserer eigenen Erfahrungen schmoren und auch andere da noch hineinziehen, werden wir allmählich blind gegenüber dem, was wirklich nötig und möglich ist. Also ich empfinde das als wichtig und anregend, dass wir es in unserem Kollegium auch immer mal wieder mit frischem Denken zu tun bekommen. Wir sollten das nutzen und nicht gleich im Meer unserer eigenen Erfahrungen ertränken."

Meist erwartet man von den Vorschlägen der Wissenschaft, dass sie sich an der Praxis orientieren, weil man vermutet, dass genau dies für den Transfer entscheidend sei. Dieses Denken ist allerdings mechanistischer Art und richtet seine Erwartungshaltung nahezu ausschließlich auf den Herkunftskontext der Vorschläge. Dies ist zwar verständlich, systemisch gesehen jedoch hoch fragwürdig. Es ist nämlich der Anwendungskontext, welcher den Sinn in die angetragene oder zugemutete Innovation hineinliest – frei nach dem Satz von Humberto Maturana, der einmal feststellte: „Ich bin zwar verantwortlich für das, was ich schreibe, nicht jedoch für das, was Sie lesen." Und wenn wir aus dem Neuen immer nur das herauslesen, was wir schon stets gewusst haben, oder nur das gelten lassen, was zu unseren Erfahrungen passt, dann kann sich in der Tat nur wenig verändern. Systemisches Denken bedeutet demgegenüber prinzipiell „in Auswirkungen denken" (Radatz 2003, S. 67 ff), wie Sybille Radatz feststellt. Hierdurch ist der Anwendungskontext bereits fest im Blick, und dort gilt: „Aus systemischer Sicht gibt es kein 'richtig' oder 'falsch', sondern nur ein 'passend' (zum jeweiligen System, zur Situation, zur Kultur, zu den Forderungen, die von außen gestellt werden etc.) oder 'nicht passend'" (ebd., S. 67).

Herstellungskontext		Anwendungskontext
- Praxisbezug - Möglichkeitssinn - Pädagogische Vernunft (Kritik) - Innovationsstrategie	→→→ Transfer →→→	- Individuelle und kollektive Lernfähigkeit („Lernende Organisation")
Systemische Dimension: Es geht nicht ohne die Antizipation möglicher Systemwiderstände		Systemische Dimension: Der Anwendungskontext „macht" den Sinn der Innovation

Abb. 30: Ansatzpunkte zur Erhöhung der Transferchancen bei Innovationen

Es ist diese Verantwortung, um deren angemessene Zuordnung es geht. Und diese liegt beim Innovationstransfer grundsätzlich auch und in erster Linie beim Anwendungskontext, d. h. bei den Lehrerinnen und Lehrern und ihren Schulleitungen. Diese sind letztlich für das Gelingen von Anwendungen verantwortlich. Systeme können sich nur selbst entwickeln, sie können nicht von außen entwickelt werden. Die Anregungen, die von außen oder durch die Gestaltung von Rahmenbedingungen an ein System herangetragen werden, können die gewohnten Abläufe, Routinen und überlieferten Erklärungsmuster nur verstören (perturbieren), die neue Ordnung wird aber ausschließlich durch das System selbst geschaffen, das sich auf neue Lagen und neue Anforderungen einstellt. Diesen Sachverhalt hat bereits Frederic Vester, der große Repräsentant einer systemischen Weltsicht, mit den Worten beschrieben:

„Tag für Tag starten wir neue Entwicklungsprojekte und setzen sie in bestehende Systeme hinein, ohne überhaupt zu wissen, dass wir es mit Systemen zu tun haben, geschweige denn, dass es so etwas wie Gesetzmäßigkeiten für das Verhalten und damit für das Überleben von Systemen gibt" (Vester 1988, S. 22).

Führungskräfte können diese Gesetzmäßigkeiten in den Blick nehmen, ihre Wirkungen beobachten und einiges für die Offenheit des Systems tun. Sie können ihre Steuerungsfunktion wahrnehmen, indem sie sich bewusst sind, dass – wie Frederic Vester sagte – „nur offene Systeme lebensfähig (sind)“ (ebd., S. 29). So können sie die Lernfähigkeit ihrer Organisation gezielt fördern und dafür Sorge tragen, dass diese nicht in wohlfeilen Sichtweisen oder gar bornierten Abwehrversuchen erstarrt, sondern für Veränderungen offen bleibt. Dabei haben es Schulleitungen oder externe Berater als „Agenten des Wandels“ stets auch mit dem Wunsch der Beteiligten zu tun, den eigenen Kontext so zu belassen, wie er ist. Diese Beharrungstendenzen können nicht durch konfrontativ-fordernde oder gar belehrende Interventionen nachhaltig verändert werden, wie die neuere Wirksamkeitsforschung zeigt. Es geht vielmehr darum, Veränderung vom Anwendungskontext her zu denken und die Akteure in wertschätzender und ihre Ressourcen stärkenden Form „mit auf die Reise zu nehmen“. Der Soziologe Niklas Luhmann sprach in diesem Zusammenhang von der „autopoietischen Geschlossenheit“ der Anwendungskontexte und folgerte:

„Man muss der Tatsache Rechnung tragen, dass Wirkungen nur durch Mitvollzug auf Seiten des die Wirkungen erleidenden Systems zustande kommen können“ (Luhmann 1997, S. 27).

Hieraus ergibt sich:

Die eigentlichen Transfer-Verantwortlichen in der Schulentwicklung sind die Lehrerinnen und Lehrer sowie ihre Schulleitungen. Ihr Erfolg hängt davon ab, ob und inwieweit es ihnen gelingt, die Lern- und Veränderungsbereitschaft der Kollegien zu entwickeln, denn nur so wandeln sich Schulen von Lernorganisationen zu Lernenden Organisationen.

Ein systemischer Umgang mit den Beharrungstendenzen ist nicht einfach und kann misslingen. Die Systemiker sprechen in diesem Zusammenhang von „Systemwiderstand“ und bezeichnen damit die – letztlich konservative – Tendenz von Systemen, Neues abzuwehren. Diesem Konservatismus entgeht allerdings die erwähnte systemische Einsicht, dass für das Gelingen des Transfers im Anwendungskontext viel zu tun ist. Es geht deshalb nicht in erster Linie darum, den Vorschlag so zu entwickeln, dass er auf eine gegebene Praxis „passt“ (und diese weitgehend so belässt, wie sie ist), sondern darum, die empfangenden Kontexte (z. B. Schule, Kollegium) so zu entwickeln, dass sie prinzipiell dem Neuen gegenüber aufgeschlossen sind. Hierfür müssen sich Kollegien zu lernenden Systemen entwickeln („lernendes Kollegium“). Der Erfolg von Führungskräften bemisst sich in solchen lernenden Kollegien danach, ob und inwieweit es Ihnen gelingt, die Aufgeschlossenheit ihres Anwendungskontextes für Neues zu erschließen und zu kultivieren, Veränderungsbereitschaft zu stärken sowie entsprechende Prozesse anzustoßen und zu begleiten.

Grundlage für eine solche systemische Kompetenz zur Entwicklung des eigenen Kollegiums ist eine Bescheidenheit im Hinblick auf die Begrenztheit der eigenen Entwürfe, Konzepte und Strategien. Das Gegenüber – ob nun Kollege oder Schüler – ist auch im Besitz einer Wahrheit, seiner Wahrheit, und ich kann nur in Kooperation mit ihm eine gemeinsame Wirklichkeit gestalten. Aus diesem Grunde ist ein gelingender Transfer stets eine Anschlusshandlung und damit abhängig von der Wertschätzung und Integration der Sichtweisen derer, die für die Neuerung gewonnen werden sollen. Sein Erfolg lebt dabei von zwei Bedingungen: von der Entschlossenheit Einzelner, sich für eine Neuerung einzusetzen, und von ihrer Fähigkeit, dabei an den Erfahrungen, Bedürfnissen und Kompetenzen der Lehrerinnen und Lehrer anzusetzen. Es ist die Aufgabe einer systemischen Schulleitung, diese pädagogische Bewegung zu kultivieren und Bewegung zu initiieren, wo Sicherheit, Routinen sowie „Ja-aber-Haltungen" (vgl. Arnold 2008a, S. 71 ff) sich ausbilden.

„Aufgeschlossenheits-Check für das lernende Kollegium"

1. Was sind unsere zentralen „Beliefs" im Kollegium? (Worin sind sich alle einig?)
2. Welchen Nutzen stiften diese Beliefs (über SchülerInnen, Unterricht, Schulpolitik etc.)?
3. Welchen „Schaden" können diese Beliefs anrichten?
4. Sind wir festgelegt oder können wir uns ein „frisches Denken" leisten?
5. Was befürchten wir? Was sind unsere Ängste?
6. Wann setzen wir uns mit Neuem auseinander? Begrüßen oder vertreiben wir es?
7. Was glauben wir besser zu wissen (als die jungen Referendare, die Eltern, die Schulaufsicht)?
8. Wann haben wir uns persönlich oder im Kollegium verändert?
9. Welche Veränderungsaufgaben stehen an?
10. Wie lassen wir uns auf die eigene Veränderung (durch Neues) ein?

Abb. 31: Checkliste „Lernendes Kollegium"

Solche „wachen" und lernfähigen kollegialen Kontexte werden in den innovations- und organisationstheoretischen Forschungen als „Lernende Organisationen" bezeichnet. Die wirksamste Förderung des Transfers von Neuem (Innovation) geschieht in solchen Kontexten – wie bereits erwähnt – durch eine gezielte Vorbereitung der Organisation und ihrer Mitglieder auf den Wandel. Schulentwicklung bedarf hierzu eines Veränderungsmanagements, d.h. eines entsprechenden Steuerungs-Know-hows sowie geeigneter Techniken, um Systemwiderstände aufzuweichen und die Veränderungsbereitschaft der Beteiligten zu erhöhen. Ein solches Veränderungsmanagement können Schulleitungen alleine jedoch nicht gewährleisten, es bedarf vielmehr einer breiteren Verankerung systemischer Haltungen und Kompetenzen bei allen Lehrkräften.

Gleichwohl kann auch bereits im Herstellungskontext einiges dafür getan werden, dass die „Anschlussfähigkeit" der eigenen Vorschläge erhöht und es den Akteuren im Anwendungskontext erleichtert wird, diese Vorschläge aufzugreifen. Dabei kommt der Antizipation möglicher Systemwiderstände eine grundlegende Bedeutung zu. Grundlegend sind die Wertschätzung der Adressaten sowie die Vermeidung jeglicher Oberlehrerhaftigkeit, denn die Praxis hat stets eigene gute Gründe, den Vorschlägen zu folgen oder dies nicht zu tun. So entspringt auch der sogenannte Systemwiderstand keineswegs einer Ignoranz oder einer generellen Bequemlichkeit. Er ist immer auch Ausdruck der Sorge um die Funktionsfähigkeit des eigenen Kontextes. Auch die Arbeit mit Fällen aus der Praxis sowie die Bereitstellung von Checklisten, Planungshilfen und Reflexionsimpulsen sind in diesem Zusammenhang von grundlegender Wichtigkeit. Diese Hilfsbereitschaft gegenüber dem Anwendungskontext ist das Kennzeichen einer pragmatischen bzw. pragmatistischen[1] Innovationsstrategie, die zutiefst systemisch-konstruktivistisch begründet ist und darum weiß, dass die Wahrheit zu zweit, zu dritt, zu viert ... beginnt und die Akzeptanz eines Lösungsvorschlages (z. B. Methoden des lebendigen Lernens) mithin ein soziales Produkt ist.

Gleichwohl ist der Herstellungskontext „Wissenschaft" nicht nur den Möglichkeiten des Anwendungskontextes (z. B. Schule) verpflichtet. Denn diese steht auch stets unter Kritik – und nicht erst seit den internationalen Vergleichsstudien THIMMS, PISA etc. Eine Wissenschaft, die sich mit ihren Forschungen und Modellen (Vorschlägen) ausschließlich an den gegebenen Anwendungskontexten orientiert, läuft deshalb Gefahr, diese Praxis, mit der viele nicht zufrieden sind, zu stabilisieren, statt zu ihrer grundlegenden Transformation beizutragen. Aus diesem Grund scheint die relative Autonomie der Wissenschaft gegenüber der Praxis paradoxerweise die zentrale Voraussetzung gerade dafür zu sein, dass Wissenschaft innovativ und praxisbezogen wirken kann. Wer wissenschaftlich Schule, Unterricht und Erziehung in unserem Lande erforscht, um zu Gestaltungsvorschlägen zu gelangen, ist deshalb auch den Aspekten Möglichkeitssinn, pädagogische Vernunft sowie Innovationsstrategie verpflichtet, denn Pädagogik verdankt ihre Wissenschaftlichkeit der Verschränkung der Motive „Verstehen" und „Verbessern".

[1] Der Pragmatismus ist eine amerikanische Philosophie-Richtung, die insbesondere auch für die dortige Pädagogik wegweisend wurde. Ihr Grundmotiv ist die Haltung „Truth is, what works". So kann John Dewey, der große amerikanische Reformpädagoge, auch als führender Vertreter einer konstruktivistischen Pädagogik angesehen werden.

Im Einzelnen verweisen diese Aspekte der wissenschaftlichen Herstellung von Transferangeboten auf folgende Überlegungen:

a) *Möglichkeitssinn:* Nicht nur das pädagogisch Gegebene, sondern vielmehr das pädagogisch Mögliche gibt uns empirischen Aufschluss darüber, was pädagogisch sinnvoll sein kann. Diese Möglichkeiten stellen sich uns jedoch gerade nicht in der gegebenen Praxis, sondern in deren Randbereichen (z. B. in Reformschulen) sowie in anderen Ländern dar. Dort finden wir Anschauungsmaterial darüber, wie Schule, Unterricht und Erziehung bisweilen überraschend anders, aber gleichwohl wirksamer gestaltet werden können. Auch das ist pädagogische Wirklichkeit.

b) *Pädagogische Vernunft:* Die pädagogische Vernunft fragt nicht nur nach dem, was gegeben oder möglich ist, sondern auch nach den Wirkungen sowie Nebenwirkungen der gesellschaftlich etablierten Formen von Erziehung und Bildung. Diese sind stets auch daraufhin kritisch zu analysieren, ob in ihnen der historisch erreichte Grad von Vernunft seinen Ausdruck findet oder ob wir es mit einem nur gedankenlosen Festhalten an überlieferten Formen zu tun haben, deren Folgen wir zugleich beklagen. So stammt z. B. das Setting unserer Lernkulturen aus Zeiten, in denen der Buchdruck noch nicht erfunden war; gleichzeitig bestimmt aber dieses Setting weiterhin die Architektur und die Zusammenarbeit zwischen Lehrenden und Lernenden in unseren Bildungseinrichtungen – mit der Nebenwirkung der gelernten Hilflosigkeit der Lernenden.

c) *Innovationsstrategie:* Pädagogik ist eine Handlungswissenschaft. Aus diesem Grunde ist sie – wie gesagt – gehalten, die Anschlussfähigkeit ihrer Konzepte und Modelle so weit wie möglich vorzubereiten. Dies alleine genügt aber nicht. Pädagogik muss auch berücksichtigen, dass die Menschen, an die sie sich mit ihren Vorschlägen wendet, gerne so bleiben möchten, wie sie sind. Es bedarf deshalb eines innovationsstrategischen Rahmens, welcher es den Akteuren erlaubt, in einem geschützten Probekontext für sich neue Erfahrungen zu den grundlegenden Dimensionen ihres beruflichen und persönlichen Handelns (z. B. erzieherisches Reagieren) zu erleben. Neues kann nur aufgegriffen werden, wenn es zuvor „am eigenen Leib" erlebt wurde. Eine weitere innovationsstrategische Komponente ist die Begleitung: Neue Formen des Handelns können in vertrauten Kontexten nur durchgehalten werden, wenn eine Supervision den Transfer begleitet, denn der Transfer ist Sache der Akteure. Wissenschaft kann ihn lediglich vorbereiten und dadurch begleiten, dass sie Gelegenheiten für eine begleitende Reflexion schafft.

Beispiel: „Verstörte Kollegen"

Lehrerin A: „Also, ich glaube auch, dass wir Unterricht und Schule nicht entwickeln können, wenn wir beständig an unseren eigenen Erfahrungen kleben. Aus diesem Grunde bin ich dankbar dafür, wenn die Wissenschaft bisweilen unsere Praxis infrage stellt und uns dadurch verstört. Dies gelingt ihr jedoch nicht, wenn wir uns nur Vorträge anhören oder Bücher lesen. Mir geht es dann nämlich so, dass ich denke: „Ist ja schön und gut, aber mit meinen Schülern und Schülerinnen geht das nicht!“ Was mich hingegen wirklich tiefgreifend verstört hat, war ein Seminar, in dem es um die Frage nach den zentralen Botschaften ging, die unser Selbstbild, unsere Haltungen und unser Handeln bestimmen. In diesem Seminar wurde mir bewusst, dass die Gedanken, die ich mir so mache, wenn ich als Lehrerin unterwegs bin, ihre Gründe haben – nämlich innere Gründe, die nur meine Gründe sind. Solange ich aber mit diesen verschmolzen bin, bin ich nicht beim Gegenüber und ich sperre mich selbst gegen wissenschaftliche Vorschläge, die meinen eigenen inneren Erfahrungen zuwider laufen. Dies zu erkennen, war schon recht verstörend für mich.“

Lehrer B: „Mir geht es ganz ähnlich, wenn ich ehrlich bin. Ich habe festgestellt, dass mir meine Erfahrungen oft auch nicht wirklich helfen. Ich reagiere z. B. entschlossen, wenn meine zwei Störenfriede mal wieder ihre Nummer abziehen, strafe und ermahne oder greife durch, aber ich weiß schon, während ich dies tue, dass es eigentlich nicht wirklich etwas bewirken wird – oder höchstens kurzfristig. Meine Erfahrungen machen mich müde, muss ich zugeben. Deshalb habe ich begonnen, nach anderen Wegen zu suchen.“

Lehrer C: „Für mich war es besonders hilfreich, dass auch die Schulleitung uns ermuntert hat, mit neuen Methoden und in Kooperation zu experimentieren. Das mit dem jährlich verliehenen „Teaching Award“ für den besten Unterricht an unserer Schule finde ich zwar etwas übertrieben, aber es hat mich schon gefreut, dass wir jetzt vermehrt über unsere eigentliche Arbeit miteinander reden und unser Kollegium heute aufgeschlossener ist gegenüber neuen Vorschlägen und didaktischen oder methodischen Konzepten. Auch das gegenseitige didaktische Coaching verändert unsere Kooperation und Aufgeschlossenheit gegenüber dem Neuen in der Schule.“

Übung: „Lernendes Kollegium“

Füllen Sie die Checkliste „Lernendes Kollegium“ (Abbildung 31) aus und besprechen Sie mit einem Kollegen oder einer Kollegin die Aufgeschlossenheit Ihres Kollegiums oder Ihrer Schule für Lernen und Veränderung. Entwickeln Sie drei Vorschläge zur Frage: „Was können wir tun, um unser Kollegium zu einem lernenden Kollegium zu entwickeln?“ Fragen Sie auch: „Was könnte meine Rolle dabei sein?“

2. Nachhaltigkeit als Begründung einer Ermöglichungsdidaktik

Nachhaltigkeit ist in den letzten Jahren zu einem Modebegriff der Debatten geworden. Sowohl in der Politik als auch in den Managementlehren sowie in der Pädagogik (vgl. Greb/Schüßler 2007) markiert dieser Begriff eine wichtige Messlatte. Was ist schließlich davon zu halten, wenn die Politik Maßnahmen beschließt, Strukturen setzt oder gar Entwicklungen initiiert, die nur kurz- oder mittelfristige Wirkungen erzielen oder gar mit Nebenwirkungen einhergehen, die dem eigentlichen Anliegen entgegenlaufen? In seinem Buch „Die Logik des Misslingens“ beschreibt der Bamberger Psychologe Dietrich Dörner zahlreiche Fälle aus der Entwicklungszusammenarbeit, die verdeutlichen, welche verheerenden Wirkungen sich auch in bester Absicht nicht vermeiden lassen (vgl. Dörner 1998). Diese verbreiteten Erfahrungen bestätigen den erwähnten Sachverhalt, dass es nicht die guten Absichten sind, sondern die Wirkung, die sie erzielen, wobei es oft die ungewollten Nebenwirkungen sind, die mittel- und langfristig zunichte machen, was man sich zu erreichen bemühte.

Der Begriff der Nachhaltigkeit ist ein Wirkungsbegriff. Er hilft uns, nüchtern und frei von „wishfull Thinking“ die Wirkungen unseres Tuns zu beobachten und aus den Ergebnissen dieser Beobachtung heraus beständig nachzujustieren. Diese systemische Sichtweise läuft so manchen Evaluierungskonzepten zuwider, welche die Verantwortung des Erreichens oder Nicht-Erreichens von Zielen einseitig auf ein Zuwenig von Steuerung und Kontrolle zurückführen. Eine systemisch-konstruktivistische Pädagogik macht es sich nicht so einfach mit der Frage des Gelingens systemischer Veränderung – ob bei einzelnen Schülerinnen und Schülern oder beim System Schule. Sie ist sich der Tatsache bewusst, dass pädagogisches Handeln „immer im Kontext unterschiedlicher Bedingungen statt(findet)“ (Lindemann 2006, S. 231), wie Holger Lindemann feststellt, weshalb „die Organisation und Strukturierung von Vielfalt“ (ebd., S. 239) die zentrale Aufgabe pädagogischer Professionals sei. Bei der Gestaltung von Lernumgebungen für ein nachhaltiges, d. h. mittel- und langfristig wirksames Lernen ist eine besondere Didaktisierung notwendig,

„(...) da es nicht nur einen richtigen Weg der Entwicklung gibt, sondern jeweils subjektiv viable, müssen Lernumgebungen Möglichkeiten für verschiedene Entwicklungswege, Lerngeschwindigkeiten und Herangehensweisen bieten. Um eine hierfür notwendige Bezugnahme zu individuellen Interessen und Voraussetzungen überhaupt erst zu ermöglichen, müssen Lernumgebungen zudem darauf ausgerichtet sein, dass diese auch zum Ausdruck gebracht werden können. Während die jeweiligen Einzelinteressen und Herangehensweisen in frontalen und stark vorstrukturierten Lernumgebungen kaum mit einbezogen werden können, müssen die entscheidenden subjektiven Grundlagen des Lernens unter einer konstruktivistischen Perspektive beobachtbar und kommunizierbar gemacht werden. Unterschiedlichkeit und Vielfalt sind keine Störfaktoren, sondern notwendige Erscheinungen subjektiver Entwicklung, die es aufzugreifen gilt“ (ebd., S. 238).

Diese ermöglichungsdidaktischen Überlegungen sind in den letzten Jahren verstärkt aufgegriffen und ausgearbeitet worden (vgl. Arnold/Schüßler 2003; Arnold/Goméz Tutor 2007). Dabei entstand das Konzept einer systemisch-konstruktivistischen Didaktik eines nachhaltigen Lernens, d. h. eines Lernens, das wirksam ist. Auf der Basis empirischer Forschungen zur Nachhaltigkeit von Lernprozessen (vgl. u. a. Mandl u. a. 1997; 2000; Reinmann/Mandl 1997) wurde mit der Zeit konkreter beschreibbar, auf welche Prinzipien zu achten ist, wenn Lernarrangements entstehen sollen, in deren Rahmen sich nachhaltige Lernprozesse entwickeln können. Diese Prinzipien einer Ermöglichungsdidaktik sind von Ingeborg Schüßler präzise herausgearbeitet und beschrieben worden, wobei die von ihr gewählten Begriffe mit ihren Anfangsbuchstaben das Akronym „Ermöglichen" bilden, wie folgende Abbildung zeigt:

Didaktische Prinzipien	**Didaktische Anforderungen an die Lernprozessbegleitung**	**Didaktische Anforderungen an die Lernenden**
Eigenverantwortung	Die Eigenständigkeit der Lernenden zulassen durch aktive Partizipation in didaktischen Entscheidungen	Zunehmende Selbststeuerung und Verantwortungsübernahme für den eigenen Lernprozess (Entwicklung von Selbstlernkompetenzen)
Rückkopplung	Rückkopplungsmöglichkeiten, z. B. über Metakommunikation, Feedback-Verfahren anregen	Bereitschaft zur Offenlegung der eigenen Wirklichkeitskonstruktion (Gedanken, Vorurteile, Ängste etc.)
Multiple Perspektive	Sachverhalte aus unterschiedlichen Perspektiven beleuchten, durch z. B. Perspektivenwechsel	Neugierde, Offenheit und Flexibilität im Denken und Handeln
Öffnung des Lehr-Lernprozesses	Offenheit gegenüber neuen Methoden, neuen Lernorten, neuen Kooperationen mit anderen Lehrenden und Lernenden etc.	Öffnung nach innen: Sich auf neue Erfahrungen einlassen können, Experimentierfreude und Unvoreingenommenheit; Öffnung nach außen: z. B. Kontakte zu anderen Lernprojekten suchen
Gelassenheit	Gelassenheit gegenüber der Eigenwilligkeit der Lernenden und pädagogischer Takt im Umgang mit persönlichen Erfahrungsschilderungen und Konflikten	Der Lernprozessbegleitung (Trainer und andere Teilnehmende) ehrliches Feedback geben und eigene Bedürfnisse artikulieren können
Lebensweltbezug	Bezug zur Lebenswelt und Alltag der Lernenden auch im Lehr-Lernprozess über Situations- und Prozessorientierung	Sich eigene Handlungsprobleme und Schwierigkeiten im Alltag eingestehen können

Irritationen	Differenzerfahrungen behutsam anbieten	Sich auf Neues einlassen können, ohne darauf mit Abwehr zu reagieren
Coaching	Den Lernenden Coach, Berater und Lernbegleiter sein	Den Anderen Einblick in die eigene Lebenswirklichkeit gewähren
Handlungsorientierung	Den Lernenden vielfältige Erprobungsmöglichkeiten anbieten und Aktion vor Reflexion setzen	Eigene Handlungsressourcen aktiv nutzen und sich trauen, neue Fähigkeiten im geschützten Raum zu erproben
Emotionalität	Seine eigene Rolle als „Lehrender" (und damit verbundene Gefühle) vor dem Hintergrund des eigenen Gewordenseins reflektieren, positive Lernatmosphäre gestalten	Sich der eigenen Gefühle bewusst werden und bereit sein, diese zu veröffentlichen und gemäß ihrer Situationsangemessenheit kritisch zu hinterfragen
Nachhaltigkeit	Die möglichen Wirkungen des eigenen Handelns und seine pädagogischen Ansprüche reflektieren	Das eigene Handeln als gestaltbar und veränderbar aber auch verantwortbar begreifen und daraus für sich eigene Lernanforderungen ableiten

Abb. 32: Prinzipien einer Ermöglichungsdidaktik (Schüßler 2007, S. 319f).

Übung: „Lernkultur-Analyse"

Verteilen Sie 30 Punkte so auf die von Schüßler genannten didaktischen Prinzipien (Abbildung 32), dass deutlich wird, welchen dieser Prinzipien Sie welche Bedeutung für die Gestaltung eines nachhaltigen Unterrichts zumessen. Wählen Sie die für Sie wichtigsten fünf Prinzipien aus und konkretisieren Sie anhand eines Ihrer Lernarrangements, welche Bedeutung diesen Prinzipien für die didaktische Gestaltung zukommt. Besprechen Sie Ihre Ergebnisse mit einem Kollegen, der die gleiche Übung für sich bearbeitet hat.

3. Nachhaltiges Vernetzungs- und Innovationsmanagement: die Lern- und Teamberatung

Nicht nur auf der Unterrichtsebene, sondern auch bei der Entwicklung der Kollegialität in der Schule kommt der von möglichst allen Kollegen geteilten und sichtbar gelebten Didaktik eine grundlegende Bedeutung zu. Die Zeiten, in denen jeder Lehrer oder jede Lehrerin für sich ganz alleine wählen konnten, für welche Form der Unterrichtsgestaltung sie sich entscheiden, sind am Vorübergehen. Heute müssen Schulen ihre didaktische Konzeption auch nach einheitlichen Maßgaben entwickeln, um dem Lernen in ihrer Schule eine einheitliche Orientierung bzw. Ausrichtung zu geben und zu zeigen, dass sie Unterrichtskonzepte realisieren, die kompetenzbildend wirken.

Diese Herausforderung stellt die Lehrkräfte vor neue Anforderungen. Wie andere Berufsgruppen auch sehen sich Lehrer und Lehrerinnen vor die Aufgabe gestellt, ihre bewährte Praxis erfolgskritisch zu hinterfragen und sich auf neue, zunächst ungewohnte Wege einzulassen. Zugleich müssen sie Bisheriges „entlernen". Dies geht mit Verunsicherung, Ängsten, aber auch Abwehr einher. Hierzu schreibt Edgar Schein, der große Theoretiker des organisationalen Lernens: „Ent-lernen ist emotional schwierig, weil die alte Art, wie wir Dinge tun, lange Zeit funktioniert hat" (Schein 1995, S. 7). Aus diesem Grunde benötigen Schul- und Unterrichtsentwicklung Begleitungen, in denen die Akteure auch lernen können, „mit Ängsten vor Veränderung umzugehen" (ebd., S. 8). Hierbei ist eine Einsicht leitend, die Edgar Schein mit den Worten beschreibt: „Um Veränderungen zuzulassen, müssen sich die Leute psychologisch sicher fühlen" (ebd., S. 10).

Veränderungsbegleiter sollten deshalb Vertraute sein, die aber zugleich auch Vertreter des Anliegens der Schul- und Unterrichtsentwicklung sind. Als solche nehmen sie eine Mittelstellung zwischen der Gruppe der Lehrerinnen und Lehrer einerseits und den Schulleitungen andererseits ein, wobei es wichtig ist, dass sie auch nicht lediglich als „Agenten" oder „Agentinnen" der Schulleitungen eingesetzt werden. Veränderungsbegleitung verlangt zwar eine Einbindung in die strategische Entwicklung der Schule, gleichzeitig müssen Veränderungsbegleiter jedoch auch eine gewisse Autonomie haben, um Vertrauen zu ihren Klienten aufbauen zu können und eigenen professionellen Maßgaben zu folgen.

In diesem Sinne sind auch die Lern- und Teamberater als Veränderungsbegleiter zu verstehen. Sie entstammen selbst der Gruppe, um deren Weiterentwicklung und Veränderung es geht, und sie haben selbst einen Prozess der Weiterentwicklung und Veränderung absolviert. Sie sind erfahrene Lehrkräfte, haben aber erkannt, dass Erfahrungen einen auch blind und starr werden lassen können. Sie haben verstanden, dass Erfahrungen nur in einem Kontext psychologischer Sicherheit wirklich losgelassen und durch weiterführende Kenntnisse, Fähigkeiten und Fertigkeiten ersetzt werden können. Diese Einsicht ist für sie der Kern ihrer

Professionalität als Lern- und Teamberater. Beide Aspekte hängen für sie eng miteinander zusammen. Sie wissen, dass Lernen in unseren Schulen sich nur dann wirksam verändern kann, wenn Kollegien sich auf den Weg machen, das Lernen der Schülerinnen und Schüler lebendiger, handlungsorientierter sowie nachhaltiger zu gestalten und dadurch den Prozess der Schul- und Unterrichtsentwicklung wirksam voranzubringen. Dieses „Sich-auf-den-Weg-Machen" wird von Lern- und Teamberatern initiiert, moderiert und begleitet. Die hierfür erforderlichen Kompetenzen lassen sich ebenfalls in einem Akronym zusammenfassend markieren: BERATUNG.

Prinzipien einer nachhaltigen Lernberatung	**Kompetenzprofil Lernberatung**
Begleiten	… den Auftrag zur Problemlösung im Dialog klären und Veränderungsziele einvernehmlich festlegen können
	… die Perspektiven (Deutungsmuster etc.) der zu Begleitenden verstehen und ihre Veränderungspotenziale einschätzen können
	… passende Vorschläge (Empfehlungen, Ratschläge etc.) entwickeln und in überzeugender Zurückhaltung unterbreiten können
Ermuntern	… für das Veränderungsanliegen begeistern und das Vertrauen in die eigene Lösungsfähigkeit des Gegenüber stärken können
	… Lösungsversuche kompetent und konstruktiv begleiten können.
	… auch kritisches Feedback ressourcenstärkend artikulieren können
Respektieren	… wertschätzend und bestätigend („lobend") kommunizieren können
	… in verbaler und nonverbaler Kommunikation auf Augenhöhe mit dem Gegenüber umgehen können
	… von den erworbenen Erfahrungen des Gegenübers ausgehen und diese bei Innovationen einbinden können
Akzeptanz sichern	… als Repräsentant von LehrerInnen und Lehrern und des Interesses an Unterrichts- und Schulentwicklung glaubwürdig sein
	… die berechtigten Interessen der Lehrerinnen und Lehrer bezüglich der Unterstützung verstehen und vertreten können
	… als Coach Veränderungsprozesse hilfreich begleiten können

Teambildung gestalten	… das Wir-Gefühl des Kollegiums stärken können
	… für das gemeinsame Anliegen einer didaktischen Unterrichtsentwicklung Unterstützung gewinnen können
	… arbeitsteilige Formen der Zusammenarbeit anbahnen bzw. initiieren können (Stichwort: gemeinsame Unterrichtsgestaltung)
Erfolg beobachten	… für die Einschätzungen von Schülerinnen und Schülern sowie die Wirkungen des eigenen Unterrichts interessieren können
	… Unterrichtsbeobachtungen dokumentieren und mit den Leherinnen und Lehrern auswerten können
	… für die Notwendigkeit kontinuierlicher Selbstevaluierungen sensibilisieren und zur Mitwirkung an externen Evaluierungen motivieren können
Nachhaltiges Lernen arrangieren	… die Methodenkompetenz von Lehrerinnen und Lehrern fördern können
	… bei der Entwicklung angepasster Konzepte eines handlungsorientierten und lebendigen Lernens unterstützen können
	… die Entwicklung von Lernarrangements und die Förderung des selbstgesteuerten Lernens von Schülern/-innen anregen können

Abb. 33: Prinzipien und Kompetenzen einer nachhaltigen Lernberatung

Übung: „Meine Kompetenzen als LernberaterIn"

Prüfen Sie die Kompetenzbeschreibungen in Abbildung 33 und überlegen Sie, wie Sie als BeraterIn in diesen einzelnen Kompetenzsegmenten bereits „aufgestellt" sind. Diskutieren Sie mit Kolleginnen und Kollegen, wie Sie eine Weiterentwicklung Ihrer Kompetenzen im Rahmen eines Netzwerkes („Learning Community") selbst organisieren können.

Literatur

Achtenhagen, F. u. a.: Lernhandeln in komplexen Situationen. Gabler 1992.

Adorno, T. W.: Tabus über den Lehrerberuf (1965). In: Ders.: Stichworte. Kritische Modelle 2. 5. Auflage 1980, S.68–84.

Arnold, R.: Deutungsmuster und pädagogisches Handeln in der Erwachsenenbildung. Bad Heilbrunn 1985.

Arnold, R.: Die emotionale Konstruktion der Wirklichkeit. Beiträge zu einer emotionspädagogischen Erwachsenenbildung. Baltmannsweiler 2005.

Arnold, R.: Natur als Vorbild. Selbstorganisation als Modell der Pädagogik. Frankfurt 1993.

Arnold, R.: Führen mit Gefühl. Eine Anleitung zum Selbstcoaching. Mit einem Methoden-ABC. Wiesbaden 2008a.

Arnold, R.: Führen und Geführtwerden im Schulalltag – emotionstheoretische Betrachtungen. In: ders./Griese, C. (Hrsg.): Schulleitung und Schulentwicklung. Voraussetzungen, Bedingungen, Erfahrungen. Baltmannsweiler 2003, S. 5–12.

Arnold, R.: Ich lerne, also bin ich! Eine Systemisch-konstruktivistische Didaktik. Heidelberg 2007a.

Arnold, R.: Aberglaube Disziplin. Antworten der Pädagogik auf das „Lob der Disziplin“. Heidelberg 2007b.

Arnold, R.: Lernkulturwandel – Veränderungen der Bedingungen von Lehren und Lernen. In: Schulleitung heute, 5/2008b, S. 2–4.

Arnold, R.: Lebendiges Lernen. In: ders./ Nolda, S./ Nuissl, E. (Hrsg.): Wörterbuch Erwachsenenbildung. Bad Heilbrunn/OBB 2001, S. 185–186.

Arnold, R./ Faber, K.: Qualität entwickeln – aber wie? Qualitätssysteme und ihre Relevanz für die Schule. Einführung und Überblick. Speyer 2000.

Arnold, R./Geißler, K.: Welche Rolle spielt der Berufspädagoge als Qualifikationsvermittler und Innovator. Studienmaterial der Deutschen Stiftung für Internationale Entwicklung. Mannheim o. J.

Arnold, R./Goméz Tutor, C.: Grundlinien einer Ermöglichungsdidaktik. Bildung ermöglichen – Vielfalt gestalten. Augsburg 2007.

Arnold, R./Schüßler, I.: Wandel der Lernkulturen. Ideen und Bausteine für ein lebendiges Lernen. Darmstadt 1998.

Arnold, R./Siebert, H.:Konstruktivistische Erwachsenenbildung. Von der Deutung zur Konstruktion von Wirklichkeit. 4., unveränderte Auflage. Baltmannsweiler 2003.

Arnold, R. (Hrsg): Lebendiges Lernen. Baltmannsweiler 1996.

Arnold, R./Gómez Tutor, C. (Hrsg.): Qualitätssicherung an Schulen. Bd. 1: Basisthemen der Schulentwicklung. Donauwörth 2006.

Arnold, R./Griese, C. (Hrsg.): Schulleitung und Schulentwicklung. Baltmannsweiler 2005.

Arnold, R./Holzapfel, G. (Hrsg.): Emotionen und Lernen. Die vergessenen Gefühle in der (Erwachsenen-)Pädagogik. Baltmannsweiler 2008.

Arnold, R./Njo, M.: Systemische Methoden in der Erwachsenenbildung. Heft Nr.29 der Pädagogischen Materialien der Technischen Universität Kaiserslautern. Kaiserslautern 2007.

Arnold, R./Schüßler, I. (Hrsg.): Ermöglichungsdidaktik. Baltmannsweiler 2003.

Arnold, R./Schüßler, I. (Hrsg.): Methoden des Lebendigen Lernens. Heft Nr. 1 der Pädagogischen Materialien der Universität Kaiserslautern. 4. Auflage. Kaiserslautern 2006.

Arnold, R./Schüßler, I. (Hrsg.): Weitere Methoden des Lebendigen Lernens. Heft Nr. 15 der Pädagogischen Materialien der Technischen Universität Kaiserslautern. 2. Auflage. Kaiserslautern 2005.

Arnz, S.: Wenn Schulen kippen und Ordnungen zusammenbrechen. In: Pädagogik, 1/2007

Baecker, D.: Form und Formen der Kommunikation. Frankfurt 2007.

Balgo, R./Lindemann, H. (Hrsg.): Theorie und Praxis systemischer Pädagogik. Heidelberg 2006.

Beck, A: „Schlaf, mit wem du willst!" Effi Briest als Unterrichtsabenteuer. In: Voß, R. (Hrsg.): LernLust und EigenSinn. Systemisch-konstruktivistische Lernwelten. Heidelberg 2005, S. 22–31.

Becker, N.: Gute Gefühle = müheloses Lernen? Über eine alte Utopie und ihre Neuauflage in der pädagogischen Ratgeberliteratur. In: Arnold/ Holzapfel 2008, S. 73–89.

Benner, D.: Bildungstheorie und Bildungsforschung. Grundlagenreflexionen und Anwendungsfelder. München u. a. 2008.
Berlin 1989, S. 149–163.

Bernfeld, S.: Sisyphos oder die Grenzen der Erziehung (1925). Frankfurt 1967.

Besser, R.: Transfer: Damit Seminare Früchte tragen. Strategien, Übungen und Methoden, die eine konkrete Umsetzung in die Praxis sichern. 3. Auflage. Weinheim 2004.

Boensch, M./Kaiser, A.: Unterrichtsmethoden – kreativ und vielfältig. Baltmannsweiler 2002.

Bonz, B.: Methoden der Berufsbildung. Ein Lehrbuch. Stuttgart 1999.

Brater, M./Bauer, H.G.: Schlüsselqualifikationen. Der Einzug der Persönlichkeitsentwicklung in die betriebliche Weiterbildung. Ansätze zur Integration fachlicher und fachübergreifender beruflicher Bildung. Eschborn 1990, S. 51–69.

Brück, H.: Die Angst des Lehrers vor seinem Schüler. Reinbek bei Hamburg 1978.

Brüggemann, H./Ehret-Ivakovic, K./Klütmann, C.: Systemische Beratung in fünf Gängen. Ein Leitfaden. 2. Auflage. Göttingen 2007.

Buchen, H./Rolff, H.G. (Hrsg.): Professionswissen Schulleitung. Weinheim 2006.

Bueb, B.: Lob der Disziplin. Eine Streitschrift. 8. Auflage. Berlin 2006.

Buhren, C,/Rolff, H.-G.: Personalentwicklung in Schulen, Konzepte, Praxisbausteine, Methoden. Weinheim 2002.

Buhren, C.G./Rolff, H.-G.: Qualitätsevaluation mit Qualitätsindikatoren. Die Entwicklung begründeter Bewertungsurteile. In: Buchen, H./Horster, L./Rolff, H.G. (Hrsg.): Schulleitung und Schulentwicklung. Beitrag E 3.2. Berlin 1995.

Camus, A.: Der Mythos von Sisyphos. Ein Versuch über das Absurde. Hamburg 1970.

Cohn, R./Terfurth, C. (Hrsg.): Lebendiges Lehren und Lernen. TZI macht Schule. Stuttgart 1993; 2001.

Cohn, R.: Von der Psychoanalyse zur themenzentrierten Interaktion. Stuttgart 1990.

Combe, A.: Der Lehrer als Sisyphos. Zur Theorie einer pädagogischen Handlungslehre – oder: Vom hohen Preis der schnellen Sicherheit. In: Pädagogik, 49 (1997), S. 10–14.

Dalin, P.: Theorie und Praxis der Schulentwicklung. Neuwied 1999.

Das OE-Forum. Gesammelte Geschichten der TeilnehmerInnen des Forums für Organisationsentwicklung. Jahrestagung 2001. 9.–11. Januar auf der Rigi. Vervielfältigtes Manuskript. Zürich 2001.

Dewe, B.: Lernen zwischen Vergewisserung und Ungewissheit. Opladen 1999.

Dohmen, G. (Hrsg.): Selbstgesteuertes Lebenslanges Lernen. Ergebnisse der Fachtagung des Bundesministeriums für Bildung, Wissenschaft, Forschung und Technologie vom 6.–7.12.1996. Bonn 1997.

Doppler, K./Lauterburg, C.: Change Management. Den Unternehmenswandel gestalten. Frankfurt a.M. 2002.

Dörner, D.: Die Logik des Misslingens. Reinbek b. Hamburg 1998.

Dubs, R.: Qualitätsmanagement. In: Buchen, H./Rolff, H.-G. (Hrsg.): Professionswissen Schulleitung. Weinheim/Basel 2006.

Ebner, H.G.: Standards als Instrumente des Qualitätsmanagements im Bildungsbereich. In: Berufsbildung in Wissenschaft und Praxis, 35 (2006), 6, S. 5–10.

Eggebrecht, P.: Rütli tanzt – ein Geschenk bewegt die Schule. In: blz – Die Mitgliederzeitschrift der GEW Berlin, 7/8 (2006) (www.gew-berlin.de/blz/6063.htm).

Emer, W./Lenzen, K.-D.: Projektunterricht gestalten – Schule verändern. Baltmannsweiler 2002.

Epiktet: Handbüchlein zur Morallehre. Stuttgart 1992.

Fend, H.: Qualität und Qualitätssicherung im Bildungswesen. In: Zeitschrift für Pädagogik. 41. Beiheft. Weinheim 2000, S. 55–72.

Fischer, W.: Sokrates pädagogisch. Würzburg 2004.

Fliegel, S./Kämmerer, A.: Psychotherapeutische Schätze. Tübingen 2006

Frisch, M.: Tagebuch 1946–1949. Frankfurt 1985.

Fullan, M.: Die Schule als lernendes Unternehmen. Konzepte für eine neue Kultur in der Pädagogik. Stuttgart 1999.

Geißler, K.A. (Hrsg.): Gruppendynamik für Lehrer. Was Lehrer verändern können. Reinbek b. Hamburg 1979.

Glasl, F.: Konfliktfähigkeit statt Streitlust. Dornach 2006.

Glasl, F.: Selbsthilfe in Konflikten. Stuttgart 2004.

Gordon, T.: Lehrer-Schüler-Konferenz/Wie man Konflikte in der Schule löst, München, 2002.

Gordon, Th.: Managerkonferenz. Hamburg 1977.

Greb, U./Schüßler, I. (Hrsg.): Berufliche Bildung als nachhaltige Ressource. Entwicklung und Entfaltung versus Zurichtung und Vereinnahmung. Frankfurt 2007.

Grell, J.: Techniken des Lehrerverhaltens. Weinheim und Basel 1995.

Gröning, K.: Pädagogische Beratung. Konzepte und Positionen. Wiesbaden 2006.

Groß, H./Boden, B./Boden, N.: Munterrichtsmethoden. Aktivierende Lehrmethoden für die Seminarpraxis. Berlin 2006.

Habermas, J.: Theorie des kommunikativen Handelns. 2 Bde. Frankfurt 1981.

Hahn, R.: Systemische Qualitätsentwicklung der operativ eigenständigen Schule: Paradigmenwechsel der unteren Schulaufsicht – Von der Aufsicht zur Beratung und Unterstützung. Unveröff. Masterarbeit. TU Kaiserslautern. Kaiserslautern 2008.

Helmke, A.: Unterrichtsqualität – Konzepte, Messung, Veränderung. Studienmaterial des Fernstudiums Schulmanagement der TU Kaiserslautern. 3., überarbeitete Auflage. Kaiserslautern 2006.

Hentig, H. v.: Die Schule neu denken. München 1993.

Hermann, U.: Es gibt die erfolgreiche Spaßpädagogik. Lust auf fortgesetztes Lernen: Wie die für Reformen offenen Lehrer von der Hirnforschung profitieren können. In: Frankfurter Rundschau Nr.275 vom 25.11.2003.

Herold, M./Landherr, B.: SOL – Selbstorganisiertes Lernen. Ein systemischer Ansatz für den Unterricht. 2., überarbeitete Auflage. Baltmannsweiler 2003.

Herrmann, D.: Konflikte managen. In: Buchen, H./Rolff, H.-G. (Hrsg.): Professionswissen Schulleitung. Weinheim 2006, S. 1048–1087.

Höfer, C.: Unterrichtsentwicklung als Schulentwicklung. In: Buchen/Rolff 2006, S. 752–788.

Holtz, K.L.: Einführung in die systemische Pädagogik. Heidelberg 2008.

Horster, D.: Niklas Luhmann. München 1997.

Horster, L./Rolff, H.-G.: Reflektorische Unterrichtsentwicklung. In Buchen/ders. 2006, S. 789–809.

Horster, L./Rolff, H.-G.: Unterrichtsentwicklung. Grundlagen, Praxis, Steuerungsprozesse. Weinheim 2001.

Horster, L.: Unterricht analysieren, beurteilen, planen. In: Buchen/Rolff 2006, S. 810–867.

Hugo-Becker, A./Becker, H.: Psychologisches Konfliktmanagement. München 2004

Jaeger, H.: Komplexe Systeme. Eine Schule der Bescheidenheit. In: Kursbuch 98: Chaos.

Kade, J.: Vermittelbar/nicht-vermittelbar: Vermitteln: Aneignen. Im Prozess der Systembildung des Pädagogischen. In: Lenzen/Luhmann 1997, S. 30–70.

Kast, V.: Vom Sinn der Angst. Wie Ängste sich festsetzen und wie sie sich verwandeln lassen. Freiburg 2000.

Kast, V.: Zäsuren und Krisen im Lebenslauf. Wien 1998.

Kast, V.: Die Regulierung von Emotionen in Krisen aus psychodynamischer Sicht. In: Arnold/Holzapfel 2008, S. 91–101.

Kast, V: Wir sind immer unterwegs. Gedanken zur Individuation. Düsseldorf 1997.

Kempfert, G./Rolff, H.-J.: Pädagogische Qualitätsentwicklung. Ein Arbeitsbuch für Schule und Unterricht. Weinheim/Basel 2003.

Klein, S.: Wenn die anderen das Problem sind. Offenbach 2006.

Klippert, H.: Unterrichtsentwicklung und der Aufbau neuer Routinen. Weinheim 2004.

Klippert, H.: Teamentwicklung im Klassenraum. Übungsbausteine für den Unterricht. Weinheim und Basel 1998.

Kluge, A./Baecker, D.: Vom Nutzen ungelöster Probleme. Berlin 2003.

Kniest, C.: Sokrates zur Einführung. Hamburg 2003.

Knoll, J.: Kurs- und Seminarmethoden. Ein Trainingsbuch zur Gestaltung von Kursen und Seminaren, Arbeits- und Gesprächskreisen. 4. Auflage. Weinheim 1992.

Konsortium Bildungsberichterstattung: Bildung in Deutschland. Ein indikatorengestützter Bericht mit einer Analyse zu Bildung und Migration. Im Auftrag der Ständigen Konferenz der Kultusminister der Länder in der Bundesrepublik Deutschland und des Bundesministeriums für Bildung und Forschung. Bonn 2006.

Kösel, E.: Die Modellierung von Lernwelten. Etztal 1993.

Kraft, V.: Kränkungen in Lehr- und Lernprozessen. In: Klika, D./Schubert, V. (Hrsg.): Bildung und Gefühl. Baltmannsweiler 2003, S. 136–149.

Krapf, B.: Aufbruch zu einer neuen Lernkultur. Bern u.a. 1993.

Kreyenberger, J.: Handbuch Konfliktmanagement. Berlin 2005

Krüger, H.-H./Lersch, R.: Lernen und Erfahrung. Perspektiven einer Theorie schulischen Handelns. Opladen 1993.

Krusche, B.: Paradoxien der Führung. Aufgaben und Funktionen für ein zukünftiges Management. Heidelberg 2008.

Langmack, B./Braube-Krickau, M.: Wie die Gruppe laufen lernt. Weinheim und Basel 1985.

Lenzen, D./Luhmann, N. (Hrsg.): Bildung und Weiterbildung im Erziehungssystem. Lebenslauf und Humanontogenese als Medium und Form. Frankfurt a.M. 1997.

Lermen, M.: Digitale Medien in der Lehrerbildung. Baltmannsweiler 2008.

Lindemann, H.: Konstruktivismus und Pädagogik. Grundlagen, Modelle, Wege zur Praxis. München 2006.

Luhmann, N.: Einführung in die Systemtheorie. Hrsg. von Baecker, D. Heidelberg 2002.

Luhmann, N.: Soziale Systeme. Grundriss einer allgemeinen Theorie. Frankfurt 1984.

Luhmann, N.: Was ist Kommunikation? In: Simon, F.B. (Hrsg.): Lebende Systeme. Wirklichkeitskonstruktionen in der systemischen Therapie. Frankfurt 1988; 1997, S. 19–31.

Madelung, P./Weisker, K.: Unterrichtsentwicklung – Problemzonen und Entwicklungsmöglichkeiten. In: Pädagogik, 58 (2006), 3, S. 16–19.

Mahlmann, R.: Konflikte managen. Weinheim und Basel 2000.

Mandl, H./Gerstenmeier, J. (Hrsg.): Die Kluft zwischen Wissen und Handeln. Empirische und theoretische Lösungsansätze. Göttingen u. a. 2000.

Mandl, H./Gruber, H./Renkl, A.: Lehren und Lernen mit dem Computer. In: Weinert/Mandl 1997, S. 437–467.

Markert, W. (Hrsg.): Qualität des beruflichen Lernens in der Weiterbildung. Baltmannsweiler 2006.

Märki, A.: Ressourcenaktivierung im Kollegium durch Teamerntwicklung. Resultate einer Interventionsstudie. In: ph-akzente, 2/2007, S. 36–37.

Meier-Gantenbein, K.F./Späth, T.: Handbuch Bildung, Training und Beratung. Zehn Konzepte der professionellen Erwachsenenbildung. Weinheim/Basel 2006.

Meueler, E.: Küchenlexikon der Methoden und Sozialformen. In: ders.: Lob des Scheiterns. Methoden und Geschichtenbuch zur Erwachsenenbildung an der Universität. Baltmannsweiler 2001, S. 198–229.

Meueler, E.: Lob des Scheiterns. Methoden- und Geschichtenbuch zur Erwachsenenbildung an der Universität. Baltmannsweiler 2001.

Meueler, E.: Was muss ich lernen? Was möchte ich können? Wie gehe ich vor?. Internes Studienmaterial der Deutschen Stiftung für Internationale Entwicklung. Mannheim o.J.

Mühlhausen, U.: Überraschungen im Unterricht. Situative Unterrichtsplanung. Weinheim 1994.

Müller, A.: Nachhaltiges Lernen. Oder: Was Schule mit Abnehmen zu tun hat. Ein Skizzenheft. Eine Anleitung zum Umdenken. Eine Ideensammlung. Beatenberg 1999.

Müller-Commichau, W.: Lebenskunst lernen. Annäherungen an eine Pädagogik des Zulassens. Baltmannsweiler 2007.

Olberg, H.-J. v.: Didaktik auf dem Weg zur Vermittlungswissenschaft? Eine Sammelbesprechung. In: Zeitschrift für Pädagogik, 50 (2004), 1, S. 119–131.

Omer, H./Schlippe, A.v: Autorität durch Beziehung. Die Praxis des gewaltlosen Widerstandes in der Erziehung. Göttingen 2005.

Pallasch, W./Zopf, D.: Methodix. 250 Übungen für den Unterrichtsalltag. Weinheim 1995.

Passameras, K./Diemer, R.: Konfliktmanagement. München 2005.

Pätzold, H.: Lernberatung und Erwachsenenbildung. Baltmannsweiler 2004.

Philipp, E.: Teamentwicklung in der Schule. Konzepte und Methoden. 2. Auflage. Weinheim und Basel 1998, 2006.

Pick, B.: Kopfschüsse. Wer PISA nicht versteht, muss mit RÜTLI rechnen. Hamburg 2007.

Prenzel, M./Baumert, J.: Vertiefende Analysen zu PISA 2006. Sonderheft 10/2008 der Zeitschrift für Erziehungswissenschaft. Frankfurt 2008.

Radatz, S.: Beratung ohne Ratschlag. Systemisches Coaching für Führungskräfte und BeraterInnen. 3. Auflage. Wien 2003.

Rahm, S.: Einführung in die Theorie der Schulentwicklung. Weinheim 2005.

Rauner, F./Bremer, R.: Bildung im Medium beruflicher Arbeitsprozesse. Die berufspädagogische Entschlüsselung beruflicher Kompetenzen im Konflikt zwischen bildungstheoretischer Normierung und Praxisaffirmation. In: Zeitschrift für Pädagogik, 50(2004), 2, S. 144–161.

Reich, K.: Konstruktivistische Didaktik. Lehr- und Studienbuch mit Methodenpool. 3. Auflage. Weinheim 2006.

Reich, K.: Systemisch-konstruktivistische Pädagogik. Einführung in Grundlagen einer interaktionistisch-konstruktivistischen Pädagogik. Neuwied 1996.

Reinmann, G./Kahlert, J. (Hrsg.): Der Nutzen wird vertagt ... Bildungswissenschaften im Spannungsfeld zwischen wissenschaftlicher Profilbildung und praktischem Mehrwert. Lengerich 2007.

Reinmann-Rothmeier, G./Mandl, H.: Lernen neu denken: Kompetenzen für die Wissensgesellschaft und deren Förderung. In: Schulverwaltung, 8(1997) 3, S. 74–76.

Reinmann-Rothmeier, J./Mandel, H.: Lehren im Erwachsenenalter. Auffassungen vom Lehren und Lernen, Prinzipien und Methoden. In: Weinert/Mandl 1997, S. 355–403.

Renoldner, C./Scala, E./Rabenstein, R.: einfach systemisch! Systemische Grundlagen & Methoden für ihre pädagogische Arbeit. Münster 2007.

Rhode, R./Meis, M./Bongartz, R.: Angriff ist die schlechteste Verteidigung. Paderborn 2004.

Rolff, H.-G.: Studien zu einer Theorie der Schulentwicklung. Weinheim u. Basel 2007.

Rolff, H.-G.: Unterrichtsentwicklung durch Qualitätszirkel. In: Buchen, H./Horster, L./ Rolff, H.G. (Hrsg.): Schulleitung und Schulentwicklung. Beitrag E 2.8. Berlin 1998.

Rolff, H.-G.: Wandel durch Selbstorganisation. Theoretische Grundlagen und praktische Hinweise für eine bessere Schule. München 1993.

Rosenberg, M.: Gewaltfreie Kommunikation. Paderborn 2005.

Rosenberg, M.: Was deine Wut dir sagen will. Paderborn 2006

Rosenbusch, H.S.: Von der Schulverwaltung zum Bildungsmanagement. In: Driftmann, H. u.a. (Hrsg.): Eigenverantwortung annehmen und Schule führen. Oldenburg 2004, S. 37–49.

Roth, G.: Das Gehirn und seine Wirklichkeit. 3. Auflage. Frankfurt 1999.

Ruep, M.: Innere Schulentwicklung. Donauwörth 1999.

Ruppert, F.: Berufliche Beziehungswelten. Aufstellen von Arbeitsbeziehungen in Theorie und Praxis. Heidelberg 2001.

Schaller, K.: Einführung in die kommunikative Pädagogik. Freiburg 1978.

Schein, E.: Angst und Sicherheit: Die Rolle der Führung im Management des kulturellen Wandelns und Lernens. In: Organisationsentwicklung, 3/2003, S. 4–13.

Schein, E.: Wie können Organisationen schneller lernen? Die Herausforderung, den grünen Raum zu vertreten. In: Zeitschrift Organisationsentwicklung, 3/1995, S. 4–13.

Schlippe, A. v./Schweitzer, J.: Lehrbuch der systemischen Therapie und Beratung. 8. Auflage. Göttingen 2002.

Schnelle, W./Stoltz, I.: Interaktionelles Lernen. Leitfaden für die Moderation lernender Gruppen. Quickborn 1978.

Schoch, E.: Sisyphos neue Chance. In: http://www.politik-poker.de/sisyphos-neue-chance.php vom 29.12.2008.

Schratz, M.: Gemeinsam Schule lebendig gestalten. Weinheim 1996.

Schratz, M.: Qualität sichern: Programme entwickeln. Reihe „Schulisches Qualitätsmanagement". Velber 2003.

Schüßler, I.: Nachhaltigkeit in der Weiterbildung. Theoretische und empirische Untersuchungen zum Nachhaltigen Lernen. Baltmannsweiler 2007.

Schulz v. Thun, F.: Miteinander reden 1. Reinbek bei Hamburg 1981

Schulz v. Thun, F.: Miteinander reden 2. Reinbek bei Hamburg 1989

Schulz v. Thun, F.: Miteinander reden: Kommunikationspsychologie für Führingskräfte 1. Reinbek bei Hamburg 2000

Schulz, R.: Qualitätsmanagement (QM) im Unterricht und für Schulentwicklung. Ein Erfahrungsbericht aus zwei Modellversuchen. In: Die berufsbildende Schule, 59 (2007), 10, S. 287–293.

Senge, P. M. u. a.: Presence. Exploring profound change in People, Organizations and Society. London 2003.

Senge, P.M. u. a.: Das Fieldbook zur Fünften Disziplin. Stuttgart 1997.

Siebert, H.: Konstruktivistisch lehren und lernen. Augsburg 2008.

Siebert, H.: Methoden für die Bildungspraxis. Leitfaden für aktivierendes Lernen. Bertelsmann 2004.

Siebert, H.: Pädagogischer Konstruktivismus. Neuwied 1999.

Siefer, W./Weber, C.: ICH. Wie wir uns selbst erfinden. Frankfurt 2006

Simon, F. B.: Die Kunst, nicht zu lernen und andere Paradoxien in Psychotherapie, Management, Politik ... 2. Auflage. Heidelberg 1999.

Simon, F. B. (Hrsg.): Lebende Systeme. Wirklichkeitskonstruktionen in der systemischen Therapie. Frankfurt 1997.

Simon, F. B.: Die Kunst nicht zu lernen und andere Paradoxien in Psychotherapie, Management, Politik ... 2. Auflage. Heidelberg 1999.

Simon, F. B.: Tödliche Konflikte. Heidelberg 2001

Simon, W.: Grundlagen der Kommunikation. Offenbach 2004

Singer, Kurt: Leitgedanke. Lehrer-Schüler-Konflikte gemeinsam regeln. Internet: http://www.prof-kurt-singer.de/leitgedanken12.htm (08.02.08)

Singer, W.: Der Beobachter im Gehirn. Essays zur Hirnforschung. Frankfurt 2002.

Smyth, J.: Leadership and Pedagogy. Deakin University 1986.

Spitzer, M.: Lernen. Gehirnforschung und die Schule des Lebens. Heidelberg 2007.

Spitzer, M.: Medizin für die Pädagogik. In: Die Zeit Nr. 39/2003 (online unter: http://www.zeit.de/2003/39/Neurodidaktik (Stand: 10.05.2007).

Stacey, R.: Managing the Unknowable. San Francisco 1992.

Staehle, W.: Management. München 1989.

Svantesson, I.: Mind Mapping und Gedächtnistraining. 5. Auflage. Offenbach 1995.

Tenberg, R.: Bildungsganggestaltung in kollegialer Teamarbeit: Explorative empirische Untersuchung an zwölf Schulen in Niedersachsen und Bremen. In: Die berufsbildende Schule, 58(2006), 5, S. 122–125.

Tenorth, E.: Schulische Einrichtungen. In: Lenzen, D. (Hrsg.): Erziehungswissenschaft. Ein Grundkurs. Reinbek b. Hamburg 1994, S. 427–445.

ThILLM: Ausbildung Berater für Schul- und Unterrichtsentwicklung: Beraterverständnis. Bad Berka 2007.

Thomann, Ch.: Klärungshilfe 2. Reinbek bei Hamburg 1998.

Varela, F.J./Thompson, E./Rosch, E.: Der Mittlere Weg der Erkenntnis. Der Brückenschlag zwischen wissenschaftlicher Theorie und menschlicher Erfahrung. Bern u.a. 1992.

Vester, F.: Die Kunst vernetzt zu denken: Ideen und Werkzeuge für einen neuen Umgang mit Komplexität. Stuttgart 1999.

Vester, F.: Neuland des Denkens. Vom technokratischen zum kybernetischen Zeitalter. 5. Auflage. München 1988.

von Foerster, H.: KybernEthik. Berlin 1993.

von Glasersfeld, E.: Radikaler Konstruktivismus. Frankfurt 1997.

von Saldern, M.: Zukunftsplanungen in komplexen Strategien. In: Hauser, A. (Hrsg.): Management-Praxis: Handbuch Soziale Dienstleistungen. Berlin 1997, S. 137–157.

von Schlippe, A./Schweitzer, J.: Lehrbuch der systemischen Therapie und Beratung. Göttingen 2002.

Voß, R. (Hrsg.): LernLust und EigenSinn. Systemisch-konstruktivistische Lernwelten. Heidelberg 2005.

Voß, R. (Hrsg.): Unterricht aus konstruktivistischer Sicht. Die Welten in den Köpfen der Kinder. Neuwied 2002.

Voß, R./Schemmann, U.: Fragebogen zur Reflexion von Unterricht und Schule aus systemisch-konstruktivistischer Sicht. In: Balgo/Lindemann 2006, S. 103–112.

Wahl, D.: Handeln unter Druck. Weinheim 1991.

Watzlawick, P. u.a.: Menschliche Kommunikation. Bern 2000.

Weber, G. (Hrsg.): Praxis der Organisationsaufstellungen. Heidelberg 2002.

Weeber, A.: Meine Regeln – Deine Regeln. Regeln lernen und Teamentwicklung an einer Grundschule. In: Thema Jugend, 1/2005, S. 5–8.

Weinert, E./Mandl, H. (Hrsg.): Psychologie der Erwachsenenbildung. Enzyklopädie der Psychologie. Themenbereich D. Theorie und Forschung: Ser. I. Bd.4. Göttingen u.a. 1997.

Weinert, F.E.: Lehren und Lernen für die Zukunft – Ansprüche an das Lernen in der Schule. In: Pädagogische Nachrichten, 2/2002 (Beilage).

Willke, H.: Strategien der Intervention in autonome Systeme. In: Baecker, D. u.a. (Hrsg.): Theorie als Passion. Frankfurt a.M. 1987.

Wissinger, J.: Perspektiven schulischen Führungshandelns. Eine Untersuchung über das Selbstverständnis von SchulleiterInnen. München 1996.

Wittwer, W.: Methoden der Ausbildung. Didaktische Werkzeuge für Ausbilder. Köln 2000.

Wüthrich, H.A./Osmetz, D./Kaduk, S.: Musterbrecher. Führung neu leben. 2. Auflage. Wiesbaden 2006.

Zimmer, K.: Gefühle – unser erster Verstand. München 1999.

Zubke, F.: Der Mythos des Sisyphos als Symbol für pädagogische Arbeit. In: Bildung und Erziehung, 48 (1995), 2, S. 205–214.